Antony Fedrigotti

Optimistisch in die Zukunft

Der PowerThinker®

*„Wer morgen neue Erfolge haben will,
darf heute nicht mehr handeln wie gestern."
Antony Fedrigotti*

Antony Fedrigotti

mit Illustrationen von
Erich Paulmichl

Optimistisch in die Zukunft

Der PowerThinker®

Die Deutsche Bibliothek – CIP-Einheitsaufnahme
Fedrigotti, Antony:
Optimistisch in die Zukunft – Der PowerThinker®
Augsburg, Axent Verlag, 2007
ISBN 978-3-89647-188-0

PGH®, PowerThinking® und PowerThinker® sind eingetragene Marken
von Antony Fedrigotti Erfolgsstrategien, www.fedrigotti.de

Besuchen Sie uns im Internet unter:
www.axent-verlag.de

3. Auflage 2012

Umschlagfoto: stefanie aumiller fotografie, München – www.stefanieaumiller.com
Illustrationen: Erich Paulmichl, Augsburg – www.paulmichl.de
Satz/Layout: Johann Grötsch, Augsburg – www.j-o-r-g.de
Druck: freiburger graphische betriebe GmbH & Co. KG, Freiburg – www.fgb.de
Printed in Germany

ISBN 978-3-89647-188-0

Inhalt

Geleitwort
von Prof. Dr. Lothar J. Seiwert

Kennen Sie folgende Situation: Sie hasten durchs Leben – von einem Termin zum nächsten. Und trotzdem plagt Sie das Gefühl: Ich erfülle die Anforderungen, die an mich gestellt werden, nicht. Tag für Tag, Monat für Monat drehen Sie sich wie ein Hamster im Laufrad. Endlos sind Sie in Bewegung, doch Ihrem Ziel *Lebensglück* nähern Sie sich nicht.

Doch plötzlich bleiben Sie stehen – oder sitzen, obwohl Sie eigentlich aufstehen müssten. Denn unvermittelt taucht vor Ihrem geistigen Auge die Frage auf: Was soll die ganze Hetze? So erreiche ich mein Lebensziel nie.

Ein gefährlicher Gedanke! Denn Sie können ihn nicht mehr abschütteln – der Keim zur Veränderung ist in Ihrem Kopf gelegt. Zwar können Sie ihn vielleicht noch einige Zeit mit Arbeit und hektischer Betriebsamkeit betäuben. Doch vergebens! Bald durchzieht er Ihr ganzes Denken und Handeln.

Zu Recht betont mein Trainerkollege *Antony Fedrigotti* in diesem Buch die Macht der Gedanken; außerdem die Kräfte, die sie in uns entfalten. Deshalb sollten wir sie auf die *richtigen* Dinge lenken. Und welche sind das? Ganz einfach: die Dinge, die Ihnen wirklich wichtig sind.

Ob dies Reichtum, ein erfülltes Familienleben, Spaß an der Arbeit oder viel Freizeit ist – oder Ihr ganz persönlicher Cocktail aus all diesen Dingen, darauf müssen Sie selbst eine Antwort finden. Zum Beispiel, indem Sie sich fragen: *Worin zeigt sich für mich Lebenserfolg?* Dann verdichten sich Ihre Gedanken allmählich zu konkreten Bildern und Visionen, die Ihnen Ihren Weg zu einem er-füllten statt ge-füllten Leben zeigen.

Deshalb spricht Fedrigotti von PowerThinking. Denn jede Veränderung beginnt damit, dass neue Gedanken in uns aufsteigen. Doch damit haben wir unsere Ziele noch nicht erreicht. Denn „Sich-verändern" heißt auch Abschied nehmen – zum Beispiel von Denk- und Verhaltensmustern, die wir liebgewonnen haben. Außerdem müssen wir eine gewisse Härte gegen uns entfalten, damit wir nicht wieder in unsere alten (Denk-)Gewohnheiten verfallen.

Das ist am Anfang oft nicht leicht. Das weiß ein erfahrener Praktiker wie *Antony Fedrigotti*, weshalb er sich auch ausführlich mit den Themen „sich entscheiden" und „handeln" befasst.

Das hebt sein Buch positiv von den Ratgebern ab, die uns suggerieren, wir könnten unsere Lebensziele im Schlaf erreichen. Nein, wir müssen es wirklich *wollen*, und auch die nötigen Schritte *tun*. Doch die Mühe lohnt sich. Schließlich ist unser Lohn ein glückliches und erfülltes Leben.

Beginnen Sie deshalb *heute* damit, ein *Positiv-Thinker* und ein Life-Leader zu werden – also eine Person, die ihr Leben aktiv gestaltet. Denn eines ist gewiss: *Heute beginnt der erste Tag vom Rest Ihres Lebens.* Also: WENN NICHT JETZT, WANN DANN?

Lothar J. Seiwert

Heidelberg, www.seiwert.de

Autor der Bestseller *„Mehr Zeit für das Wesentliche"* und *„Wenn Du es eilig hast, gehe langsam"*

Vorwort

Das dritte Jahrtausend hat begonnen, es ist eine interessante Zeit, in der unsere Persönlichkeit intensiv gefordert wird. Nichts bleibt wie es einmal war, Werte verändern sich, Anforderungen steigen und der technische Fortschritt wird immer schneller. In zunehmendem Maße werden wir von Technik und Stress beherrscht. Wir befinden uns in einer Epoche mit unendlich vielen Chancen, ständig wachsenden Herausforderungen und Berufsbildern, die vor wenigen Jahren noch nicht bekannt waren. Umso wichtiger ist es, die Entwicklung unserer persönlichen Stärken und Fähigkeiten zu forcieren. Einstein sagte: „Persönlichkeit wird nicht durch schöne Reden geformt, sondern nur durch Arbeit und eigene Leistung".

Das Buch „Optimistisch in die Zukunft" soll Sie ermuntern, an Ihren individuellen Potenzialen zu arbeiten. Mit „PowerThinking®" sollten Sie zum „PowerThinker®" – einem kraftvollen Denker/Denkerin – werden. Ein PowerThinker nimmt die großartigen Möglichkeiten der Gegenwart an und setzt seine Kraft zielgerichtet ein. Die Voraussetzung dafür sind seine Gedanken, sie sind *die* Schlüsselkomponente. Nichts geschieht, ohne dass es vorher gedacht wurde. PowerThinking® ist eine Philosophie, es ist die Entscheidung, das eigene Verhalten, den persönlichen Erfolgsweg und somit das eigene Leben zu steuern. Zugegeben, nicht alles untersteht unserem direkten Einfluss, und doch treffen wir für viele Dinge in unserem Leben eigene Entscheidungen, wie zum Beispiel:

- was wir denken,
- wie wir fühlen,
- wie wir handeln,
- ob wir agieren oder reagieren,
- ob wir bereit sind, den Preis für Erfolg, Gesundheit und Harmonie zu bezahlen,
- ob wir gegen den Misserfolg kämpfen oder für den Erfolg arbeiten,
- ob wir selbst entscheiden oder ob für uns entschieden wird.

Sie allein entscheiden, was und wie Sie denken: Sie haben Ihr Schicksal durch Ihr Denken in der Hand! Erlauben Sie sich optimistisch in die Zukunft zu blicken. Mit dem „PowerThinking®" verfügen Sie über eine Methode, Ihren Erfolg bewusst herbeizuführen. Gestehen Sie sich das Recht zu, das Beste aus Ihrem Leben zu machen. Sie haben viele Chancen und besitzen die Fähigkeit dazu, es kommt nur noch auf Sie selbst an. Ob Sie mehr Erfolg im Beruf anstreben, mehr privates Glück, mehr Gesundheit oder ob Sie nach dem Sinn des Lebens suchen, immer beginnt alles in Ihnen. Sie sind als Mensch zu großartigem im Stande. Es gilt, das unendliche Potenzial in Ihnen zu entdecken und zu leben.

Sie sind ein Unikat, es gibt *Sie* kein zweites Mal auf diesem Planeten. Nehmen Sie also Ihre Chancen wahr und verwirklichen Sie sich. Werden Sie der Mensch, den Sie zu sein fähig sind, nichts sollte Sie daran hindern, dieses wundervolle Ziel zu erreichen. Ich wünsche Ihnen als PowerThinkerin/PowerThinker bereichernde Augenblicke mit „Optimistisch in die Zukunft".

Herzlichst, Ihr *Antony Fedrigotti*

www.fedrigotti.de

Einleitung

PowerThinker sind Menschen, Männer und Frauen, die sich der Verantwortung ihres Lebens bewusst sind. Wenn Sie als Frau in diesem Buch immer vom PowerThinker lesen, dann sehen Sie mir das bitte nach, es ist einfacher zu schreiben, gemeint sind immer beide Geschlechter. Der PowerThinker ist schließlich ein Mensch, unabhängig vom Geschlecht. Er weiß, dass nur er sein Leben leben und bestimmen kann. Er ist jemand, der sich ein Beispiel an der wunderbaren Natur nimmt, und der ständig bereit ist zu wachsen. Jeden Tag weiter, immer nach vorne.

Ein PowerThinker ist positiv und strahlt auf die Personen seiner Umgebung positiv aus. Er verhilft so jedem Menschen, das Beste aus sich zu machen. Er arbeitet an sich und ist bereit, dazuzulernen sowie mit Freude Menschen zu motivieren und zu begeistern.

PowerThinker geben ihren Kindern die besten Grundvoraussetzungen fürs Leben. Sie erziehen sie nach dem Vorbild eines positiven Selbstwertgefühls und helfen ihnen, ihre Fähigkeiten zu entwickeln.

PowerThinker sehen in ihrer Arbeit mehr als nur eine Möglichkeit zum Geldverdienen, sie sehen darin eher die Chance ihrer eigenen Weiterentwicklung und werden stets ihr Bestes geben. Der PowerThinker weiß, dass er in der Gemeinschaft mit anderen alles erreichen und dass er alleine nie so weit kommen kann.

Power: Ihre Kraft

Power ist die Kraft, die in Ihnen lebt, die Sie erhält, die Sie vorantreibt; sie will geführt und gesteuert werden. Sie haben die Power in sich, Sie sind die Power.

Sie haben die Kraft

- Leid zu ertragen oder Freude zu genießen,
- Probleme zu meistern und Lösungen anzugehen,
- Ihre Aufmerksamkeit auf Ziele Ihrer Wahl zu richten und Ihr Leben dadurch in eine positive Richtung zu steuern,

- Ihre Gedanken zu bündeln und somit keine Marionette äußerer Einflüsse zu sein,
- Ihren Willen einzusetzen und somit Ihre Kraft, Ihre Power, selbst zu steuern.

Leben Sie Ihre innere und äußere Kraft, Ihre Power, bewusst, steuern Sie sie und nutzen Sie diese Kraft, um ein Leben in Glück, Freude, Reichtum und Gesundheit zu leben.

Thinking: Ihr Denken

Kraftvolles Denken ist die Voraussetzung für ein erfülltes Leben. Alles beginnt mit dem Denken. Ein PowerThinker weiß, dass als Erstes der Gedanke kommt. Keine Handlung, keine Tat, nichts wird getan oder erschaffen, wenn es vorher nicht gedacht wurde. Aus den Gedanken wird dann Realität.

Um im dritten Jahrtausend den Herausforderungen gewachsen zu sein, ist es wichtig sich neue Denkprozesse und neue Verhaltensweisen anzueignen. Nichts wird mehr sein wie gestern. Diese Tatsache anzunehmen und sie als großartige Herausforderung zu sehen ist eine Chance für Sie. Ich lade Sie ein in die Welt Ihrer eigenen Möglichkeiten, in die Welt des PowerThinkings.

> *Der vernünftige Mensch passt sich der Welt an; der unvernünftige Mensch versucht, die Welt an sich anzupassen. Deshalb hängt der gesamte Fortschritt vom unvernünftigen Menschen ab.*
> George Bernhard Shaw

Ich empfehle Ihnen, das Buch einmal durchzuarbeiten, die Übungen spontan mitzumachen und anschließend nochmals an die Stellen zu gehen, die Ihnen am wichtigsten erschienen. Halten Sie sich ein gebundenes Heft, das künftig Ihr „Erfolgsjournal" sein wird, bereit, am besten in der Größe DIN A 4, damit Sie Notizen und Ergänzungen schriftlich festhalten können. In diesem persönlichen Erfolgsjournal, das Sie die nächsten Jahre begleiten soll, zeichnen Sie Ihre wichtigsten Gedanken, Erkenntnisse und Erfahrungen auf. Es wird sehr interessant und spannend sein, wenn Sie einige Jahre später all dies lesen werden und überprüfen können, wie Sie die vergangenen Einstellungen und Herausforderungen überwunden haben.

Ein chinesischer Spruch lautet: Die schwächste Tinte ist besser als das beste Gedächtnis! Denken daher auch Sie mit Papier und Bleistift, denn Sie haben viele Ideen und Überlegungen, die sehr leicht verlorengehen, wenn Sie sie nicht schriftlich festhalten.

> Die schwächste Tinte ist besser als das beste Gedächtnis!

1. Am Anfang des Weges: Die Suche

Das Leben und das Schicksal zu erforschen ist eine Aufgabe, die nie aufhört, solange es Menschen gibt. Sie ist interessant und faszinierend. Seit ich denken kann, stelle ich mir die Fragen des Warum, des Woher und des Wohin. In den vergangenen Jahren habe ich viel erlebt und konnte eine große Zahl Menschen auf ihrem Weg begleiten. Wenn Sie sich schon mal fragten, warum bei Ihnen das eine gelingt und manches andere nicht, dann sind Sie vielleicht auch auf der Suche. In meinen Augen gibt es nichts Wertvolleres als das Bestreben, aus dem eigenen Leben das Beste zu machen und damit nie aufzuhören.

Welche Art Persönlichkeit möchten Sie verkörpern? Wie wollten Sie schon immer sein? Was steckt alles

> *Wenn du die Absicht hast, dich zu erneuern, tu es jeden Tag.*
> Konfuzius

in Ihnen? Sind das Fragen, die auch Sie beschäftigen? Dann ist es an der Zeit, dass Sie Ihre eigene Größe erreichen, dass Sie in das Feld Ihrer Möglichkeiten, in das unbegrenzte Land des Wachstums kommen, damit Sie zu der Persönlichkeit werden, die Sie sein können.

Das Beste zu geben und sich ständig weiterzuentwickeln ist die Auf-*Gabe* eines jeden von uns. Sie haben Ihre Fähigkeiten und Gaben allein aus diesem Grund bekom-

> *Indem ein Mensch mit dem ihm von Natur gegebenen Gaben sich zu verwirklichen sucht, tut er das Höchste und einzig Sinnvolle, was er tun kann.*
> Hermann Hesse

men. In der Bibel steht das Gleichnis von den Talenten- von denen, die genutzt und vermehrt, und von denen, die versteckt und somit vermindert wurden. Die Talente sind die natürlichen Gaben in jedem von uns. Diese zu fördern ist unsere wichtigste Lebensaufgabe.

Sie haben einmalige Anlagen, körperliche wie geistige, die im Zusammenspiel von Erziehung, Bildung, beruflichem Werdegang, Entwicklung und Schicksalserfahrung einmalig sind. Die Ausgangsbasis dieser Anlagen ist bei jedem anders. Der Grundstock wird in der Erziehung gelegt und meistens im Erwachsenenalter ungeprüft weitergeführt. Nicht jeder schaut „freiwillig" genau hin und stellt sich die Frage, was er besser machen könnte. Die meisten von uns werden erst durch Schicksalsschläge gedrängt, durch widrige Umstände dazu gezwungen und lernen daher zuerst eher aus der Not heraus, ständig an sich zu arbeiten.

Manch einer hat schon festgestellt, dass selbst (oder gerade) die harten Schicksalsschläge sich später nicht selten als Segen erwiesen haben.

> *Viel lernen und nachher viel zu wissen, das ist keine Kunst; ich habe nichts gelernt und weiß doch eine Menge, da kann man von Kunst reden.*
>
> Johann Nepomuk Nestroy

Ich bin durch die Schule des Lebens gegangen, habe Höhen und Tiefen intensiv erlebt. Mit fünfzehn Jahren habe ich das Elternhaus verlassen, um meinen Weg in dem für mich damals so fernen und fremden Deutschland zu suchen. Es war für mich das Land mit unendlich vielen Möglichkeiten, allerdings wusste ich damals noch nichts von meinen eigenen inneren Begrenzungen, die ich erst durch intensives Lernen erkannte und danach loslassen konnte. Ich war als Fünfzehnjähriger auf der Suche und ich bin es heute noch immer.

Heute suche ich nach Wegen, um Menschen zu helfen, damit sie weniger unnötige Umwege machen müssen. Ich möchte ständig meine Persönlichkeit verbessern, um die Menschen zu verstehen und ihnen zu helfen, ihren geistigen Horizont zu öffnen. Mein Weg war bis heute keine glatte, geradlinige Autobahn, er war größtenteils ein oft mühsamer Trampelpfad mit vielen Stolpersteinen. Und doch: Ich blicke zufrieden auf das, was ich bisher erreicht habe: vom Handwerk zum Trainer des Taekwondo, zum Verkäufer, zum Trainer in Erwachsenenbildung, zum Autor und Coach von vielen Menschen.

Ich habe das alles intensiv erlebt und mir als wertvollen Erfahrungsschatz nutzbar gemacht. Und so geht es auch Ihnen: Ihre überwundenen Schwierigkeiten, Ihre manchmal frohen, manchmal traurigen Erlebnisse, Ihre Erfahrungen, alles das hat Sie zu der Person gemacht, die Sie heute sind. Sie sind ein wertvoller Mensch, der unendliche Fähigkeiten hat und jederzeit weiterlernen kann, wie er diese Fähigkeiten noch besser einsetzt. Sie sind genial.

Sie sind ein Wunderwerk!

„Sie haben 15 Milliarden Gehirnzellen, die so vernetzt sind wie Tausende von Computer-Schaltkreisen. Mit Ihren Ohren können Sie 1.600 verschiedene Frequenzen hören, die ein Spektrum von 20 bis 17.000 Schwingungen pro Sekunde umfassen. Mit Ihren Augen erkennen Sie ein einziges Photon Licht. Die über 800.000 Fasern in jedem Ihrer Sehnerven übermitteln mehr Informationen von den 132 Millionen Stab- und Zapfenzellen Ihrer Netzhaut an Ihr Gehirn als das größte optische Computersystem der Welt liefern könnte. Die mehr als 300 Millionen Bläschen in Ihrer Lunge liefern den 100 Billionen Zellen in Ihrem ganzen Körper Sauerstoff. Ihre 206 Knochen und Ihre 656 Muskeln bilden ein funktionell stärker differenziertes System von Fähigkeiten als jedes andere Lebewesen." Aus: „Die Geschäftsidee" von Norman Rentrop, Bonn.

Ich konnte Menschen kennen lernen, die materiell alles haben und doch sehr unzufrieden sind. Sie haben scheinbar alles erreicht, aber sie haben sich selbst vergessen. Nichts, gar nichts kann die Arbeit an der eigenen Persönlichkeit ersetzen. Diese eigene Persönlichkeit wird zum größten Anteil erarbeitet, sie ist nicht angeboren.

Ich habe Tausende von Menschen kennen gelernt, denen es ähnlich erging wie mir. Wir alle kommen früher oder später auf den Weg der Selbstverwirklichung, was immer das für Sie persönlich bedeutet. Das Selbst, das sind Sie, Ihr innerster Kern, Ihr wahres Wesen. Was Sie bis jetzt von sich kennen, hat noch nichts mit dem zu tun, was in Zukunft noch möglich ist. Es ist zurzeit Ihre Wirklichkeit, denn Wirklichkeit ist das, was wirkt. Es muss nichts mit der objektiven Realität zu tun haben. Es gibt nur die eigene, persönliche Wirklichkeit, keine allgemein gültige. Im Indischen heißt es, wir leben in der *Maya*, einer Welt des Scheins.

> *Persönlichkeiten werden nicht durch schöne Reden geformt, sondern nur durch eigene Leistung.*
> Albert Einstein

Die meisten Menschen, denen ich begegne, haben das oberste Ziel, ein erfülltes Leben zu führen, ausgezeichnet durch Freude an der Arbeit, an der Familie, an den Mitmenschen, am Schaffen neuer Ideen, am Kreieren und Gestalten. Allerdings gibt es auch einige, die den Sinn darin sehen, immer nur Probleme zu lösen, die sie sich ständig selbst schaffen. Sie brauchen Probleme, um ihre Existenz zu rechtfertigen, als läge ihre Daseinsberechtigung einzig und allein im Aushalten und Bewältigen angespannter, sich wiederholender Krisensituationen.

Wenn Ihr Leben davon geprägt ist, immer nur Probleme zu lösen oder immer nur dem Erfolg hinterherzulaufen, dann werden Sie in diesem Buch gute Ratschläge finden. Ich habe die beschriebenen Methoden selbst angewandt und sie waren mir sehr hilfreich. Ich konnte Schritt für Schritt erfahren, warum in meiner Entwicklungszeit manches so kommen musste, wie es kam, und warum ich manche Umwege „gewählt" hatte. Ich versichere Ihnen, es war alles andere als leicht und einfach, zu diesen Einsichten vorzudringen. Doch tief in meinem Inneren wusste ich, es gibt nur diese zwei Alternativen: Resignieren und untergehen oder durchhalten, alle Energie mobilisieren und irgendwann gewinnen.

Ich wollte jahrelang alles alleine schaffen und war zu stolz, Hilfe anzunehmen. Damit hatte ich gleichzeitig tolle Ausreden, warum ich was wie gemacht hatte. Nach schmerzlichen Erfahrungen weiß ich: Es war dumm, und ich empfehle Ihnen, diesen Weg tunlichst zu vermeiden. Suchen Sie Hilfe und nehmen Sie diese an. Denn zum Schluss zählt allein das Ergebnis. Ich dachte, ich müsste meine Fehler alle selbst machen, und es hat lange gedauert, bis ich

> *Courage ist gut, aber Ausdauer ist besser – sie ist die Hauptsache.*
> Theodor Fontane

vernünftig genug war, die Sichtweisen anderer näher zu betrachten und davon zu lernen. Mit „vernünftig" meine ich, dass man bereit ist, aus nachvollziehbarer Erkenntnis zu lernen und nicht nur durch eigenes Erleben.

Vernünftiger Menschenverstand ist durch nichts zu ersetzen

Mit dieser Erkenntnis funktioniert das Leben sogar besser und leichter und bringt mehr Freude in jedem Augenblick. Sie brauchen sogar weniger Energie als früher. Was bedeutet „aus der Erkenntnis lernen"? Erkenntnis kommt von Kenntnis. Wenn Sie jemanden kennen, der etwas kennt, also der ähnliche Erfahrungen schon gemacht hat, können Sie davon lernen.

Fragen Sie Menschen, lesen Sie Bücher, hören Sie Audioprogamme und lernen Sie aus der „Kenntnis" der anderen, damit Sie nicht alles selbst probieren müssen. Andere haben den Weg vielleicht schon hinter sich und davon können Sie profitieren. Die Abkürzung zum Erfolg heißt schlicht Offenheit und Achtsamkeit. Menschen erzählen Ihnen gerne ihre Erfahrungen, und wenn Sie diese reiflich überlegen und auf Ihre Situation und Bedürfnisse abstimmen, können Sie Ihren Erfolg rasant beschleunigen.

> Wissen ist nicht unbedingt Macht, es belastet eher. Angewandtes Wissen ist Macht, es befreit, es ermöglicht Handeln!

Daher empfehle ich Ihnen, mit diesem Buch zu arbeiten, es nicht einfach nur zu lesen. Ich kenne den Inhalt von vielen Hunderten von Büchern und weiß, dass das Lesen und das kognitive Wissen alleine gar nichts bewirkt. Oh ja, es ist zunächst motivierend, aber was passiert dann? Denken Sie an die Bücher, insbesondere Ratgeber, die Sie schon kennen: Was davon haben Sie in Ihrem Leben umgesetzt und integriert? Doch genau darauf kommt es an. Wissen allein hilft nichts, Sie wissen schon sehr viel, vielleicht schon „zu viel", denn Sie wissen eben auch, was vermeintlich nicht geht. Allein das Handeln bringt etwas in Bewegung und Sie somit Ihren Zielen näher.

Machen Sie die angebotenen Übungen spontan und zügig mit, lassen Sie jeden Gedanken an Perfektion weg und folgen Sie einfach den Hinweisen. Sie werden viele neue Ein- und Ansichten entdecken. Notieren Sie sich Ihre Antworten gleich im Buch und in Ihrem Erfolgsjournal. Es ist sehr spannend, die eigenen Fortschritte zu beobachten.

Ich habe über 100 Seminare besucht, bevor ich selbst angefangen habe Seminare zu halten, und ich hatte sogar zu diesem Zeitpunkt viele Dinge noch immer nicht begriffen. Schritt für Schritt, mit jedem Buch oder Training, bewegte ich mich ein Stück vorwärts und es hat immer häufiger und lauter „geklickt". Die Erkenntnisse haben einen Platz in mir gefunden und seitdem lebe ich sie auch: Aus Theorie wurde Praxis. Genau dasselbe möchte ich Ihnen empfehlen, bleiben Sie am Ball, bis es bei Ihnen Klick macht, wieder und wieder. Möglichkeiten zu wachsen und Ihr Leben in eine gewünschte Richtung zu bringen gibt es täglich genug.

Ihr Leben läuft grundsätzlich in die Richtung, in der Sie etwas zu lernen oder zu integrieren haben. Es ist eine Frage der Einstellung, ob Sie dabei immer Druck und Nachhilfeunterricht vom Schicksal brauchen, oder ob Sie bereit sind bestimmte Situationen zu überdenken und daraus etwas Neues, vielleicht Ungewohntes, allein daher schon sehr Interessantes in Ihre geistige und materielle Welt zu integrieren.

Stellen Sie sich im Frühjahr einen Garten vor, der darauf wartet bearbeitet und bepflanzt zu werden. Wenn Sie die Erde umgraben, das Unkraut herausreißen und Pflanzen einsetzen, werden Sie – nach einer bestimmten Zeit des Wachsens – ernten können. Von Zeit zu Zeit müssen Sie das Unkraut jäten, damit es die Pflanzen nicht im Wachstum stört. Sie können aber auch gar nichts anpflanzen, Sie müssen den Boden nicht unbedingt bearbeiten, die Natur wird dafür sorgen, dass allerlei darauf wächst – aber wahrscheinlich nicht das, was Sie später ernten möchten. Machen Sie einige Jahre gar nichts, wird aus Ihrem Garten eine Wiese, die „vor sich hin wuchert". Sie sagen sich vielleicht: „Ach, es hat ja doch keinen Wert, das Unkraut kommt ja immer wieder!" Aber Sie können statt dessen auch einfach handeln und beginnen, den Boden zu bereiten.

Entscheiden Sie selbst. Eines kann ich Ihnen bereits jetzt verraten: Ihr Leben wird sich grundlegend zum Positiven entwickeln, wenn Sie die PowerRegeln lernen, anwenden und Sie bereit sind, das, was Ihr Leben für Sie bereithält, zu empfangen. Ich denke, Sie haben die Investition in dieses Buch gemacht, weil Sie bereit sind, weil bereits viele Gedankengänge zu diesem Thema in Ihnen stattgefunden haben. Ob es bloß ein frommer Wunsch zur Veränderung ist, oder ob Sie es ernst meinen, das entscheiden Sie selbst. Ich für meinen Teil habe beschlossen meine Energie in die Dinge zu investieren, die mir gefallen und nicht in Probleme, die sich „bei guter Pflege", im negativen Denken also, zahlreich zu vermehren wissen. Erstgenanntes ist viel schöner und macht unendlich viel Freude.

Ein PowerThinker schaut bewusst in sein Leben und erkennt im „Spiegelbild Leben" das Spiel seines Schicksals. Machen Sie sich bereit für ein interessantes Abenteuer als PowerThinker.

Erkennen Sie Ihren Weg zu Ihren Zielen?

Der PowerThinker erkennt in dieser Zeit die besten Wege, die eigene Karriere bewusst zu verwirklichen. Er weiß, dass es noch nie so viele Chancen gab, und er ist offen für die grandiosen neuen Möglichkeiten im Informationszeitalter.

PowerThinker erkennen die Möglichkeiten für ihre Kinder. Sie bereiten den Weg der Kinder so vor, dass sie in dieser sich so rasant entwickelnden Welt geistig mithalten und immer Neues, Interessantes erfahren können. Sie orientieren sich nicht an gestrigen Lehrmethoden, sondern achten auf den Fortschritt und sind offen, ihn gemeinsam mit den Kindern zu entdecken und zu verstehen.

PowerThinker erkennen die Chancen, neue Ideen einzubringen, aus der Komfortzone zu treten und sich im Beruf zu verwirklichen. Sie orientieren sich nicht an veralteten Maßstäben, weil sie wissen, dass ihr Kunde dies auch nicht tut. Sie halten nichts vom „So haben wir das immer schon ...", sondern sie schreiten im Beruf voran.

2. Die Erkenntnis: Ab sofort muss etwas anders werden!

Hand aufs Herz: Wie viele Erfolgsbücher haben Sie schon gelesen – Sie waren begeistert und haben dann genau so weitergemacht wie vorher? Haben Sie mit einem Erfolgsbuch schon einmal längere Zeit gearbeitet? Vielleicht geht es Ihnen, wie es mir erging. Ich habe Bücher gelesen, war angespornt, habe immer die Bestätigung für meine Ahnung erhalten, wie es richtig zu machen sei, wie einfach doch alles sei. Ich habe Seminare besucht und theoretische Gebäude besichtigt, mich mit vielen erfolgreichen Menschen unterhalten, weise Ratschläge empfangen, und trotzdem – ich kam aus der Tretmühle nicht heraus. Alles lief gut, aber mit welchem Einsatz? Es war nie wirklich so einfach, wie es mir alle gesagt hatten. Häufig konnte ich beobachten, dass bei denjenigen, für die es sowieso schon gut lief, alles noch besser kam. Und bei mir? Ich hörte viel versprechende, flotte Sprüche wie:

Alles ist möglich dem, der glaubt! – Du kannst alles haben! – Dir geht's doch gut, sei doch zufrieden! – Denke richtig und alles kommt von alleine! – Du schaffst es! – Es braucht doch nur… – Lass das Alte einfach los! – Gott hält alles für Dich bereit … – und, und, und.

Kennen Sie diese guten Tipps? Oder folgende Situation: Sie stecken in einer Krise und es regnet solche Ratschläge!? Manchen „Ratgeber" hätte ich am liebsten gewürgt. All diese intelligenten Sprüche halfen nichts, ja sie vergrößerten teilweise meinen Frust. Ich litt darunter, viel zu wissen, es aber trotzdem nicht zu schaffen. So war mein Gefühl im Widerspruch zu meinem Wissen. Und das Schlimmste war: Bei allen anderen schien es zu klappen.

> *Einen guten Rat gebe ich immer weiter.*
> *Selber brauchen kann man ihn nicht.*
> Oscar Wilde

So verbrachte ich 20 Jahre, immer auf der Suche nach dem schnellen Erfolg, dessen Geheimnisse mich immer mehr faszinierten. Die Wende kam im Dezember 1993. Plötzlich wusste ich, warum ich in der Vergangenheit nicht so zufrieden war, wie ich es mir gewünscht hatte: Ich habe begriffen, dass es tatsächlich einfach ist Erfolg zu haben und ein Gewinner zu sein. Ich konnte akzeptieren, dass ich immer schon Erfolg hatte, dass ich schon immer gewonnen hatte – mit einer Einschränkung: Genau das, was in mir war, habe ich bekommen, gewonnen, erhalten. Nicht mehr und nicht weniger. Meine Zweifel, meine Ängste, meine Probleme sorgten für den so genannten „Erfolg". Sie waren alle eine Folge meiner inneren Befürchtungen, sie er-*folg*-ten. Als ich dies in meinem Innersten endlich verstanden hatte, konnte ich meinen Erfolg fortsetzen, aber fortan in die erwünschte, bewusst gewählte Richtung. Und das Schönste daran war und ist: Ich konnte es von nun an leben. Seitdem vermittle ich in meinen Seminaren diese Regeln, denn es ist tatsächlich einfach, manchmal unfassbar einfach, und doch wehren wir uns mit Händen und Füßen.

Dieses Buch soll eine Chance bieten, zum Nachdenken anregen, unbekannte Horizonte öffnen, neue Einsichten geben und praktische Zusammenhänge aufzeigen. Handeln allerdings müssen Sie dann schon selbst. Ein sehr gutes Wissensreservoir hat nur Wert, wenn Sie sich Schritt für Schritt seiner bedienen. Denn es gibt eine goldene Regel, die heißt:

> Gehört oder gelesen heißt nicht gleich verstanden.
> Verstanden haben bedeutet noch nicht einverstanden sein.
> Einverstanden sein heißt noch nicht angewendet haben.
> Es anwenden bedeutet nicht, es auch beizubehalten.

Nur Ausdauer garantiert Erfolg. Die Macht der Gewohnheit hat uns alle im Griff. Selbst wenn etwas schlüssig, logisch und klar erscheint, ist es nicht einfach, dies in unserem Alltag umzusetzen. Alte Verhaltensmuster blockieren, ja, sie wollen nicht geändert, sie wollen bestätigt werden, einfach im Trott verharren. Wissen Sie nun, was den Erfolgreichen vom Erfolglosen unterscheidet? Der Erfolgreiche hat Gewohnheiten, die ihn an seine Ziele bringen, während der Erfolglose Gewohnheiten hat, die ihn vom Erfolg abhalten. Beide leben ihre Gewohnheiten. Und nun die beste Nachricht: Gewohnheiten lassen sich ändern.

Akzeptieren Sie Ihre Ängste

Angst, so erklären Wissenschaftler, haben wir noch aus der Zeit des Jagens mitbekommen. Der Mensch musste im Urwald mit Angstreflexen

ausgestattet sein, sie haben ihn vor großen und mächtigen Tieren geschützt. Sie ließen ihn davonlaufen, wenn Gefahr in Verzug war. Angst hat
also durchaus ihre Berechtigung,
auch heute noch. Und wie alles hat
auch sie zwei Seiten. Einmal ist die
Angst unentbehrlich, da sie uns vor
Gefahren schützt und unseren
Leichtsinn bremst. Sie ist wichtig,
um unser Leben zu erhalten. In
kritischen Situationen reagieren
wir häufig unbewusst richtig,
weil die Angst
vor dem
Tod, vor
dem Ver-
lust kör-
perlicher
Unver-
sehrtheit
und vor
Schmerzen

groß ist. Die Angst vor Erfolg steht jedoch auf einem ganz anderen Blatt.
In meinen Seminaren habe ich unzählige Teilnehmer kennen gelernt, die
große Furcht vor Veränderungen hatten, denn Veränderung führt weg von
Sicherheit.

Trotzdem gehört die Angst zum Leben, das zu akzeptieren ist wichtig.
Furcht ist der Gegenpol von Liebe. Wo Liebe ist, hat die Angst keinen
Platz. Unsere Befürchtungen sind sehr stark mit unserem Ego verknüpft:
Angst vor Verlust, Angst etwas nicht zu bekommen. Schauen Sie die
Angst an, schauen Sie ihr ins Gesicht, und sie wird ihre Macht verlieren.
Erst dann können Sie bewusst entscheiden, wie Sie mit Ihrer Furcht um-
gehen. Haben Sie erkannt, wovor genau Sie Angst haben, können Sie an
die Lösung denken und neue Wege suchen. Scheuen Sie hingegen den
klaren Blick und ändern Sie nichts, dann bleibt alles beim Alten. Tappen
Sie hier aber nicht in die Falle des Selbstmitleids: Wenn Sie nichts ändern, ist nämlich nicht das Schicksal ungerecht, sondern Sie haben sich
selbst klar entschieden!

Hier einige Beispiele:

● Menschen bleiben in ihrem Beruf, obwohl sie ihn hassen, weil sie Angst vor dem Ungewissen haben, das nachkommt.
● Menschen bleiben zusammen, obwohl mehr Streit als Harmonie herrscht, weil sie Angst haben allein zu sein.
● Menschen betrügen, weil sie Angst haben, zu wenig zu bekommen.
● Menschen lügen aus Angst vor der Wahrheit.

Die Angst hat viele Gesichter. Das Wort „Angst" hat seine Wurzeln im Lateinischen: angustus, „eng" und angustiae „Enge, Klemme, Schwierigkeit". Sie kennen die Aussagen: Es schnürt mir die Kehle zu, vor Angst blieb mir der Atem stehen oder ich hätte mir beinahe vor Angst in die Hose gemacht.

Sie haben investiert

Nicht nur in dieses Buch, nein, Sie haben in Ihr Leben investiert. Sie investieren täglich wertvolle Zeit, nun sollten Sie den Ertrag dieser Investitionen zurückholen. Wenn Sie erkennen, dass Sie immer die Wahl haben, dann müssen Sie entscheiden, müssen Sie bewirken, ja, dann müssen Sie handeln.

Niemand außer Ihnen kann dies tun. Jemand von außen kann nur Anregungen und Tipps geben oder Ihnen seine Erfahrungen mitteilen. Handeln müssen Sie selbst. Bitte warten Sie nicht zu lange und fangen Sie an, wenn Sie etwas als gut und richtig erkannt haben. Setzen Sie es sofort in die Tat um, wenn Sie es

> *Eine Investition in Wissen bringt immer noch die besten Zinsen.*
> Benjamin Franklin

für lebenswert und angebracht finden. Um es weniger hart zu formulieren: Sie können entscheiden, Sie können bewirken, Sie können handeln. Es ist Ihre persönliche Wahl. Es zwingt Sie aber keiner dazu, daher können Sie es auch jederzeit sein lassen und sich in Ihren alten Bahnen weiterbewegen.

Ist das nicht großartig? Sie *müssen* nicht, Sie *können*. Somit sind Sie der Entscheidungsträger. Sie sind ein wunderbarer Mensch mit großartigen Fähigkeiten und ich bitte Sie: Setzen Sie diese so gut Sie können ein,

täglich. Lassen Sie sich durch nichts und niemanden von Ihrem Ziel abbringen.
Entscheiden Sie sich täglich

- zu wachsen, während andere dahinvegetieren,
- sich neu zu orientieren, während andere im alten Trott verbleiben,
- Menschen zu helfen, während andere nur zusehen,
- freundlich zu sein, wenn andere unfreundlich sind,
- Neues zu entdecken, während andere die Gewohnheit einholt,
- an der Persönlichkeit zu reifen, während andere nur alt werden,
- dankbar zu sein, wenn andere klagen,
- sich fit zu halten, während andere bequem sind,
- Ihre Gefühle zu kontrollieren, während andere ein Spielball ihrer eigenen Gefühle sind,
- das Leben voll zu genießen, während andere sich selbst bedauern,
- einen guten Zustand zu schaffen, wenn andere jammern.

Sie entscheiden, denn heute ist der erste Tag vom Rest Ihres erfolgreichen Lebens!

Die Zeit ist schnelllebig geworden. Trotz moderner Kommunikation, trotz aller Hilfsmittel ist aber noch nicht zu erkennen, dass sich Grundlegendes an unserer Einstellung geändert hat. Sie können zwar in Sekunden Menschen am anderen Ende der Welt erreichen, Schriftstücke um den Erdball faxen, Sie können via Internet in wenigen Minuten Millionen Menschen gleichzeitig eine Botschaft senden. Aber verhelfen uns diese großartigen Technologien zu unserem Glück, zu mehr Zufriedenheit, Ausgeglichenheit, Weisheit? Im Gegenteil, gerade durch die Überkommunikation fehlt es zunehmend an Menschlichkeit. Jeder denkt nur an sich, wenige versuchen die Gesamtheit, die Gemeinschaft zu erkennen. Während wir uns heute so großartig anderen mitteilen, kann es passieren, dass wir den Nachbarn neben uns gar nicht kennen.

> Der Ausdruck der Persönlichkeit erreicht seine Erfüllung nur durch Kommunikation.
> Pearl S. Buck

Menschlichkeit wird häufig als Luxus genannt, der nicht in diese harte Zeit passt, vor allem nicht in die Geschäftswelt. Dennoch sind deutliche Verbesserungen spürbar: Es gibt nicht mehr so viele Kriege, die Weltbevölkerung rückt dank der technischen Möglichkeiten näher zusammen, unser Wissen über planetare Zusammenhänge wächst. Trotzdem leben viele Menschen egoistischer denn je.

Der Manager sucht sein Heil in der Karriere statt im Helfen und Führen von Menschen. Der Gläubige sucht sein Glück im Bekehren anderer, was ihn wunderbar von seinen Problemen ablenken kann. Die Gemeinschaft kommt, wenn überhaupt, häufig erst zum Schluss. Haben wir den Blick für die wichtigen Werte verloren? Warum erhält gerade etwas immer mehr Macht, was von den meisten Menschen verurteilt wird, das Geld? Warum geraten die Kinder immer mehr in den Sog der modernen Gesellschaft, werden schon als Jugendliche kriminell und denken sich nicht einmal etwas dabei? Warum geht es uns materiell immer besser und seelisch immer schlechter? Wie ist es möglich, dass jeder sein Seelenheil in der Welt statt in sich selbst sucht?

All dies sind Fragen, an denen wir PowerThinker nicht vorbeikommen. Vereinfacht ausgedrückt: Das Ganze muss einen Sinn haben, sonst wäre *alles* Unsinn. Der Sinn des Lebens ist auf ein Wort zu begrenzen: Lernen. Alles dient dem Lernen. So müssen wir lernen, die wichtigsten menschlichen Werte mit Leben zu erfüllen, zu leben, zu geben, zu empfangen und zu lieben.

Heute ist das Lernen leichter als je zuvor, dank umfangreicher Bibliotheken und dank des Internet können wir uns in kürzester Zeit aneignen, was ein Mensch ein Leben lang an Erfahrungen gesammelt hat, wie er Probleme gelöst hat – und eigentlich könnten wir uns selbst und anderen dadurch viel Leid sparen. Doch irgendetwas

> *Glaubet den Lehrern nicht,*
> *Glaubet den Büchern nicht,*
> *Glaubet auch mir nicht,*
> *glaubt nur das, was Ihr selbst geprüft*
> *und für Euch als gut uns richtig erkannt*
> *habt.*
>
> Buddha

scheint uns davon abzuhalten, das Richtige zu tun, als müssten wir unbedingt unsere eigenen Fehler machen.

Aus eigener Erfahrung weiß ich, dass wir uns manchmal die Finger verbrennen müssen, um zu begreifen, dass die Platte heiß ist. Das ist o.k., aber wir sollten dieses Erlebnis nicht ständig wiederholen.

Vermeiden Sie unnötige Umwege

Prüfen Sie das Gelesene und bedenken Sie: Wie jeder Autor schreibe auch ich aus meiner Perspektive, und ich möchte Ihnen das Denken nicht

abnehmen, im Gegenteil. Ich hoffe einen kleinen Teil dazu beizutragen, dass Sie manche negative Erfahrungen nicht erleben müssen oder einen Kreislauf immer wiederkehrender unangenehmer Mechanismen durchbrechen können. Ich weiß und erlebe es in meinen Kursen: Es ist möglich.

Was möchten Sie erreichen?

Der PowerThinker weiß, dass es nicht allein darauf ankommt, wie viel er weiß – er erkennt die Macht der Handlung und setzt das, was er weiß, aktiv in die Tat um.

Der PowerThinker kennt seine Angst und geht offen mit ihr um. Er nutzt sie zu mehr Leistung, mehr Interesse und zu mehr Ansporn.

PowerThinker bleiben nicht in den Erziehungstheorien stecken, sondern sie setzen ihr Wissen im täglichen Leben als Vorbild ein. Sie wissen: Manchmal ist weniger mehr.

PowerThinker lesen nicht nur Bücher über verschiedene Themen, sondern setzen ihr neu gewonnenes Wissen fortwährend ein. Sie lernen bei jedem Vorgang mit Kollegen und Kunden. Sie setzen das, was sie theoretisch wissen, täglich in ihrer Praxis um.

3. Verantwortung übernehmen

Noch nie gab es eine Zeit mit so viel Wissen, so vielen Chancen und so vielen Lösungsmöglichkeiten. Jetzt ist die beste Zeit, um das zu tun, was Sie schon immer tun wollten. Vera F. Birkenbihl, die Spezialistin für gehirn-gerechtes Lernen, spricht davon, dass wir beim Lernen vom „Gehirnbesitzer zum Gehirnbenutzer" werden sollten. Dies gilt meiner Meinung nach auch für das Leben: Existieren Sie nicht nur einfach so, gestalten Sie Ihr Leben!

Benutzen Sie die schier unendlichen Fähigkeiten Ihres Gehirnes, um das zu erreichen, was Sie sich vorgenommen haben. Es lohnt sich, alle Kraft einzusetzen, um die eigenen Fähigkeiten zu leben. Entdecken Sie Ihr Potenzial, damit Sie das gute Gefühl haben, in Ihrem Leben all das erreichen zu können, was Sie wirklich wollen.

Ich erlebe viele Menschen, die immer nur klagen und jammern, wie schlecht „alles" sei, besonders „die Welt". Die Welt ist aber weder gut noch schlecht. Sie ist nur so schlecht, wie wir sie durch unsere Augen sehen. Es gab noch nie eine heile Welt, immer waren Kriege, Korruption, Macht, Unterdrückung und Manipulation da, es war noch nie anders, nur heute erfahren wir durch die Medien mehr. Es wird die heile Welt auch nie geben, denn solange es Menschen gibt, wird es immer Bewegung geben.

> *Die Menschen machen immer die Umstände für das verantwortlich, was sie geworden sind. Ich glaube nicht an die Umstände. Die Leute, die in dieser Welt vorwärts kommen, sind jene, die aufstehen und nach den Umständen suchen, die sie brauchen, und wenn sie sie nicht finden können, so schaffen sie sich.*
>
> George Bernhard Shaw

Sie leben in Ihrer Welt

Ich möchte mich berichtigen: Es gibt nicht *die* Welt, es gibt nur *Ihre* Welt, die, die Sie durch Ihre individuell getönte Brille sehen. Ist die Brille getrübt von Angst, Neid, Frust oder anderen negativen Empfindungen, so werden Sie viel Ähnliches in Ihrer Umwelt entdecken. Trägt Ihre Brille Farben der Liebe und Freude, sind dies die Vorzeichen, unter denen sie die

Welt wahrnehmen, und Sie haben einen Blick für das, was schön, angenehm und liebenswert ist.

Jeder Mensch sieht das, was er sehen will

Was Sie sehen, entscheiden Sie in jedem Moment neu. Überdenken Sie Ihre Wahrnehmung und überprüfen Sie, ob sich an der Sichtweise vielleicht das eine oder andere korrigieren lässt. Sie werden eine vollkommen andere Perspektive erlangen, wenn Sie es zulassen und sich immer wieder überprüfen.

Voltaire formulierte so treffend: *„Die Karten sind gemischt. Sie entscheiden jedoch, welche Karten Sie ausspielen."* Um die Karten richtig ausspielen zu können, ist es wichtig, einen wichtigen Grundsatz des PowerThinkers zu beachten: Ich übernehme die Verantwortung.

> *Nur wenige Führungskräfte sehen ein, dass sie letztlich nur eine einzige Person führen können und auch müssen. Diese Person sind sie selbst.*
>
> Peter F. Drucker

An was denken Sie, wenn ich Ihnen sage „Sie sind *verantwortlich*"? Die Assoziation, die dieses Wort bei den meisten Menschen hervorruft, ist fast gleichzusetzen mit „ich bin schuldig" oder „Oh Gott, wenn das mal gut geht!". Es erzeugt Druck und ein ungutes Gefühl. Bei nur wenigen Menschen habe ich erfahren, dass dieses Wort als positiver Auslöser ankommt. Ver*antwort*en bedeutet verstärkt „Antwort". Wenn Sie also die Ver*antwort*ung übernehmen, dann können Sie es auch so interpretieren, dass Sie eine Antwort suchen. Eine Antwort auf die Ihnen gestellten Probleme und Herausforderungen.

Welche Gefühle werden nun in Ihnen erzeugt, wenn Sie sagen „Ich übernehme die Verantwortung, indem ich eine

Antwort auf die mir gestellten Probleme suche"? Sicher werden Sie dabei ein gutes Gefühl entwickeln. Tatsächlich haben wir ja sowieso keine andere Wahl. Wir müssen sowieso für alles, was wir tun, die Verantwortung übernehmen, niemand anderes kann dies für uns tun.

Als PowerThinker übernehmen Sie bewusst die Verantwortung für sich selbst. Sie können nicht die Verantwortung für die Welt übernehmen, aber für alles, was in Ihrem Einflussbereich liegt. Und das ist sehr viel.

Sie können die Ver*antwort*ung übernehmen

- für das eigene Verhalten,
- für Ihre Gefühle,
- für Ihre Sprache,
- für Ihre Einstellung,
- für Ihre Reaktionen,
- dafür, wie Sie andere Menschen behandeln,
- für Ihre Gesundheit,
- für Ihr Leben.

Wenn Sie mit diesem Modell der Ver*antwort*ung umgehen, werden Sie erleben, dass Ihr Leben ganz neue Möglichkeiten und Perspektiven aufweist. Sie sind nicht mehr Opfer der Umstände, Sie bestimmen die Umstände. Sie suchen *Antworten*. Natürlich wird es Situationen in Ihrem Leben geben, in denen Sie massive Probleme zu bewältigen haben, aber als PowerThinker suchen Sie eben auch hierfür die *Antwort*. Sie können nicht alle Umstände beeinflussen, aber Sie können immer Ihre Reaktion auf die Umstände beeinflussen, wenn Sie die Verantwortung übernehmen.

Sie entscheiden, wie Sie reagieren. Das obliegt Ihrem Verantwortungsbereich. Sie steuern selbst Ihre Gefühle, Ihr Verhalten, Ihre Reaktionen. Wenn Sie verantwortungsvoll damit umgehen, werden Sie vieles, was sich im Nachhinein als Fehler herausstellte, in Zukunft nicht mehr machen. Sie werden sich nicht allein

> *Die Scheu vor Verantwortung ist die Krankheit unserer Zeit.*
> Otto von Bismarck

von den Gefühlen leiten lassen und nicht Entscheidungen nach Emotionen treffen, sondern Sie werden alle Faktoren beachten und dann entscheiden. Ein PowerThinker, der die Verantwortung für sich und sein Verhalten übernimmt, leistet mehr für die Gesellschaft als einer, der nur kritisiert und auf die vermeintlich unzureichenden Gegebenheiten hinweist.

- Eine Führungskraft mit Verantwortungsbewusstsein wird die Rolle mit Würde und Menschlichkeit ausfüllen. Sie wird Wege suchen, um Menschen anzuspornen, zu motivieren und zu fördern.
- Ein Verkäufer mit Verantwortungsbewusstsein wird stets für eine hervorragende Beziehung zwischen sich und seinen Kunden sorgen.
- Ein Vater oder eine Mutter mit Verantwortungsbewusstsein wird stets ein gutes Beispiel bei der Erziehung sein.
- Ein Mitarbeiter mit Verantwortungsbewusstsein wird dafür sorgen, dass das Miteinander, die Arbeit im Team funktioniert.
- Ein Partner mit Verantwortungsbewusstsein wird sich fragen „Was kann ich für Dich tun?", weil er weiß, dass es in seinem Bereich liegt, Antworten für eine gute Partnerschaft zu finden.

Übernehmen Sie Verantwortung?

Der PowerThinker ist sich seiner Pflichten und Fähigkeiten bewusst. Er führt gerne, trifft gerne Entscheidungen. Er übernimmt die Verantwortung, wenn etwas schief geht, und er lobt die Beteiligten, wenn alles gut geht. Verantwortung ist das Schlüsselwort der PowerFührungskraft. PowerThinker erziehen ihre Kinder eigenverantwortlich. Nichts und niemand kann sie davon abbringen. Sie freuen sich, all das, was sie als gut und richtig erkannt haben, an ihre Kinder weitergeben zu können.

PowerThinker übernehmen die Verantwortung für ihre Handlungen. Sie schieben keine Schuld ab, sondern denken in Gemeinschaft und Vorbild. Sie wissen, dass dies die beste Eigenschaft ist, um mehr zu erreichen und weiterzukommen.

4. Der PowerThinker betrachtet sein Leben als ein Spiel

Das Leben ist ein Spiel, bei dem es kein Rückspiel gibt, oder wie Kurt Tepperwein sagt: „Das Leben ist ein Spiel mit absolut tödlichem Ausgang."
Viele Menschen nehmen dieses Spiel so ernst, dass sie sich jeglicher Freude berauben. Doch wie bei jedem Spiel gilt auch hier: Beherrschen Sie die Spielregeln des Lebens, dann wird das Spiel interessant und spannend. Je besser Sie mit den Spielregeln umgehen können, umso interessanter wird es.

> *Das Leben ist ein Spiel mit absolut tödlichem Ausgang.*
> Prof. Kurt Tepperwein

Ich empfehle Ihnen hier keineswegs, leichtsinnig oder naiv zu sein, falls Sie dies beim Wort „spielen" assoziieren sollten. Ich meine, es ist wichtig, ständig Neues einzubringen, damit es ein gutes Spiel wird.

Zu jedem Spiel gehört es, die entsprechenden Regeln zu lernen und diese zu beherrschen. Jeder Mitspieler kann dann seine Fähigkeiten beweisen. Je besser jeder Einzelne spielt und je besser sich die Mannschaft abstimmt, umso größer sind die Chancen zu gewinnen. Der Ausgang eines Spiels wird bestimmt durch die Art Ihres Zusammenspiels mit anderen Menschen.

Ein Spiel ist nur dann ein Spiel, wenn es Widerstände gibt und verschiedene Spieler. Im Privaten stellt Ihre Familie die Mitspieler, im Geschäft sind es Ihre Kollegen, Mitarbeiter und Führungskräfte. Im Sport gibt es die Kameraden, und im täglichen Dasein „spielen" Sie letztlich mit allen Menschen.

Ein erfolgreicher Mann sagte einmal: „Niemand kann wirklich Erfolg haben, wenn nicht viele andere wollen, dass er Erfolg hat." Kein Mensch kann alleine seine Ziele erreichen. Ihr persönliches Schicksal bringt Sie mit Menschen zusammen, die Ihnen helfen, dass Sie weiterkommen. Es kann sein, dass Ihnen das nicht immer bequem ist, aber der Gewinner zieht immer einen Vorteil daraus. Die Spielregeln können erlernt werden, genauso wie wir Autofahren lernen, bevor wir zur Führerscheinprüfung antreten. Das Schicksal hat eine einfache, aber gerechte und trotzdem unverrückbare Regel:

Was ich in Form von meinen Gedanken, meinen Gefühlen und meinen Handlungen aussende, erzeugt eine Schwingung. Diese Schwingung erzeugt eine Resonanz. Die Resonanz zieht in Qualität und Quantität das an, was ich aussende. Liebe zieht Liebe an, Betrug zieht Betrug an, Freude zieht Freude an, Hass zieht Hass an. Das Leben fragt dabei nicht, ob etwas gut oder schlecht, für oder gegen mich ist, es antwortet einfach entsprechend der Schwingung. Sie können dies schon an Kleinigkeiten erkennen. Sind Sie immer launisch und schlecht aufgelegt, werden Sie vielen Menschen begegnen, die Ihnen ebenfalls solche Gefühle entgegenbringen. Gehen Sie fröhlich durch die Welt und lächeln Sie die Menschen an, werden diese zurücklächeln. Gleiches zieht Gleiches an.

> Was ich aussende, kommt auf mich zurück!

> Gleiches zieht Gleiches an.

Erst wenn Sie die Verantwortung für Ihr Verhalten, Ihre Aussagen und Gedanken übernehmen, können Sie ein Leben nach Ihren Vorstellungen und Wünschen führen.

Jetzt stellen Sie sich vielleicht die Frage, ob Sie denn möchten, dass alles, was Sie denken, fühlen und wie Sie handeln, auf Sie zurückkommt. Schauen Sie bitte ganz klar und wertfrei Ihr tägliches Verhalten privat und im Geschäft an. Was geschieht, wenn alle sich genauso benehmen würden wie Sie? Wie sähe die Welt dann aus? Betrachten Sie es ganz genau:

- Wie benehmen Sie sich Ihren Kollegen gegenüber?
- Wie Ihren Kunden gegenüber?
- Wie sind Sie zu Ihrer Familie?
- Wie zu Ihrem Chef?
- Wie verhalten Sie sich Ihren Mitarbeitern gegenüber?
- Welche grundsätzliche Einstellung haben Sie den Menschen gegenüber?
- Wie machen Sie Geschäfte?
- Wie sehen Sie die Welt, *Ihre* Welt?

Die geistigen Gesetze sind unpersönlich

Gehen Sie davon aus, dass das Schicksal unpersönlich ist. Schwingung erzeugt Schwingung, was Sie von sich geben, kommt auf Sie zurück. Eine Wertung von gut und böse, von vorteilhaft oder hinderlich findet nicht statt.

Wenn Sie morgen mit Ihrer EC-Karte zum nächsten Automaten gehen und Geld abheben möchten, dann wird der Computer Ihnen nur das von Ihnen irgendwann einbezahlte Kapital freigeben, oder Sie werden innerhalb Ihrer Kreditlinie über Geld verfügen können, aber nicht mehr. Auch wenn Sie nichts mehr zum Essen haben sollten, wird er Ihnen kein Geld geben, wenn es Ihr Limit nicht zulässt. Dabei ist der Automat we-

Das Schicksal ist unpersönlich.

der gut noch böse, er liest nur Ihren Verfügungsrahmen und handelt innerhalb dieses Rahmens. Er wertet nicht, ob Sie ein besonders guter oder schlechter Mensch sind. Er antwortet nur mit ja oder nein.

Mit dem Schicksal ist es genauso. Es ist unpersönlich. Egal, wer Sie sind, es macht vor niemandem halt. Schwingung erzeugt Schwingung. Aktion erzeugt Reaktion. Wenn Sie im Grunde immer das Gute wollen, dann wird dies auf Ihrem Konto gutgeschrieben. Wenn Sie andere betrügen oder nur leicht übervorteilen, wird auch das festgehalten. Sie haben beides zu verantworten. Wer sich mit den Lebensgesetzen beschäftigt, erkennt zwangsläufig, dass es eine naive Einstellung ist, wenn man glaubt mit Lügen und Betrügen seine Ziele unbehelligt erreichen zu können. Wohlgemerkt: Immer wieder beweisen skrupellose Menschen, dass sie mit Betrug an viel Geld und Macht kommen, und alles scheint in Ordnung. Doch hinter diesem Schein gibt es eine Wahrheit, die nichts und niemanden auslässt oder verschont. Früher oder später muss jede Rechnung beglichen werden, wann auch immer. Das ist eine Spielregel des Lebens.

Wenn Sie die Verantwortung für sich übernehmen und die Spielregeln beachten, werden Sie in Zukunft noch bewusster darauf achten, wie Sie mit Ihrem Partner, Ihren Kindern, Ihren Kollegen, Ihren Mitarbeitern und allen anderen Menschen umgehen. Und dies wird eine unmittelbare Reaktion hervorrufen.

Überprüfen Sie Ihre derzeitige Haltung in der Familie

Eine Frageliste für IHN:

- Wann haben Sie Ihre Frau das letzte Mal gelobt?
- Wann haben Sie ihr Ihre Achtung ausgesprochen, dass sie den Haushalt in Ordnung hält, die Kinder und Sie so gut versorgt?
- Erkennen Sie den Wert an, den sie leistet?
- Fällt Ihnen auf, dass sie viel gibt und selten ein positives Feedback bekommt?
- Wann haben Sie sich in die Lage Ihrer Frau versetzt, die täglich putzt und, kaum dass sie fertig ist, gleich wieder von vorne beginnen kann?
- Bemerken Sie, dass sie Ihre gemeinsamen Kinder Tag und Nacht versorgt, nie flüchten und abschalten kann?
- Merken Sie, dass sie die Hauptaufgabe in der Familie sieht und auch sehen muss, damit Familienleben überhaupt möglich ist? In welchen Punkten (z.b. persönlichen Interessen) steckt sie zurück?
- Wann haben Sie ihr das letzte Mal Blumen als Aufmerksamkeit mitgebracht?
- Wann haben Sie sie das letzte Mal zu einem schönen Abendessen eingeladen? So allein zu zweit?
- Wann haben Sie ihr gesagt, dass sie eine wunderbare Frau und eine gute Mutter ist?
- Wann haben Sie ihr gesagt, wie großartig sie alles macht?
- Wann, dass Sie sie lieben und gerne mit ihr zusammen sind?
- Waren Sie zu beschäftigt oder haben Sie sich selbst leid getan, weil Ihre Arbeit auch nicht anerkannt wird? Wundern Sie sich, dass Ihre Frau häufig seltsam reagiert?
- Haben Sie die Verantwortung für sich und für die Familie übernommen?

Ein PowerThinker erkennt, welche Fehler er gemacht hat, was er in der Vergangenheit nicht gesehen hat. Er hat die Größe, seine Fehler zuzugeben und ein neues gemeinsames Leben zu beginnen. Der PowerThinker erkennt die Wichtigkeit der Frauen, denn sie haben ihm das Leben geschenkt. Entsprechend behandelt er alle mit Würde und Achtung. Der PowerThinker weiß, dass für eine Partnerschaft der wichtigste Grundwert die gegenseitige Achtung ist.

Achten Sie Ihre Frau und teilen Sie dies in Worten und Gesten mit. Denken Sie nicht, sie wisse es ja längst. Nein, reden Sie und handeln Sie danach. Wenn Sie sie lieben, warum sagen Sie es Ihr nicht? Wann möchten Sie beginnen? Für den PowerThinker ist der richtige Zeitpunkt immer *jetzt*! Er entscheidet sich *jetzt* für seine Familie.

Eine Frageliste für SIE:

- Wann haben Sie das letzte Mal Ihren Mann gelobt und dafür gedankt, dass er für die Familie sorgt?
- Wann haben Sie versucht zu verstehen, wie er den täglichen Kampf in der Arbeitswelt besteht?
- Wann haben Sie seine Sorgen angehört, weshalb er ständig unter Druck steht?
- Haben Sie Verständnis gezeigt, wenn er es nicht geschafft hat rechtzeitig nach Hause zu kommen?
- Oder haben Sie ihm vielleicht unterstellt, dass er sowieso nicht rechtzeitig da sein wollte?
- Wann haben Sie ihm gesagt, dass er ein guter Vater und ein wertvoller Partner ist?
- Wann haben Sie ihm gesagt, dass Sie ihn lieben und ihn achten?
- Sehen Sie auch die Kleinigkeiten, die er täglich für die Familie und für Sie tut?
- Erkennen Sie diese an, oder ist Ihnen alles zu wenig?
- Bringen Sie ihm die Achtung entgegen, die er als Mann braucht?
- Geben Sie ihm das Gefühl wichtig zu sein, oder vergleichen Sie ihn immer mit dem, was nicht in Ordnung ist?
- Haben Sie die Verantwortung für Ihre Entscheidung, Gemeinschaft und Familie zusammenzuhalten, übernommen?

Eine Frageliste für die Führungskraft:

- Wann haben Sie das letzte Mal Ihre Mitarbeiter gelobt?
- Wann haben Sie sich das letzte Mal bedankt?
- Wann haben Sie das letzte Mal einen Mitarbeiter um seine Meinung gefragt?
- Wann haben Sie Ihren Führungsstil überprüft?
- Handeln Sie nach dem WIN-WIN-Prinzip?
- Wie steht es mit Ihrer Freundlichkeit?
- Stehen Sie bei Schwierigkeiten hinter Ihren Mitarbeitern?
- Können Sie gute Leistungen und Ideen auch öffentlich loben?

Wenn Sie nie gelobt wurden, dann wird es Ihnen schwerfallen, andere zu loben. Genau das ist dann für Sie die Chance zur Entwicklung. Durchbrechen Sie das Muster und seien Sie fair und gerecht, machen Sie es besser, als Sie es selbst erfahren haben, das ist wahre Größe.

Eine Frageliste für Mitarbeiter:

- Wann haben Sie das letzte Mal neue Ideen eingebracht?
- Wann haben Sie ein Gespräch mit Ihrer Führungskraft gesucht?
- Wann haben Sie Ihre Kollegen ermuntert, gemeinsam an einem Strang zu ziehen?
- Wann haben Sie die Teamarbeit gefördert?
- Wann haben Sie das gesagt, wovon Sie überzeugt sind, und nicht nur mit den Wölfen geheult?
- Wann haben Sie sich in die Position Ihrer Führungskraft versetzt?

Haben Sie vielleicht noch eine antiquarische Vorstellung von Chefs als Ausbeuter und den Untergebenen als Opfer? Sie wissen ja, Sie können sich jederzeit selbstständig machen. Wenn Sie Ihre Rolle als Mitarbeiter nicht annehmen, dann machen Sie den Schritt in die Selbstständigkeit, dort haben Sie dann andere Herausforderungen.

Überall können wir Antworten finden, wenn wir die Ver*antwort*ung übernehmen. Stellen Sie sich die richtigen Fragen und Sie finden die Antworten.

> *Klug fragen können ist die halbe Weisheit.*
> Francis Bacon

Das Schicksal ist gerecht, das ist ein Gesetz. Ich weiß, dass die Gerechtigkeit immer siegt, egal wie es im Augenblick aussieht. Wenn Sie die Verantwortung übernehmen, können Sie viel verändern. Sie können ein glückliches, aufbauendes, harmonisches Leben führen. Es lohnt sich. Der Aufwand ist derselbe. Energie ist Energie, egal ob Sie diese für sich, für Harmonie, Freude und Glück, oder gegen sich für Ärger, Stress, Angst und Disharmonie einsetzen. Sie entscheiden und Sie haben immer und jederzeit die Wahl. Der PowerThinker betrachtet das Leben als interessantes Spiel und lernt die Spielregeln, um in diesem Spiel immer mehr zu gewinnen.

Beherrschen Sie die Spielregeln?

Der PowerThinker erkennt, dass es im Spiel des Führens manchmal zugeht wie im Sandkasten: „Tust du nicht, was ich will, mache ich dir deine Burg kaputt." Eine PowerFührungskraft lässt sich jedoch auf solch ein Spiel nicht ein. Sie weiß, dass dies in der gleichen Form zurückkommt. Sie betrachtet das Leben als ein Spiel, bei dem es überall Gewinner gibt. Sie sorgt dafür, dass es gerecht und fair zugeht.

PowerThinker wollen bei ihren Kindern nicht die Rolle der Überlegenen, der Besserwisser spielen. Sie kennen die Spielregeln des Lebens und helfen ihren Kindern, diese zu lernen und täglich anzuwenden: Egoistisch sein ohne Egozentrik, helfen, ohne sich selbst zu vergessen, ganz und bewusst leben, ohne anderen zu schaden.

PowerThinker betrachten ihren Beruf nicht als Kampfplatz, sondern als Spielplatz der Erwachsenen. Der PowerWorker erlaubt sich und anderen auch mal einen Fehler. Er nimmt in seinem Spiel die Rolle eines Schiedsrichters ein und sorgt für ein gemeinsames Spiel für alle, egal in welcher Position.

5. Nicht nur positiv denken – positiv sein!

Was ist positives Denken, über das es schon Tausende von Büchern gibt? Ist es unrealistisches Wunschdenken, etwas für Weicheier oder für Esoteriker? Was bewirkt es?

Positiv ist der Gegenpol von negativ. Wenn Energie einfach Energie ist, dann wird positives Denken positive Ergebnisse und negatives Denken negative Ergebnisse hervorbringen. Ich kenne viele Menschen, die permanent positiv denken, dabei pleite sind, und alles, was sie beginnen, läuft schief. Was also hat ihnen das positive Denken gebracht? Ist es nur ein nettes Hobby für Leute, bei denen das Leben sowieso schon in Ordnung ist?

> *Handeln ist leicht, Denken schwer, nach dem Gedanken handeln unbequem.*
> Johann Wolfgang von Goethe

Weder – noch! Positives Denken ist für uns alle wichtig und ganz besonders für Menschen, die in Schwierigkeiten sind, denn gerade diese zeigen ja, dass etwas nicht in Ordnung ist. Um Ordnung im Leben zu schaffen, müssen wir zuerst Ordnung im Geist schaffen. Häufig wird positives Denken als unrealistisch angesehen, als Spinnerei, es wird belächelt, die Beschäftigung damit wird nicht selten verurteilt. Aber genau die Menschen, die positives Denken als lächerlich ansehen, hätten es vielleicht selbst am nötigsten...

Lassen Sie bitte ein paar Vorurteile los

Positives Denken ist keine Tagträumerei, in der die Augen vor der Realität verschlossen werden. Es ist kein Sich-Einbilden, dass alles bestens sei, obwohl es brennt. Das wäre eine beschönigende Selbstlüge. Unter positivem Denken verstehe ich: Die Realität sehen, annehmen – und das Beste daraus machen.

Ein Ereignis ist weder gut noch schlecht. Die Bewertung macht jeder selbst. Können Sie sich an eine Situation erinnern, in der Sie dachten „Das schaffe ich nicht!", und die Sie, was auch immer das Problem war, dann doch wunderbar meisterten? Es wird Ihnen schon häufig so ergangen sein, denn das Leben stellt uns immer wieder vor Herausforderungen, die neu für uns sind, damit wir daran wachsen und reifen. Wenn Sie jeder Situation offen und positiv begegnen, werden Sie mehr Energie und mehr Freude gewinnen.

Wir können jede Lage als Ist-Zustand sehen und dann an die Lösung schreiten. Ein positiv denkender Mensch nimmt eine negative Situation sehr ernst und weiß, dass ihn das Schicksal auffordert anders zu handeln, nämlich positiv. Ein negativ eingestellter Mensch denkt nicht lange darüber nach, er bedauert sich oder klagt die Welt an, und schon ist er wieder im Kreislauf, gerade jenem, den er gar nicht haben will.

Ein positiv denkender Mensch ist ein Optimist, der in jeder Situation einen Ausweg sieht. Warum aber funktioniert positives Denken nicht bei jedem? Viele sagen: „Ich habe

> *Eine positive Einstellung ist unüberwindlich, wenn sie echt ist.*
> Marc Aurel

immer positiv gedacht und trotzdem muss ich leiden." Wenn ich das hinterfrage, stellt sich schnell heraus, dass sie zwar versucht haben positiv zu denken, es jedoch nicht wirklich taten. Sie haben oberflächlich betrachtet positiv gedacht, aber in ihrem Innern zweifelten sie und fürchteten das Negative. Das Gefühl hat dagegen gesprochen, damit war das ganze positive Denken in seiner Wirkung geschwächt.

Solches Schön-Denken ist lediglich reines Wunschdenken. Die Wirkung auf Ihre Umwelt geht aber von dem aus, was Sie fühlen, nicht von dem, was Sie denken. Der Glaube und das Gefühl sind stärker als der Gedanke. Allzu oft verschließen positiv Denkende die Augen und wollen das Negative nicht sehen, ja verurteilen es sogar. Wer das tut, darf sich nicht wundern, dass er ständig mit dem konfrontiert wird, was er nicht sehen will. Unser menschliches Bewusstsein wertet in der Dualität:

- hell-dunkel,
- gut oder schlecht,
- Freund oder Feind,
- positiv oder negativ,
- Tag und Nacht.

Das ist ein ganz normales Geschehen. Das eine ist ohne das andere nicht zu erkennen. Aber gerade das, was Sie am meisten ablehnen oder befürchten, ziehen Sie am meisten an. Sie bestätigen es in Ihren Gedanken und Gefühlen. Je mehr Sie also etwas ablehnen, umso mehr sind Sie darauf fixiert. Die Lebensenergie bündelt sich an dem Punkt, auf den Sie Ihre Aufmerksamkeit richten, Ihren Fokus einstellen. Daher ist positives Denken eine Vorstufe zum positiven Sein.

> Aber gerade das, was Sie am meisten ablehnen oder befürchten, ziehen Sie am meisten an.

Ein PowerThinker ist positiv

Ich habe Menschen getroffen, die noch kein Buch über positives Denken gelesen hatten und zu diesem Thema nichts Theoretisches wussten. Einige waren positiv und herzensgut. Sie *dachten* nicht positiv, sondern sie *waren* positiv. Auch wenn Sie positiv sind, kann es natürlich einmal etwas Unerwünschtes, Negatives geben. Die Hauptaufmerksamkeit liegt jedoch immer auf den erfreulichen Dingen. „Positiv sein" heißt vor allen Dingen positiv zu fühlen. Dies ist die ganze Grundeinstellung. Dann brauchen Sie sich nicht mehr zu bemühen, positiv zu denken, das ist für Sie einfach selbstverständlich. Und sollten mal negative Gedanken auftauchen, haben diese keine große Macht.

In meinen Vorträgen treffe ich immer wieder Menschen, die behaupten: „Du brauchst nur positiv zu denken und du kannst alles erreichen!" Das ist völliger Quatsch. Wenn Sie ein guter Skifahrer werden möchten, bringt Ihnen das positive Denken nichts, wenn Sie nicht die Technik des Skifahrens lernen und trainieren. Oder wenn Sie eine gute Dolmetscherin werden möchten, dann bringt es gar nichts, allein positiv zu denken. Sie müssen die Sprache studieren, lernen, sie leben, ja, sie fühlen, um besonders gut zu werden. Daher ist es blanker Unsinn zu sagen: Denke positiv und Du kannst alles erreichen. Sie können mit positivem Denken nicht alles erreichen, aber: Sie erreichen alles leichter als mit negativem Denken. Positives Denken ist wie ein Lichtschalter, der den Stromkreis schließt. Der Schalter erzeugt keinen Strom, er schließt nur den Kreis und ermöglicht es dem Strom zu fließen. Und genauso ist es mit dem positiven Denken. Es unterstützt die Handlung. Ohne diese bringt das ganze positive Denken nichts. Jede Handlung wird unterstützt von unseren Gedanken, sie machen Aktion erst möglich. Alles, was Sie unternehmen, wird wesentlich besser gelingen, wenn Sie eine positive Grundhaltung einnehmen. Daher ist es sinnvoll vom positiven Denker zum positiven Menschen zu werden.

> Daher ist es sinnvoll vom positiven Denker zum positiven Menschen zu werden.

Ein PowerThinker ist realistisch positiv

Realistisch positiv sein bedeutet, die Realität so zu sehen, wie sie ist. Der Wortstamm kommt aus dem Lateinischen: *realis* bedeutet „sachlich, wesentlich". Realität ist „Wirklichkeit, tatsächliche Lage, Gegebenheit". Ein realistischer PowerThinker sieht die Situation, wie sie im Moment ist, nicht wie sie sich aufgrund seiner Interpretation darstellt.

Hierzu ein Beispiel: Stellen Sie sich vor, Sie haben eine Verabredung mit einer tollen Frau. Nun rückt der Zeitpunkt der Verabredung näher und die Dame kommt nicht. Es vergehen zehn Minuten, eine halbe Stunde, eine Stunde und sie ist immer noch nicht da. Wie würden Sie reagieren? Würden Sie sich Sorgen machen oder würden Sie sich ärgern? Sie alleine können das beantworten. Ihre Haltung den Geschehnissen gegenüber basiert auf Ihren Erfahrungen.

● Wenn Sie die Dame mögen und sehr sensibel sind, werden Sie beginnen sich Sorgen zu machen: „Was ist passiert? Hoffentlich kein Unfall! Hoffentlich ist ihr nichts Schlimmes zugestoßen!" Das Verhalten passt vielleicht gar nicht zu ihr, und sie werden leiden und viel grübeln.
● Wenn Sie mangelndes Selbstwertgefühl haben, werden alte Versagensängste hochsteigen: „Habe ich doch geahnt, schon wieder versagt! Immer wieder ich! Warum passiert das gerade immer wieder mir?"
● Und wenn Sie ein Macho sind, werden Sie sich gekränkt fühlen, sich

eventuell richtig ärgern, „Wer glaubt sie denn, wer sie ist? Lässt mich warten, wo sie doch nur eine von vielen ist!"

Es liegt an Ihrem Glaubenssystem, was in der geschilderten Situation in Ihnen abläuft. Realität ist: Sie ist zu spät und nicht da. Alles andere ist Ihre persönliche Interpretation.

Sechs Schritte zum realistischen PowerThinker

Ein PowerThinker, der realistisch positiv ist, erwartet das Beste und gibt das Beste!

1. Sehen Sie die Realität, wie sie ist

„Es ist, wie es ist" ist keine Nachlässigkeit, sondern einfaches Annehmen. Erst diese Haltung erlaubt es Ihnen richtig zu reagieren, vielleicht sogar zu agieren.

„Es ist, wie es ist."

Eine Situation nicht zu bewerten bedeutet, ihr keine Macht zu geben. Je mehr Sie sich erlauben zu sagen „Es ist, wie es ist!" und dann an die Lösung schreiten, desto weniger sind Sie gefangen und gebunden.

Wenn Sie eine Beule ins Auto gefahren haben, ist das bestimmt nicht erfreulich. Sie können sich vor das Auto stellen und schimpfen, sich ärgern, fluchen und ausrasten. Wissen Sie, was mit der Beule passiert? Nichts! Sie ändert sich nicht. Sie selbst aber sind genervt und verärgert, was bestimmt nicht zur Lebensqualität beiträgt. Wenn Sie den Zug verpasst haben, dann haben Sie den Zug verpasst, Punkt! Der Rest ist überflüssig. Es bringt den Zug nicht zurück, wenn Sie sich ärgern, dabei die Gesundheit ruinieren und womöglich auch noch anderen die Laune verderben.

2. Leisten Sie keinen Widerstand

Wenn Sie etwas bekämpfen, versorgen Sie es mit Ihrer Aufmerksamkeit, mit Ihrer Energie. Jeder Kampf blockiert, jeder Widerstand bindet. Worauf

„Was ich ablehne, ziehe ich an!"

Sie Ihre Aufmerksamkeit richten, dorthin fließt Ihre Lebensenergie. „Das will ich nicht haben, das lehne ich ab!" bedeutet energetisch „Das ziehe ich an!" Denn wir ziehen all das an, was wir ablehnen. Nicht dagegen zu sein heißt nicht, dass Sie es billigen. Es heißt, dass Sie die Realität wahrnehmen und keine Marionette Ihrer Gefühle sind. Je mehr Sie sich über Ihre Beule im Wagen ärgern, umso mehr werden Sie Ihre Nerven strapazieren. Vielleicht wenden Sie ein, dass man seinen Ärger „rauslassen" müsse; klüger ist es aber, sich erst gar nicht großartig aufzuregen.

Nehmen Sie einfach eine andere Haltung ein, stellen Sie sich vor den Wagen und sagen Sie: „Es ist wie es ist, das nächste Mal passe ich besser auf!" Oder: „Gott sei Dank ist es nur Blech, niemand ist verletzt, nur ein Blechschaden!" Nehmen Sie die Haltung eines Beobachters, eines Erforschers und nicht die eines Betroffenen ein. Aus dieser Perspektive haben Sie ganz neue Handlungsmöglichkeiten.

3. Suchen Sie den „Vorteil" im Nachteil

Napoleon Hill, der über fünfzig Jahre lang erfolgreiche Menschen interviewt, beobachtet und erforscht hat, hat einen Satz geprägt, den ich sehr wichtig finde: *„Jede Widrigkeit des Schicksals birgt den Keim eines gleich großen, wenn nicht größeren Vorteils in sich."*

> *Jede Widrigkeit des Schicksals birgt den Keim eines gleich großen, wenn nicht größeren Vorteils in sich.*
> Napoleon Hill

Wir müssen nur danach suchen. Aus dieser Sicht ist jedes Problem eine Hilfe, jeder Engpass eine Entwicklungschance, jeder Nachteil ein Vorteil. Nun, was könnte der Vorteil Ihrer Beule im Auto sein? Vielleicht waren Sie unkonzentriert? Vielleicht sind Sie vor größerem Schaden bewahrt worden? Vielleicht ist der Vorteil, dass Sie in Zukunft achtsamer Auto fahren und somit Schlimmeres verhindern. Wer weiß das schon?

4. Konzentrieren Sie sich auf die Lösung

Suchen Sie nicht nur *eine* Lösung, sondern mehrere. Erkennen Sie, welche Möglichkeiten auf Sie zukommen, wenn Sie Ihre bereits bekannten Wege verlassen. Wir sind häufig so stark mit der Situation beschäftigt, dass wir uns nicht die Mühe machen, über den Tellerrand hinaus zu schauen. Die meisten konzentrieren sich so stark auf das Problem, dass für die Lösung zu wenig Ener-

> Wenden Sie die 80-zu-20-Regel an.

gie bleibt. Wenden Sie die 80-zu-20-Regel an. 80 % in Richtung Lösung denken und 20 % in Richtung Problem – und nicht umgekehrt. Erkennen Sie zudem, was Sie übersehen haben, damit es überhaupt soweit kommen konnte. Was können Sie tun, wie können Sie Ihre Haltung ändern, damit es so nie mehr wiederkommt? Welche Erkenntnis haben Sie gewonnen? Brian Tracy, einer der weltbekanntesten Trainer, empfiehlt eine Liste mit 20 Lösungen zu erstellen. Sie schreiben zu jedem Ihrer Probleme 20 Lösungen auf, von den banalsten, einfachsten bis zu den ungewöhnlichsten, unkonventionellsten.

Ihr Vorteil: Sie werden sich zwingen müssen so viele Lösungen zu finden, dass Sie unweigerlich über Ihren Tellerrand hinaus schauen und somit auf Ideen kommen, die sonst für immer in Ihnen verborgen geblieben wären. Tracy geht sogar weiter und empfiehlt für einzelne der 20 Lösungen wieder 20 Lösungen zu suchen. Wenn Sie so vorgehen, wird Ihre Kreativität entfacht, Sie müssen in Lösungen denken.

5. Entscheiden Sie

Haben Sie verschiedene mögliche Lösungen, dann entscheiden Sie. Zögern bewirkt nichts, es hindert. Entscheiden bedeutet ja wählen: ent-*scheiden*, Sie müssen sich von einer Möglichkeit *scheiden*, sich trennen, um die andere anzugehen. Entscheidungsschwäche aus Angst vor Misserfolgen ist eine weit verbreitete Taktik. Es passieren mehr Fehler durch Nicht-Entscheiden als durch falsche Entscheidungen. Nur derjenige wird nie etwas falsch machen, der gar nichts macht. Jeder, der fleißig ist und viel bewegt, macht auch mehr Fehler als der, der wenig bewegt. Watson, der Gründer von IBM, wurde

| Verdoppeln Sie Ihre Fehler! |

nach einem schnellen Weg zum Erfolg gefragt. Seine Antwort: Verdoppeln Sie Ihre Fehler! Er meinte sicher damit: Erhöhen Sie die Anzahl der Entscheidungen, machen Sie doppelt so viel, dann steigt der Erfolg.

6. Handeln Sie

„Handeln kommt von ‚Hand' und nicht von ‚Maul'", sagt mein Trainerkollege Jörg Löhr. Damit ist gemeint, wie wichtig Anfassen, Berühren, Bewegen, Ins-Handeln-Kommen sind.

| Hier empfiehlt sich die 72-Stunden-Technik. |

Handeln Sie, denn lieber einmal eine falsche Aktion als gar keine. Hier empfiehlt sich die 72-Stunden-

Technik: Wenn Sie die Lösung wissen, schreiten Sie sofort an die Verwirklichung, spätestens innerhalb von 72 Stunden. Auch das kann eine Gewohnheit werden. Lernen Sie es, es lohnt sich.

Haben Sie eine positive Einstellung?

Der PowerThinker ist im Grunde seines Herzens egoistisch und gut. Er ist positiv und sorgt dafür, dass auch andere diesem Weg im Sinne der Gemeinschaft folgen. „Egoistisch und gut" – ein Widerspruch? Keineswegs, denn erst das Ego ermöglicht die Verfolgung eines bestimmten Weges. Egoismus wird allgemein eher als negativer Eigensinn interpretiert. Egoistisch und gut ist der positive, hilfreiche Eigensinn.

PowerThinker sind gerne Eltern und die Kinder spüren das. Sie machen die Kinder nicht dafür verantwortlich, wenn sie ihr Leben nicht so leben können wie sie es wollen, denn sie haben sich für Nachwuchs entschieden. Sie sind gerne Eltern, daher positiv. Sie erfreuen sich an ihren „Früchten".

PowerThinker unterstellen den Menschen immer das Beste. Ein Kunde, der reklamiert, ist ein unzufriedener Mensch, dem sie helfen wollen, seine Ziele zu erreichen. Einem Kollegen, der unzufrieden ist, helfen sie zu einer neuen Sicht des positiven Seins, der positiven Grundeinstellung zu kommen. Ein rücksichtsvolles Miteinander fördert die Gemeinschaft.

6. Die Macht der Gedanken

Wenn Sie verliebt sind, scheinen Sie auf rosaroten Wolken zu schweben, Sie fühlen sich wohl und fühlen den Himmel in sich. Wenn Sie Angst haben und in Gefahr sind, müssen Sie Acht geben, dass der Darm diese Angst nicht vollkommen übernimmt und plötzlich loslässt (vor Angst in die Hose machen ...). Kennen Sie diese Macht Ihrer Gedanken?

Vor all Ihren Handlungen, Gefühlen und Entscheidungen stehen Ihre Gedanken. Sie können sie nicht nachweisen, trotzdem sind sie da. Sie erzeugen Prozesse in uns und heben oder senken unsere Stimmung. Zu erklären, wie Denken funktioniert, ist schwierig und noch niemandem mit einfachen Worten gelungen. Die Prozesse, die in uns ablaufen, sind vielfältig. Auch der beste Computer ist verglichen mit unserem Gehirn nur ein primitiver Apparat.

Gedanken

- beeinflussen unsere Ausstrahlung,
- prägen unseren Charakter,
- spiegeln unsere innere Haltung,
- zeichnen unseren Körper,
- wirken auf unsere Mimik,
- drücken sich über unsere Körpersprache aus.

Daskalos, der große griechische Heiler sagt, Gedanken seien Kräfte, so genannte Elementale. Ein Elemental ist etwas Grundsätzliches. Und jeder Gedanke ist etwas Grundsätzliches. Viele von uns gehen sehr leichtsinnig damit um und meinen, ihre Gedanken hätten keine Kraft, nur weil sie das Ergebnis nicht unmittelbar spüren. Wir wollen einmal genauer hinsehen: Was sind Gedanken, was bewirken sie?

> *Das Glück im Leben hängt von den guten Gedanken ab, die man hat.*
> Mark Twain

Gedanken sind Kräfte

Mit der richtigen Einstellung ist es Ihnen möglich, scheinbar Unmögliches zu erreichen. Ihre Gedanken entscheiden über die Kräfte in Ihrem Körper, in Ihrer Psyche. All Ihre körperlichen Kräfte werden von Ihrem Geist gesteuert. Unter Belastung ist es möglich, sehr viel oder gar nichts zu schaffen. Viele Menschen brauchen den Druck von außen, um ihre Kräfte voll zu entfalten. Andere brechen darunter zusammen. Es hängt von den jeweiligen Erfahrungen und der jeweiligen Geisteshaltung ab.

> Positive Gedanken und Erfolg gehören zusammen.

Wann immer Sie denken, dass etwas schwierig sein wird, stellt sich Ihr Gehirn auf Probleme ein und es wird welche geben. Ihre Gedanken entscheiden über Ihren Zustand. Sie können Gedanken mental so bündeln, dass sie objektiv zu mehr Erfolgen führen.

Gedanken sind Schöpfung

Sie sind die Summe Ihrer Gedanken. Was Sie heute erleben, haben Sie vorher zu irgendeinem Zeitpunkt gedacht. Natürlich werden Sie sich nicht Krankheit oder Misserfolg ausdenken. Und doch sind diese vorher in Ihrem Gehirn entstanden, vielleicht aus Angst oder Nachlässigkeit. Sie sind Schöpfer, weil Sie in jeder Sekunde Ursachen in Ihren Gedanken schaffen, diese sich in Ihrem Gehirn festigen und so Ihr Verhalten im Außen beeinflussen.

> Sie sind die Summe Ihrer Gedanken.

Denken Sie einmal an ein erfolgreiches Erlebnis im Beruf, einen guten Abschluss oder ein gutes Geschäft. Würden Sie auf die Idee kommen und sagen, alles wäre Zufall gewesen? Wohl kaum. Sie wissen, dass Sie dafür gearbeitet haben, vielleicht Tag und Nacht. Sie haben darüber nachgedacht, wie Sie es besser und noch effektiver machen können. Sie wissen, dass Sie vorher eine Leistung erbracht haben. Und am Anfang stand immer Ihr Denken. Sie sind ein Schöpfer. Sie können Ideen verwirklichen und Großes schaffen. Wenn wir wirklich frei denken würden, könnten wir unvoreingenommen sein. Aber das tun wir nicht, wir erkennen und bewerten durch den Filter, den wir in uns haben. Der Filter ist unser durch Erfahrung und Erleben geschaffenes Glaubenssystem.

Gedanken können Sie in den siebten Himmel heben

Was geschieht, wenn Sie verliebt sind? Was läuft in Ihnen ab? Ihre Aufmerksamkeit ist gefesselt von der Persönlichkeit Ihres Partners. Sie scheinen keinen anderen Gedanken fassen zu können. Sie schweben auf rosaroten Wolken und es scheint, als wäre alles wunderbar.

> Sie brauchen keinen Grund, um Freude zu empfinden.

In der Tat, Ihre Welt ist in Ordnung, weil Sie sie so sehen. Denken Sie an die Freude eines Kindes, solange es noch nicht verlernt hat natürlich zu sein. Oder an den besten Freund des Menschen, den Hund – er freut sich immer, wenn Sie abends nach Hause kommen, egal wie Sie drauf sind. Er erwartet Zuneigung und Anerkennung und gibt dafür immer Freude.

Als aufstrebender Mensch macht es Ihnen Freude, Neues zu schaffen. Sie sind motiviert und begeistert, nichts kann Sie umhauen. Wenn Sie große Erfolge erleben, werden die Gedanken vor Freude Purzelbäume schlagen. Sie werden noch mehr arbeiten und noch mehr Begeisterung aufbringen. Ihre Energie scheint unerschöpflich.

Gedanken können die Hölle auf Erden bedeuten

Andererseits kann es die Hölle sein, wenn Sie nicht wissen, was Sie wollen – wenn Sie ständig an sich zweifeln oder wenn Sie eifersüchtig sind, wenn Sie hassen, wenn nichts gelingt, Sie alleine sind, dann kann Ihr Leben zur Hölle werden, obwohl es sicher sehr viele Bereiche gibt, die in Ordnung sind. Es sind immer unsere Gedanken, die unsere Welt im einen oder anderen Licht erscheinen lassen. Sich Sorgen machen bedeutet die Hölle erleben.

Sorgen sind in die Zukunft projizierte Angst. Sie wissen zwar nicht, was kommt, aber Sie machen sich jedenfalls schon mal Sorgen. Das Problem dabei ist nur, dass sich ein Automatismus in Gang setzt, den Sie im Grunde gar nicht wollen. Diesen können Sie nur durchbrechen, indem Sie eine neue Sicht einnehmen.

> Nichts geschieht, was vorher nicht gedacht wurde.

Nichts geschieht, was vorher nicht gedacht wurde. Wir denken fortwährend, und wir haben die Wahl: Was wir denken und was wir entscheiden, gestaltet unsere persönliche Welt.

Gedanken prägen den Wortschatz

Üblicherweise sagen wir z. B. „Das war nicht schlecht!" oder „Hoffentlich versage ich nicht wieder!" oder „Ich möchte nicht, dass mir das wieder passiert." Diese Gedanken müssen einmal dem Inhalt nach überprüft werden, und Sie werden entdecken, dass das Ergebnis exakt den Gedanken entspricht. Allerdings nicht so, wie manche meinen. Denn die Formulierung an sich ist ja schon negativ. „Das war nicht schlecht" sollte bedeuten: Es war gut. Aussage und Gefühl laufen hier konträr.

Unseren Gedanken ist es egal, was wir denken, das Gehirn wird von Ihrem Geist mit Gedanken versorgt und Ihr inneres Bewusstsein verarbeitet diese ohne Überprüfung, es nimmt alles wertneutral auf und ist nur für die Ausführung der erhaltenen Informationen zuständig. So brauchen Sie sich nur lange genug einzureden „Es geht mir schlecht, es geht mir soooo schlecht!", und das Ergebnis wird nicht lange auf sich warten lassen.

> Das Leben eines Menschen ist das, was seine Gedanken daraus machen.
> Marc Aurel

Immer wieder erlebe ich Erstaunen bei den Personen, denen ich die Gesetze des Denkens und des Glaubens erläutere. Genauso wie die Sonne jeden Morgen auf- und jeden Abend untergeht, egal ob Sie nun daran glauben oder nicht, so wirken die geistigen Gesetze ebenfalls ohne unser Zutun. Ich glaube, es war Einstein, der einmal sagte: „Wenn die Schwerkraft erst dann wirken würde, wenn die Menschen daran glauben, wäre das Chaos schon vorprogrammiert."

Manche freuen sich und sehen diese Gesetze als Chance, andere glauben nicht daran und machen genauso weiter wie vorher, mit dem Ergebnis, dass sich in ihrem Leben nichts ändert. Sie bleiben Opfer Ihrer eigenen Umstände.

Sage mir, was Du denkst, und ich sage Dir, was Du erlebst

Sie können den Weg der Erkenntnis gehen: Um etwas zu erkennen, muss ich mich damit befassen, mich informieren, es probieren und dann darüber urteilen. Was haben Sie zu verlieren? Sie können nur gewinnen. Versuchen Sie es einfach. In späteren Kapiteln werden wir dazu praktische Beispiele erläutern.

Wissen Sie eigentlich, was Sie vor fünf, zehn oder 20 Minuten gedacht haben? Es wird schwer sein, denn Wissenschaftler haben festgestellt, dass wir ca. 50.000 Gedanken am Tag denken. Aufgrund dieser Vielfalt fällt es uns schwer, uns auch nur an die letzten Minuten zu erinnern. Gerade weil wir so viel denken, ist es unsere Aufgabe, bewusst zu denken und nicht einfach uns nur treiben zu lassen. Wir haben es in der Hand, das zu denken, was wir wollen. Die Natur hat unser Gehirn so eingerichtet, dass wir nur seriell denken können, also Schritt für Schritt. Während Sie einen Gedanken denken, kann kein anderer kommen.

Seriell

→

Ich kann das – ich kann das nicht – schon wieder versagt – es kann gelingen

Parallel

Ich kann das ────────────────────────────►

Ich kann das nicht ──────────────────────►

Beide Gedanken gleichzeitig sind nicht möglich.

Dies ist die großartige Chance. Wir haben die Möglichkeit zu entscheiden, was und wie wir denken wollen. Denken Sie positiv, hat kein negativer Gedanke Platz. Denken Sie negativ, hat kein positiver Gedanke Raum. Sie allein entscheiden. Dr. Joseph Murphy sagte: „Ein positiver Gedanke vertreibt einen negativen."

Rational denkende Menschen glauben, das Leben bestehe nur aus Tatsachen und Ereignissen. Wirklich besteht unser Leben aus unseren Gedanken, die Tag für Tag wach sind und im Kopf für Unruhe sorgen. Diese Gedankenfolgen schaffen das, was wir „Schicksal" oder die Inder „Karma" nennen. Gedanken können wir nicht verdrängen, sondern müssen sie als Freunde willkommen heißen und unerwünschte eben durch erwünschte ersetzen.

> *Das, was jemand von sich selbst denkt,*
> *bestimmt sein Schicksal.*
> Mark Twain

Depressionen sind klare Gedankenstrategien, allerdings in negativer Richtung. Sie brauchen sich nur laufend Vorwürfe und Sorgen zu machen, dies ständig wiederholen, vielleicht noch Angst dazu mischen – und Sie sind auf dem besten Weg, Ihre persönliche perfekte Depression zu schaffen. Das Interessante daran ist, dass das nicht nur in negativer, sondern auch umgekehrt, also in positiver Richtung funktioniert. Wenn Sie es jetzt nicht schaffen, heißt das nicht, dass es nicht geht; es bedeutet nur, dass Sie es noch nicht beherrschen. Ich denke es lohnt sich, dies immer wieder zu üben, denn die Zeit vergeht so oder so.

Gedanken haben Macht

Gedanken haben die Macht, Sie unter verschiedenen Einflüssen zu fesseln. Gedanken schaffen, dass Menschen zu liebevollen Helfern oder zu Mördern werden. Gedanken beschäftigen Sie, wann immer Sie wach sind.

Wenn Sie einen Menschen beeinflussen, tun Sie das nicht wirklich. Sie aktivieren seine Gedanken und er überzeugt sich, dass seine in ihm liegenden Gedanken richtig sind, vielleicht auch deshalb, weil Sie es sagen. Aber in Wirklichkeit können Sie niemanden beeinflussen, der selbstständig denkt. Das funktioniert nur bei Personen, die ihre Gedanken nicht unter Kontrolle haben oder labil sind.

Gedanken werden erzeugt durch die fünf Sinne: Sehen, Hören, Riechen, Schmecken, Fühlen. Die ersten vier Auslöser sind meistens von außen beeinflusst. Das Fühlen kommt immer von Ihrem Inneren. Der Gedanke durchläuft die meist unkontrollierte Zensurstelle Verstand in der Regel ohne Widerstände.

Gedanken des anderen können Sie an dessen Gesicht ablesen. Die Körpersprache ist verräterisch und lässt sich nicht verbergen. Sie brauchen kein geschultes Auge, um festzustellen, ob ein Blick finster oder offen ist, ob der Körper des anderen angespannt oder locker ist. Die Haltung und die Schwingung verraten alles. Gedanken prägen so unseren Charakter. Dazu gibt es das hervorragende Zitat des Philosophen Anon:

> Säe einen Gedanken und du kannst eine Tat ernten.
> Säe eine Tat und du kannst eine Gewohnheit ernten.
> Säe eine Gewohnheit und du kannst Charakter ernten.
> Säe Charakter und du erfüllst deine Bestimmung.

Wollen wir unseren Charakter prägen, sollten, ja müssen wir bei unseren Gedanken anfangen. Das ist immer der erste Schritt. Ihr Schöpfer hat uns Menschen als bisher einzigem Wesen auf der Welt die Macht zu denken gegeben. Sollten wir diese dann nicht auch weise nutzen?

Ihr Wille ist Ihre göttliche Freiheit. Ihr Wille entscheidet, was Sie wann und wie denken. Diese Willensfreiheit können Sie nutzen, Sie müssen es nicht. Wenn Sie es nicht tun, dann werden Sie nie Ihre wahre Größe erreichen. Sie werden sich nie so entdecken, mit all Ihren großartigen Fähigkeiten und Möglichkeiten, mit Ihrem immensen, brach liegenden Potenzial.

Die freie Willensentscheidung ist uns gegeben. Leider machen sehr wenige davon Gebrauch, weil die meisten denken, was einmal so war, muss immer so sein. Das stimmt aber nicht. Manch einer flüchtet sich in erfundene Ausreden und Argumente, weil diese die Gesellschaft vorgaukelt. Fremde Sichtweisen werden einfach übernommen und ins eigene Gedankengebilde integriert.

> *Ein Gedanke kann nicht erwachen, ohne andere zu wecken.*
> Marie von Ebner-Eschenbach

Sie haben diese als eigene Gedanken eingekauft. Das Problem dabei ist nur, dass alles, was wir intensiv in uns aufnehmen – ob wahr oder nicht wahr – einen Einfluss auf unser gesamtes Nervensystem, auf unser Verhalten, auf unseren Charakter und somit unmittelbar auf unser Schicksal hat. Alle unsere Gedanken werden immer durch die eigene Bewertung Wirklichkeit. Nichts wirkt, wenn wir es nicht wirken lassen.

Wie entstehen Gedanken?

In Ihrem großartigen Biocomputer Gehirn lösen die Eindrücke von außen – ein Wort, ein Satz, ein Bild, ein Geruch, eine Berührung oder ein Geschmack – eine Kette von Gedanken aus, angefangen von Vergleichen mit früheren Erfahrungen. Dies läuft in Form von chemischen Prozessen zwischen den Synapsen ab. Ein Verliebtsein löst einen ganzen Sturm von Reaktionen aus: Das Glückshormon Serotonin wird ausgeschüttet und Ihr Körper befindet sich in einem optimalen Zustand. Sie haben Kraft, Sie könnten Bäume ausreißen – so gut fühlen Sie sich, wenn Sie Hals über Kopf verliebt sind. Und genau das Gegenteil werden Sie erleben, wenn Sie Angst haben.

Beobachten Sie die Menschen in einer Achterbahn. Dasselbe Ereignis kann bei einem, der vor Freude schreit, Glückshormone, und beim anderen, der „aus Angst in die Hose macht", Stresshormone auslösen. Dabei ist es immer die gleiche Bahn. Ob Stress oder Glück, das entscheiden die Gedanken der Personen.

Sicher kennen Sie Aussagen wie:

- sich aus Angst in die Hose machen,
- das Herz rutscht mir in die Hose,
- das Herz schlägt mir bis zum Hals,
- Ärger schlägt mir auf den Magen,
- ich könnte vor Wut platzen,
- ich könnte aus der Haut fahren.

Sie erfahren täglich, was Ihre Gedanken mit Ihnen machen, und trotzdem beschäftigen wir uns häufig sehr wenig mit diesen Prozessen. Wie laufen diese nun ab?

1. Ein Gedanke kommt als Information in Ihr Gehirn

Dieser Gedanke findet nun automatisch die Bahn zu seinen Referenzdaten. Diese Daten sind in Ihrem Gehirn und Ihrem Unterbewusstsein gespeichert. Wenn hier keine Kontrolle eingebaut ist, dann läuft der weitere Prozess automatisch, also unkontrolliert ab. Eine Bewertung muss hier im Kopf stattfinden, alles Weitere wird dann nur noch abgerufen.

2. Vergleiche finden statt

Sobald die Gedanken die Zensurstelle „Gehirn" passiert haben, wird verglichen. Alle Erfahrungen, Emotionen, Gefühle, Verhaltensweisen und Eindrücke werden herangezogen. Ob dieser neue Eindruck richtig oder falsch ist, wird nicht geklärt, eine Bewertung findet also nicht statt, sondern er wird lediglich abgecheckt, verglichen und das „passende" Gefühl abgerufen. Dieses gelangt nun mit allen Zusammenhängen in die Zentrale Gehirn.

3. Die „Erfahrungen und Gefühle" beschäftigen nun das Gehirn

Jetzt ist der Kreislauf perfekt, alte Muster haben uns wieder im Griff: Es herrscht in uns schon ein klares Konzept vor, wie wir auf diese oder jene Situation gefühlsmäßig reagieren. Es werden im Gehirn teilweise logische Argumente hinzugefügt, um das Verhalten oder die Empfindung zu rechtfertigen, obwohl die Prozesse automatisch ablaufen.

Wenn wir diesen Kreislauf bestehen lassen, dann werden wir fremdbestimmt, ferngesteuert. Warum? Weil wir nicht selbst denken, nicht selbst entscheiden und nicht eigenständig wählen.

Es gibt keine Niederlage, außer von innen. Es gibt in Wirklichkeit auch keine unüberwindliche Schranke außer die uns innewohnende Schwäche des Vorsatzes.
Emerson

Es gibt nur eine Möglichkeit diesen Kreislauf zu durchbrechen: indem wir anfangen zu kontrollieren, was und wie wir denken. Glauben Sie ja nicht, das sei so einfach. Es ist ein ständiges Arbeiten an sich, an den Gefühlen und Handlungen, aber ich kann Ihnen sagen, dass es sich lohnt. Die Ergebnisse werden Sie begeistern, Ihr Denken wird sich ändern. Viele haben den Glauben an sich selbst, an das Gute verloren. Aber sollte nicht der Sinn darin bestehen, ein glückliches Leben in Harmonie, Gesundheit, Freude und Erfüllung zu verbringen? Ist dies Ihr Ziel, so führen Sie ein paar Denkänderungen durch und denken Sie selbstständig, also (ständig und selbst).

Wollen Sie selbst entscheiden, was und wie Sie denken?

Der PowerThinker kennt die Macht seiner Gedanken, sie haben ihn zu dem gemacht, was er heute ist. Diese Macht nutzt die PowerFührungskraft, um die ihr anvertrauten Menschen zu führen und fördern. Sie fördert die Möglichkeiten jedes Einzelnen, um selbst mehr zu erreichen.

PowerThinker sehen an ihren Kindern die Macht der Gedanken. Sie unterstützen ihr Kind, diese Macht weise und sicher anzuwenden. Sie bagatellisieren keine negativen Gedanken, sondern helfen diese zu überdenken und neu zu kreieren.

PowerThinker erkennen das Potenzial am Verhalten ihrer Kollegen und der Kunden. Sie nutzen ihre Kenntnis, um die Macht der Gedanken sinnvoll zu harmonischen Lösungen einzusetzen.

7. Gedankendisziplin – tägliche Praxis eines PowerThinkers

Hierin liegt die Ausgangsbasis zu einer positiven Geisteshaltung. Disziplin ist ein Wort, das nicht immer Begeisterung hervorruft. Aber haben Sie schon einmal einen Spitzensportler ohne Disziplin gesehen? Wissen Sie von jemandem mit großen Leistungen, der keine Disziplin hatte? Ohne Disziplin wird nichts Großes erreicht. Ich behaupte sogar, dass Sie bereits sehr diszipliniert sind. Sie pflegen Ihre Verhaltensweisen sehr diszipliniert und konsequent:

- Falls Sie rechthaberisch sein sollten, werden Sie das sicher gerne und bei vielen Gelegenheiten beweisen.
- Wenn Sie traurig sind, werden Sie wahrscheinlich häufig erzählen, was alles Schlimmes passiert ist.
- Sobald Sie etwas erreicht haben, werden Sie es nicht versäumen, Ihre Erfolge immer wieder ins rechte Licht zu setzen.
- Wenn Sie Probleme haben und gerne jammern, werden Sie jede Gelegenheit hierfür wahrnehmen.
- Manche betreiben sehr diszipliniert Mobbing, oder sie klagen ständig, wie ungerecht das Schicksal ihnen mitspiele.

Ist das nicht auch Disziplin? Sicher, nur wird es nicht so bezeichnet, weil es schon „automatisch" geht. „Disziplin üben" bedeutet in etwas besonders gut werden. Wir sollten die Disziplin des Denkens üben. Mit der Gedankendisziplin nutzen Sie die Fähigkeiten Ihres Unterbewusstseins und Ihres Gehirns. Sie prägen eine neue Denkgewohnheit, ein neues „Muster", das heißt: „Ich weiß, was ich denke!"

> Wer die Gedanken beherrscht, beherrscht sein Leben.

Wie Sie das schaffen? So, wie Sie auch die negativen Muster gelernt haben. Sie bedienen sich der Macht der Wiederholung.

In meinem Buch „Zum Erfolg geboren" habe ich diese Methode schon ausführlich erläutert. Hier möchte ich Sie auf die erweiterte Form aufmerksam machen. Gedankendisziplin ist die Methode, das Ziel ist die Positive Grundhaltung (PGH®), das Gegenteil der negativen Grundhaltung, des negativen Denkens.

Ich verteile in meinen Vorträgen und Seminaren Kärtchen, so groß wie eine Visitenkarte. Auf der Vorderseite stehen nur drei Buchstaben: PGH. Auf der Rückseite steht:

● Was denke ich?
● Erreiche ich mit diesem Denken meine Ziele?

Mit der Karte können Sie folgendes üben: Wenn Sie die Karte sehen, wird Ihnen automatisch das Wort Positive Grund-Haltung (PGH®) einfallen. Dann stellen Sie sich die erste Frage: Was denke ich?

Ich wette, Sie können sich die ersten Male nicht einmal daran erinnern, was Sie die letzten Sekunden gedacht haben. Aber Sie werden ab sofort Ihr Gedächtnis schärfen. Nach mehreren Wiederholungen werden Sie plötzlich feststellen: „Aha, das denke ich!" Und nun geht die eigentliche Arbeit los. Als Nächstes fragen Sie sich: Erreiche ich mit diesem Denken meine Ziele?

Dann wird Ihnen klar werden, wer gedacht hat, Sie selbst oder Ihr Muster. Sie werden schnell ent-

> Denken Sie bewusst, sonst werden Sie gedacht.

decken, ob Sie zu den Gedanken Gefühle dazugemischt haben. Erst wenn Sie bemerken, dass Sie nicht selbst denken, sondern dass die Vergangenheit, das Alte und teilweise Überholte für Sie denkt, wird die Motivation, PGH gründlich zu üben, stärker.

Malen Sie sich die erwünschten Gedanken in Bildern, in frohen Farben, in gefühlsintensiven Erinnerungen aus und erfreuen Sie sich daran. Bestätigen Sie das Positive, Erwünschte. Bestärken Sie diese Gedanken mit allen Sinnen, mit Dankbarkeit, Freude usw.

Sollten Sie aber feststellen, dass diese Gedanken gar nicht so aufbauend und positiv sind, vielleicht sogar negativ, dann entscheiden Sie sofort, etwas dagegen zu unternehmen. Wenn Sie sich z.B. beim Denken in folgende Richtung ertappen: „Hoffentlich versage ich nicht wieder", „Schon wieder dasselbe? Warum passiert das immer wieder mir?" – und wenn Sie dabei merken, wie Ihr Gefühl negativ wird, dann beginnen Sie sogleich einen intensiven, inneren Dialog, der mit den richtigen Fragen beginnt:

● „Warum sollte ich wieder versagen, nur weil es einmal nicht geklappt hat?"

● Liefern Sie sich logische Erklärungen: „Jetzt gehe ich richtig vor, denn ich habe aus meiner Erfahrung gelernt, und daher klappt es diesmal wunderbar. Ich mache das nun so ..., und dann ist das Ergebnis ein anderes. Damals war es eben so ..., und heute bin ich klüger. Ich lerne ja schließlich aus meinen Fehlern."

Formulieren Sie negative, nicht aufbauende in positive Gedanken um und treten Sie so in einen konstruktiven Dialog zwischen Verstand und Gefühl. Dabei können Sie sich ver-

Ein konstruktiver Dialog zwischen Verstand und Gefühl.

schiedener Glaubenssätze bedienen. So haben Sie eine wunderbare Möglichkeit, Ihr Glaubenssystem neu zu versorgen. Zu diesem Thema finden Sie im Kapitel 22 „Das Glaubenssystem des PowerThinkers" weitere Informationen. Es ist sehr interessant und wichtig, denn es wird Ihnen großartige Möglichkeiten eröffnen. Freuen Sie sich schon jetzt darauf.

Sie haben jederzeit die Wahl, Ihre Gedanken zu verändern. Die Fähigkeit Ihres Denkens lässt nur einen Gedanken nach dem anderen zu. Gleichzeitiges Denken ist Ihnen nicht möglich. Diese „Schwäche" ist jetzt eine Stärke, und Sie können diese benutzen, um sich aufzubauen und Ihr Denkniveau zu heben.

Die bereits erwähnten PGH®-Karten, die ich in meinen Seminaren verteile, sehen so aus:

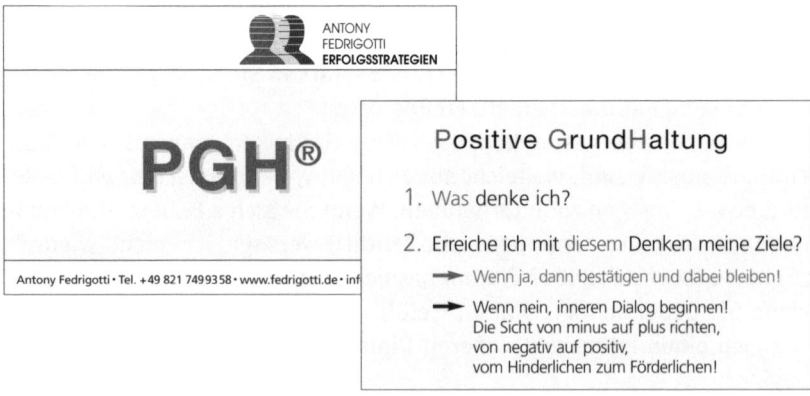

Unter www.fedrigotti.de können Sie diese anfordern oder Sie fertigen sich diese selbst an.

Tragen Sie sie immer bei sich oder legen Sie sich die Karte dorthin, wo Sie täglich 10–20 mal ins Auge fällt. Die Karte wird so zum Auslöser, zum Anker, der Ihr bewusstes Denken schärft.

Üben Sie mit der Karte einige Wochen, Sie werden Gefallen daran finden. Nach zwei bis drei Wochen, je nach Konzentration, haben Sie diesen neuen Anker geprägt, und Sie werden 60–80 % Ihrer Gedanken bewusst denken. Außerdem werden Sie sich selbst beim Denken beobachten können und so mehr und mehr erfahren, welche eingefahrenen Muster Sie schon seit Jahrzehnten leben. Es ist sehr interessant und macht zunehmend mehr Spaß. Sie werden es bewusst erkennen, sobald Sie in eine alte Verhaltensweise fallen. Das Wichtigste dabei ist jedoch, dass Sie zunehmend besser entscheiden können, wie Sie reagieren wollen. Nach einer Woche brauchen Sie sich nur noch die zweite Frage zu stellen: Erreiche ich mit diesem Denken meine Ziele?

Die erste Frage ist nach einiger Zeit so automatisiert, dass sie überflüssig wird. Jedes Mal, wenn Sie die Karte sehen, fragen Sie sich, ob Ihr aktuelles Denken Ihrem Ziel dient. Sie können diese nach einigen Wochen weglegen oder – wie ich – ständig weiterbenutzen. Das Wichtigste dabei ist allerdings Ihr Entschluss, bewusst positiv und aufbauend denken zu wollen. Sie brauchen das klare Ziel, sonst haben Sie keine Motivation und keine Kontrollmöglichkeit. Ihr Wille muss sich für folgendes Ziel entscheiden:

Ich denke konstruktiv aufbauend und lebe die positive Grundhaltung.

All Ihre Gedanken werden unter diesem Aspekt überprüft. Denn ein Leben in Glück und Freude, Gesundheit und Harmonie werden Sie nur führen können, wenn Sie wissen, was Sie denken, und wenn das, was Sie denken, nicht negativ, sondern positiv ist. Ein positives Denkniveau ist die Plattform für alles Folgende. Ohne diese Plattform ist ein glückliches Leben nicht möglich.

Analysieren Sie stets Ihre Geisteshaltung und Ihr Denken. Wenn beides positiv ist, genießen Sie es. Wenn es Sie nicht nach vorne bringt, dann beginnt Ihr PGH-Einsatz:

Unterscheiden Sie zwischen hinderlich und förderlich

Es kommt in Zukunft darauf an, dass Sie folgende Unterscheidungsmerkmale ansetzen: „Ist der Gedanke hinderlich oder förderlich?", nicht „Ist er positiv oder negativ?"

Warum ist das so wichtig? Weil die Wörter „positiv" oder „negativ" eine Wertung darstellen, die bestimmte weitere Mechanismen auslöst. Was passiert, wenn Sie sich beim negativen Denken ertappen? Sie werden denken: „Schon wieder habe ich negativ gedacht!" Worauf richten Sie nun in diesem Augenblick Ihre Aufmerksamkeit? Richtig, auf das Negative, verbunden mit einem Selbstvorwurf.

„Negativ" und „positiv" sind Wertungen, die der Polarität entspringen. Das eine ist gut, das andere schlecht. Dabei stimmt es nicht. Beides sind „nur" Gedanken und erst die Wertung bewirkt, welches Gefühl sich einschaltet. Wenn Sie wirklich an sich arbeiten möchten, ist dieser kleine und doch entscheidende Unterschied wichtig. Wenn Sie in Zukunft differenzieren zwischen hinderlichen und förderlichen Gedanken, dann haben Sie die Wahl, ohne sich dabei schlecht zu fühlen. Sind Ihre Gedanken förderlich, dann freuen Sie sich darüber und lassen ihnen freien Lauf. Sind sie hinderlich, dann ändern Sie sie einfach und freuen sich dann. Ohne Wertung, ohne Nachgeschmack. Sie haben einfach entschieden.

Ob Sie Manager sind, Sekretärin, Mutter, Vater, Führungskraft, Vorstandsvorsitzende, Suchender oder Meditierender, Religiöser oder Atheist – wenn Sie Ihre Gedanken nicht unter Kontrolle haben, sind Sie eine Marionette Ihrer Vergangenheit.

Ihre bisherigen Erlebnisse sind der Maßstab für Ihr jetziges Verhalten. Und nur Sie können das ändern, nur Sie können es für sich tun. Der PowerThinker kontrolliert seine Gedanken. Die Gedankendisziplin mit PGH ist hier die Basis, um Ihre Fähigkeiten zu leben und ein besserer Mensch zu werden.

Sind Sie diszipliniert?

Der PowerThinker übt Gedankendisziplin und erlebt dadurch Durchbrüche und neue Höhen. Er erkennt, dass dies das (einzige) Werkzeug ist, die wunderbare innere Kraft zielgerichtet und sicher einzusetzen.

PowerThinker lehren ihren Kindern Schritt für Schritt die Gedankendisziplin. Sie fördern ihre Kinder durch eigenes Beispiel, weil sie streng sind, wenn es angebracht ist, und trotzdem liebevoll in jeder Handlung. Sie sind nicht von Launen gesteuert und können so ein leuchtendes Vorbild sein.

Der PowerThinker lässt sich nicht von Nichtigkeiten, Gerüchten oder Äußerungen aus der Ruhe bringen. Er beherrscht die Gedankendisziplin, geht einer Sache auf den Grund und zieht erst anschließend die Konsequenzen. Es ist nicht Spielball unbewusster Äußerungen und kauft Kritik nicht ungeprüft ein.

8. Ein PowerThinker beachtet seine Gefühle

Was, glauben Sie, ist der Antrieb Ihres Lebens? Was gibt Ihnen die Kraft etwas zu erreichen? Sind es die Gedanken, ist es die Vorstellungskraft? Nein, es sind Ihre Gefühle. Wir haben uns in den vorherigen Kapiteln mit der Kraft der Gedanken auseinandergesetzt.

Ihre Gedanken lösen Ihre Gefühle aus. Und wenn ein Gefühl ausgelöst wird, dann – Sie wissen es jetzt – wird Ihr Körper von den Gefühlen beherrscht. Erinnern Sie sich noch einmal zurück, als Sie in Ihren Partner verliebt waren. Welches Gefühl war das? Wie klein waren alle anderen Probleme, wie mächtig das Gefühl des Verliebtseins! Wie ewig lange waren die Minuten, wenn Sie auf Ihre Angebetete warten mussten! Wie lange die Zeit, wenn Sie auf seinen Anruf gewartet haben! Der Sturm der Gefühle hat Ihr Dasein in einem vollkommen anderen Licht erscheinen lassen. Sehnen wir uns nicht alle nach solchen Momenten des vollkommenen Glücks?

> Gefühle sind der Antrieb Ihres Lebens.

Aber warum erfahren wir das so selten? Kann es sein, weil wir mittlerweile erwachsen sind, weil wir uns im Griff haben, weil „man sich nicht einfach so gehen lässt", vor allem nicht in ungezügelter Freude. Als Erwachsener ist vieles anders. Wir erfassen alles nüchtern und wenn uns etwas nicht in den Kram passt, dann regen wir uns darüber auf. Wir schimpfen und lassen dem Ärger freien Lauf. Manche fressen ihn auch in sich hinein und schaden sich dadurch noch mehr. Ist Ärger nicht auch ein Gefühl? Ja, sicher, werden Sie sagen, aber es ist normal sich zu ärgern. Als Erwachsener hat jeder Verständnis, wenn Sie sich aufregen und sich ärgern. Aber ist es für Sie sinnvoll und Gewinn bringend? Außer, dass manche Angst vor Ihnen bekommen, Sie als unangenehm empfinden und Sie sich Ihre Gesundheit ruinieren, werden Sie keinerlei Vorteile finden.

> *Gefühle sind Sprungbretter im Hindernislauf des Denkens.*
>
> Emerson

Wie oft erlauben Sie sich „ohne Grund" oder wenn Sie Erfolg haben wirkliche Freude zu empfinden? Wann haben Sie das letzte Mal herumgealbert wie ein kleines Kind und dabei riesig Spaß gehabt? Haben Sie dafür keine Zeit oder vielleicht eher keinen Sinn?

Im Grunde kontrollieren wir uns ständig, meistens aber nach alten Verhaltensmustern, die uns scheinbare Sicherheit bieten. Das erfahrene Verhalten bietet uns Gewissheit. Die alten Muster sind uns bekannt und somit leben wir diese immer wieder. Warum aber können wir nicht ständig in ungezügelter Freude und Glückseligkeit leben? Warum halten wir die Lebensfreude klein, die Sorgen groß? Warum kämpfen wir um Macht, Geld, Einfluss? Es ist die Macht der Gewohnheit, die uns beherrscht.

Wir leben, was wir kennen, denn da wissen wir, welche Freude oder welchen Schmerz es bereitet. Darauf stellen wir uns ein mit Strategien der Abwehr oder Verstärkung.

> Wir leben, was wir kennen.

Leider berauben wir uns mit diesem Verhalten des aktiven Lebens, Neues hat hier nur wenig Raum. Die Gefühle in uns halten uns ab, ungewohnte Wege zu beschreiten, die Grenzen zu sprengen und ganz andere Eindrücke zu erfahren.

Wenn Sie die bewusste Entscheidung treffen, Ihr Leben neu zu gestalten, dürfen Sie nichts dem Zufall überlassen. Beobachten Sie Ihre Gefühle genauso, wie Sie Ihre Gedanken beobachten. Sie werden erkennen, dass Sie dadurch mehr und mehr ein Beobachter in eigener Sache werden und so die Regie für Ihr Leben übernehmen.

Zu jeder Erfahrung haben wir ein entsprechendes Gefühl gespeichert. Wir haben gelernt, welches Gefühl zu welcher Situation und zu welcher Erfahrung gehört. Ein PowerThinker weiß, dass er alles, was er einmal gelernt hat, auch wieder „umlernen" kann.

Wenn ein Kind eine Rechenaufgabe falsch löst, muss es so lange üben, bis mit dem richtigen Weg das richtige Ergebnis herauskommt. Vorher ist die Aufgabe nicht abgeschlossen und eine Prüfung kann nicht bestanden werden.

Genauso sollten wir unsere Gefühlsbearbeitung sehen. Wenn wir im Bezug auf eine bestimmte Situation ein schlechtes Gefühl haben, kann es sein, dass nur die Formel nicht stimmt.

Wurden Sie in der Kindheit häufig kritisiert, dann kann es sein, dass Sie jegliche Art von Meinung als einen Angriff werten, auch noch im Erwachsenenalter, wenn in den meisten Fällen überhaupt kein Grund mehr dazu besteht. Das Ergebnis kann sein, dass Sie sich jedes Mal mies fühlen und Ihr Energiekörper zusammenbricht, wenn Sie Kritik erfahren. Nur, sind Sie noch in dem Alter, als Sie die Entscheidung für diese Formel gewählt haben? Wohl nicht. Sie sind reifer geworden, haben Erfahrung gesammelt, viel mitgemacht, und Sie wissen heute eine Menge mehr als früher. Daher stimmt der Grundansatz nicht mehr. Folglich sollte der Auslöser für das schlechte Gefühl, die Formel umdefiniert werden. Hierzu ist eine Erkenntnis sehr hilfreich:

> Ich habe ein Gefühl, ich bin nicht das Gefühl.

Alles, was Sie haben, können Sie auch wieder loslassen. Gefühle sind erlernt und eingespeichert worden, sie kamen nicht von alleine. Sobald Sie sich jedoch mit einem Gefühl identifizieren, sind Sie eins mit ihm. Sie *haben* dann nicht mehr ein Gefühl, Sie *sind* das Gefühl. Wenn Sie zwischen Sein und Haben trennen, haben Sie die Chance zu agieren und neu zu gestalten, ansonsten können Sie nur reagieren. „Etwas haben" bedeutet „loslassen können":

- Ich *habe* einen Kugelschreiber, ich *bin nicht* der Kugelschreiber.
- Ich *habe* ein Auto, aber ich *bin nicht* das Auto.
- Ich *habe* eine Krankheit, ich *bin nicht* die Krankheit.

Identifizieren Sie sich immer nur mit dem, was Ihnen dienlich ist. Nehmen Sie das andere einfach zur Kenntnis und seien Sie gewiss: Alles ist vergänglich.

Gefühle steuern unser Verhalten und dieses wiederum gestaltet Verhältnisse. Daher achtet ein PowerThinker auf sein Verhalten, er weiß auch: „Ich habe ein Verhalten, ich bin nicht mein Verhalten."

Wenn Sie also Verhaltensweisen, sprich Gewohnheiten an sich entdecken, die Ihnen nicht förderlich sind, dann weiß ein verantwortungsvoller PowerThinker, dass dies eine Herausforderung ist. Verhalten und Gefühl liegen nahe beieinander. Wenn Sie Ihre Gefühle

| Was Sie haben, können Sie wieder loslassen, was Sie sind, hat Sie im Griff. |

überprüfen, sind Sie automatisch dabei, Ihr Verhalten zu überprüfen. Jedes Gefühl können Sie als PowerThinker in eine gewünschte Richtung beeinflussen.

Steuern und beeinflussen Sie Ihren Gefühlszustand

Wann immer ich die Strategien erkläre, um Gedanken und Gefühle zu kontrollieren, kommen Aussagen wie: „Wenn ich mich kontrolliere, dann bin ich ja nicht mehr spontan, dann bin ich wie ein programmierter Roboter!" Meine Antwort ist immer dieselbe: *Jetzt* sind Sie ein programmierter Roboter. *Jetzt* reagieren Sie nach festgelegten Programmen. *Jetzt* sind Sie nicht frei. Erst wenn Sie Ihre Gedanken und Gefühle kontrollieren, können Sie Freude empfinden, wann immer Sie sich dafür entscheiden. Sie brauchen keinen Grund dazu. Und vor allem: Die Umwelt hat nicht mehr die Macht über Sie.

Machen Sie sich bewusst: Wenn Ihr Partner etwas sagt und Sie regen sich darüber auf, dann ist es nicht der Partner, der Sie aufgeregt, sondern Sie regen sich selbst auf. Sie ärgern sich, nur weil der andere etwas gesagt hat. Sie ermächtigen den anderen, dies zu tun. Es geschieht genau das, was keiner will, nämlich wie ein Roboter funktionieren, während andere uns beherrschen. Ändern können Sie dies nur, indem Sie, wie bereits beschrieben, für sich die

> Gedankendisziplin
> Gefühlskontrolle
> Verhaltenskontrolle

Verantwortung übernehmen. Und das beginnt bei der Gedankendisziplin, der PGH-Formel, fährt fort mit der Gefühlskontrolle und endet bei der Verhaltenskontrolle.

Gefühle können Sie ändern, indem Sie Ihre Glaubenssysteme oder Ihre Körperhaltung ändern. Zu den Glaubenssystemen kommen wir noch, und zur Körperhaltung machen Sie bitte folgende Übung mit:

- Setzen Sie sich aufrecht hin und lassen Sie Ihre Schultern nach vorne fallen, die Arme nach unten, den Kopf hängen lassen.
- Machen Sie dies für zwei, drei Minuten, nachdem Sie diesen Text gelesen haben. Also Schultern nach vorne, Kopf hängen lassen und etwas schütteln.
- Fühlen Sie jetzt in sich hinein.
- Stop! Erst die Übung machen, dann weiterlesen!
- Jetzt suchen Sie positive, motivierende Gedanken, ohne Ihre Haltung zu ändern.

Welches Gefühl hat sich eingestellt? Ein komisches bedrückendes? Konnten Sie positive Gedanken in dieser schlechten Haltung finden? Wahrscheinlich nur mit Überwindung.

Als Nächstes richten Sie sich auf dem Stuhl gerade auf, Brust raus, Schultern nach hinten, Kopf gerade, Wirbelsäule kerzengerade. Fühlen Sie wieder in sich hinein. Haben Sie noch dasselbe Gefühl? Sicherlich nicht. Ihre Haltung ändert Ihr Gefühl. Und jetzt versuchen Sie negativ zu denken. Es wird Ihnen schwer gelingen, wenn Sie diese Haltung beibehalten. Ihre äußere Haltung entscheidet über Ihre innere Einstellung, die Körperhaltung beeinflusst das Gefühl.

Wenn Sie einmal schlecht drauf sind, dann ändern Sie Ihre Haltung. Joggen Sie, gehen Sie ins Fitness-Studio, tanzen Sie, tun Sie etwas, das den Körper in Bewegung bringt, dann ändert sich auch Ihr Gefühl. Stillstand kann in Apathie ausarten. Verankern Sie bestimmte Auslöser, die Sie immer benutzen können, wann immer Sie Aufwind brauchen. Anker sind Auslöser wie Musik, Körperbewegungen, Fotos und einfach alles, was Sie mit einem besonderen Gefühl verbinden. Denken Sie immer daran: Es braucht keinen besonderen Grund sich gut zu fühlen. Dass Sie leben ist Grund genug.

> Ihre Haltung steuert Ihr Empfinden. Ändern Sie die Haltung und Ihr Gefühl ändert sich.

Gehen Sie souverän mit Ihren Gefühlen um?

Der PowerThinker nutzt die Macht der Gefühle, um andere gezielt zu fördern und zu motivieren. Er lässt sich nicht von alten, überholten Gefühlen und früheren Verletzungen leiten, sondern er entscheidet situationsbezogen neu.

PowerThinker bleiben in ihren Gefühlen liebevoll und gerecht. Sie bringen ihre vielleicht schlechten Kindheitserfahrungen nicht ihren Kindern nahe, sondern handeln in jeder Situation zielgerichtet, neu und vorurteilsfrei.

Der PowerThinker ist kein Spielball seiner vergangenen Erfahrungen. Er unterstellt seinen Kollegen keine schlechten Absichten, er lässt sich nicht vom Eindruck täuschen. Er überprüft die eigenen Gefühle und übernimmt die Verantwortung dafür.

9. Kraftvolle und positive Sprache

Tagtäglich habe ich mit sehr vielen Menschen aus der Szene des positiven Denkens zu tun und schon manch Interessantes erlebt. Etwas hat mich immer wieder gewundert: Vieles, was gesagt oder getan wurde, passte überhaupt nicht zu der Philosophie des positiven Denkens. Es wurde schlecht über andere geredet, negativ gewertet, und die verwendeten Ausdrücke waren manchmal alles andere als nett. Die meisten haben immer wieder bekundet, wie wichtig positives Denken sei, waren in ihrem Innern aber sehr frustriert und negativ.

Als ich das „PowerTalking" entdeckt hatte, ging mir ein Licht auf: Die Sprache verrät am deutlichsten, ob jemand *positiv ist* oder *„nur" positiv denkt*. Ich meine hier nicht die einstudierten Reden, sondern die ganz alltägliche Umgangssprache. Ein PowerThinker denkt nicht nur positiv, sondern – und das ist der entscheidende Unterschied – er ist in seinem Innern positiv. Beobachten Sie Sprache und Verhalten Ihrer Umwelt und erkennen Sie, wie manche Menschen sich der Macht der Sprache sehr bewusst sein können und sie intensiv einsetzen. Sie sprechen zwar „powermäßig", solange es ihr Vorteil ist,

> *Die Sprache ist die Kleidung der Gedanken.*
> Samuel Johnson

ändern sich jedoch sofort, wenn sich das Blatt wendet. Diese Menschen sind nicht positiv, sie tun nur so, solange es ihren Zwecken dient.

Ein PowerThinker weiß um die Macht der Sprache und setzt diese bewusst aufbauend ein. Er weiß, dass Worte verbalisierte Gedanken sind. Worte sind ein Ausdruck Ihrer Gedanken, von Ihnen ausgesandte Energien, mit denen Sie verletzen oder helfen können. Meister Eckart sagte: Worte sollten wir nur gebrauchen zum Helfen und zum Segnen.

Jeder, der es wirklich ernst meint mit seiner Entwicklung, kommt nicht umhin ein PowerTalker zu werden. Jedes Wort, das Sie aussprechen, haben Sie vorher gedacht. Daher ist kraftvolles Sprechen eine logische Folge der Gedankendisziplin, der positiven Grundhaltung.

Unsere Worte können großen Schaden anrichten. Sie haben wahrscheinlich schon selbst erlebt, wie es ist, wenn Sie mit wenigen Worten tief verletzt worden sind. Auch die anschließende Entschuldigung, dass es nicht so gemeint gewesen wäre, hilft selten. Sie können es verzeihen, aber nicht vergessen. Und warum? Weil Sie wissen, dass es in dem Moment sehr wohl so gedacht war und dass die Entgleisung einfach nur das ausdrückt, was die Person im Moment gefühlt hat. Dabei sollten wir aber jedem Menschen die eine oder andere verbale Entgleisung zugestehen, uns selbst auch. In der Praxis ist es allerdings nicht immer so einfach, wie es theoretisch klingt.

Worte können verletzen, können Sie in einen schlechten Zustand, ja in Depressionen bringen oder in die höchsten Höhen heben. Ein PowerThinker, der die Verantwortung übernimmt, weiß um die Macht der Worte und achtet ständig darauf, sein Sprachniveau zu erhöhen. Worte sollten gebraucht werden, um Menschen aufzubauen. Worte sollen helfen, motivieren, verbinden.

> Wer andere herunterzieht, um sich zu erhöhen, ist unsicher und klein. Wer andere ehrlichen Herzens aufbaut, hat Größe und Charakter.

Ein PowerThinker achtet auf diese Wirkungen. Worte sind Kräfte, wie folgende kleine Geschichte zeigt: Ein weiser indischer Sufimeister wird zu einer Familie gerufen, deren Kind erkrankt ist. Die Sufitradition ist bekannt für ihre Sanftheit in allem. Der Sufi nimmt das Kind auf den Arm, spricht mit ihm und flüstert ihm mehrere Worte ins Ohr. Dann gibt er das Kind seiner Mutter mit den Worten: „Dein Kind wird in wenigen Tagen gesund sein." Ein Fremder, ein Besucher aus dem Westen, der dies alles beobachtet hat, meldet sich und meint: „Sie wollen doch nicht sagen, dass Ihre paar Worte das Kind gesund machen?" Der sanfte Sufi ändert nun seine Miene und sagt in einem aggressiven Ton: „Was verstehst du denn davon, du Narr, du hast doch keine Ahnung!" Da beginnt der Besucher sich aufzuregen über die Art der Antwort. Er giftet den Sufi mit den Worten an: „Was erlauben Sie sich, mit mir so zu sprechen!" Der Sufi wird wieder friedvoll, lächelt und antwortet ganz ruhig: „Fremder, wenn Worte die Macht haben, dich aus der Fassung zu bringen, dich aggressiv werden zu lassen, meinst du nicht, Worte haben auch die Macht zu heilen?"

Ein PowerThinker erkennt diese Kraft an und achtet darauf, wie die Worte auf ihn und andere wirken. Er gebraucht die Sprache sinnvoll und überlegt genau, was er wann sagt. Für uns alle ist Sprache eine Verbindungsmöglichkeit zu unseren Mitmenschen. Es ist daher sehr sinnvoll, sich über dieses mächtige Werkzeug Gedanken zu machen und zu lernen, es Gewinn bringend für sich und andere einzusetzen.

Notwendig ist es hierbei, auch hier von der reinen Bewertung – positiv oder negativ – loszukommen: Es ist besser, die Wörter und Sätze in dem Ziel „förderliche" und „hinderliche" einzuteilen. In unserem Sprachschatz gibt es viele Wörter, die sich mittlerweile als Selbstverständlichkeit eingebürgert haben, obwohl

Jedes gesprochene Wort erregt den Gegensinn.
Johann Wolfgang von Goethe

sie in keinem Fall sinnvoll und hilfreich sind. Wörter, die Sie aus Ihrem Sprachgebrauch streichen können, sind solche, die sie oder andere herunterziehen, die Ihnen eine beengende Sicht aufdrücken, die in Ihnen ein schlechtes Gefühl hervorrufen. Betrachten wir einige Worte, die Sie ab sofort aus Ihrem Sprachschatz weglassen können:

„eigentlich"

Kennen Sie die Aussagen:

● „Eigentlich geht es mir ja gut ..."
● „Eigentlich bin ich ganz zufrieden ..."
● „Eigentlich möchte ich diesen Beruf ausüben ..."
● „Eigentlich gibt es keinen Grund zu Klagen ..."

Was sagt das aus? Geht es gut oder nicht? Es ist nichts Ganzes und nichts Halbes. Ihr Unterbewusstsein nimmt mit jedem Wort die Schwingung und die eigene oder kollektive Bedeutung wahr. Aus diesem Grund ist „eigentlich" eine enorme Einschränkung. Dieses Wort können Sie daher ganz aus Ihrem Vokabular streichen.

Ein Schlüsselerlebnis hatte ich kürzlich in einem Vortag mit 250 Teilnehmern aus dem Investmentbereich. Als ich den Armtest durchführen wollte, bat ich um einen Freiwilligen und es meldete sich ein sympathischer Herr. Der Armtest ist eine sehr interessante Methode um festzustellen, was für Sie förderlich oder hinderlich ist. Ich komme im Kapitel 24 darauf zurück. Nach dem Grundtest forderte ich ihn auf zu sagen: „Eigentlich bin ich erfolgreich!". Ich wollte das Wort „eigentlich" testen. Nun geschah etwas Verblüffendes. Er war im Test stark, zeigte keinerlei Anzeichen von weniger Energie. An einigen Nuancen seiner Aussprache habe ich dann in der Unterhaltung herausgehört, dass er Holländer war und hervorragendes Deutsch sprach. Nun habe ich ihn gefragt, ob er denn die

Bedeutung des Wortes „eigentlich" kenne. Ja, meinte er, kennen schon, aber er benutze es nicht. Er kannte es als Wort, aber er hatte ihm keinerlei Bedeutung zugeordnet, hatte somit kein Gefühl dazu – und deshalb hat ihn das Wort nicht geschwächt. Wir haben ein Gefühl, wenn wir „eigentlich" benutzen, daher sollten wir es streichen.

Sagen Sie stattdessen:

- „Es geht mir gut."
- „Ich bin sehr zufrieden."

„vielleicht"

Damit drücken Sie aus, dass etwas ungewiss ist. Im täglichen Gebrauch gibt es wenig Anwendung dafür, obwohl es so gerne benutzt wird, um unverbindlich zu sein:

- „Vielleicht komme ich morgen zu dir."
- „Vielleicht suche ich einen neuen Job."
- „Vielleicht lasse ich mich scheiden."
- „Vielleicht fahren wir dieses Jahr in den Urlaub."

Entweder wollen Sie es – oder eben nicht! Diese Unverbindlichkeit „vielleicht" vermittelt weder von Ihnen noch von Ihrer Tätigkeit einen guten Eindruck. Es zeugt vom instabilen Charakter dessen, der sich vor der Klarheit drückt.

„Vielleicht" überlegen Sie sich, das Wörtchen „vielleicht" weniger zu gebrauchen.

„unheimlich"

Im Duden wird „unheimlich" erklärt als ein bestimmtes Gefühl der Angst, als Grauen hervorrufend.

- „Es war ein unheimlich schöner Abend."
- „Es war unheimlich toll."
- „Es würde mich unheimlich freuen, Sie wieder zu sehen."
- „Es war eine unheimlich schöne Zeit."

War sie schön oder unheimlich? Wollten Sie sagen, dass die Zeit Angst und Grauen hervorgerufen hat? Wohl kaum. Formulieren Sie so:

- „Es war ein schöner Abend."
- „Es war sehr schön."
- „Es freut mich sehr, Sie wiederzusehen."
- „Es war eine schöne Zeit."

Das Wort „unheimlich", das in unseren Beispielen aufwerten soll, schränkt ein und zieht Energie ab. Also bitte ersetzen!

„aber"

Dieses Wort zieht immer das Vorhergesagte herunter. Der erste Teil ist positiv und aufbauend, durch das Wort „aber" wird der erste Teil im zweiten Teil aufgehoben oder zumindest stark eingeschränkt.

- „Der Umsatz in diesem Monat war ganz gut, aber nächsten Monat muss er höher sein."
- „Die Noten in deinem Zeugnis sind ganz gut, aber du kannst es besser."
- „Der Erfolg war großartig, aber das habe ich auch erwartet."

Ersetzen Sie „aber" durch „und".

- „Der Umsatz in diesem Monat war ganz gut und nächsten Monat werden wir noch etwas zulegen."
- „Die Noten in deinem Zeugnis sind ganz gut und du kannst es besser."
- „Der Erfolg war ganz gut und ich werde mich noch steigern."

Beobachten Sie Ihre Freunde und Bekannten und Sie werden erleben, wie häufig dieses Wörtchen fällt. Nach einem längeren Vortag kam ein Mann Mitte Fünfzig auf mich zu und sagte: „Herr Fedrigotti, mir fiel auf, dass Sie in Ihrem ganzen Vortrag nicht ein einziges Mal das Wort „aber" gebraucht haben." Er fuhr fort: „Seit über einem Jahr habe ich das Wort „aber" aus meinem Wortschatz gestrichen, und mein Leben hat sich total zum Positiven gewandelt." Er sagte, seine Einstellung habe sich von Grund auf gewandelt.

Ein PowerThinker baut auf mit „und" und zieht nicht herab mit „aber".
„Aber", denken Sie daran, es geht nicht von heute auf morgen.

„ich muss"

● Welches Gefühl erzeugt es in Ihnen, wenn Sie morgens aufstehen und
denken: „Heute muss ich viel schaffen. Ich muss als Erstes Herrn Mai-
er anrufen, dann muss ich ihm den Vorschlag schicken. Dann muss ich
sofort in die Besprechung, anschließend muss ich noch die Besorgung
machen, und dann muss ich noch in dieses Geschäft, muss noch meine Frau anrufen, und am Abend muss ich noch mit dem Chef essen gehen ..."
● Oder: „Als erstes muss ich die Kinder aufwecken, ihnen Frühstück machen, dann muss ich sie in den Kindergarten bringen, dann muss ich
einkaufen gehen, muss noch vorher in die Reinigung, muss noch für
das Abendessen den Wein besorgen und ..."

Wie wirkt es in uns, wenn wir uns dauernd mit der Pflicht „ich muss" bom-
bardieren? Es kostet sehr viel Kraft und Energie. Es fördert nicht, sondern
hindert. „Müssen" wir denn? Wir

Sie müssen nicht, Sie können.

„müssen" gar nichts, „müssen"
allerdings mit den Konsequenzen
leben, wenn wir etwas unterlassen. Natürlich nimmt Ihnen Ihre Arbeit
niemand ab. Sie bleibt Ihnen erhalten. Die Aussage „müssen" bringt uns
jedoch in einen bedrückenden Zustand, und daher ist es besser, Sie entscheiden sich. Sie „müssen" morgen nicht in die Arbeit. Ihr Arbeitgeber
muss Ihnen bei Nichterscheinen allerdings auch kein Gehalt überweisen.
    Oder denken Sie an den Satz: „Wir müssen uns demnächst einmal
treffen!" Das klingt schon fast wie eine Drohung. Sie können auch sagen:
„Es wäre schön, wenn wir uns demnächst einmal treffen könnten, wollen
wir schon mal einen Zeitpunkt festhalten?"
    Ersetzen Sie „müssen" durch „entscheiden" oder ein anderes Wort Ih-
rer Wahl – oder streichen Sie es einfach.

● Sie entscheiden sich zur Arbeit zu gehen, weil Sie Geld verdienen
möchten.
● Sie sind bereit, in Ihrem Job das Beste zu geben, weil Sie aufsteigen
und mehr verdienen wollen. Sie „müssen" nicht, Sie wollen.

- Sie versorgen gerne Ihre Kinder, weil Sie sich entschieden haben, sie zu bekommen, und Sie ein angenehmes Leben mit ihnen führen wollen.

In Ihrem Inneren ist dieser kleine Unterschied von großer Bedeutung. „Muss" beengt, „entscheiden" befreit. Wenn Sie als PowerThinker die Verantwortung übernehmen, können Sie sich immer entscheiden. (Tipp: Es gibt ein Nichtrauchertraining, das auf dieser Einstellungsänderung basiert – anstatt sich zu sagen „ich darf nicht mehr rauchen" oder sich durch reine Willenskraft sich im Zaum zu halten, setzt die Methode auf die freie Entscheidung, wenn der Suchtdruck kommt: „Ich kann, wenn ich will, sofort rauchen, so viel ich will, bis an mein Lebensende, keiner verbietet es mir, aber ich möchte nicht. Ich entscheide mich ...")

„sollte" und „versuchen"

- „Wir sollten uns gelegentlich einmal treffen."
- „Ich versuche Dich zu erreichen."
- „Das sollten wir bald in Angriff nehmen."
- „Man müsste versuchen, dass ..."
- „Ich sollte dieses Buch lesen."
- „Ich versuche mein Ziel zu erreichen."

Wie groß wird die Chance sein, es wirklich zu erreichen? „Sollte" und „versuchen" können Sie wunderbar ersetzen mit „ich tue", „ich mache", „ich werde", mit klaren Aussagen von Aktionen.

„ich bin nur ..."

Es bedeutet „ich bin nicht mehr als ...". Und das ist einschränkend und abwertend.

- „Ich bin nur Hausfrau und Mutter."
- „Ich bin nur ein Angestellter."
- „Ich bin nur die Frau von ..."
- „Ich bin nur der Buchhalter."
- „Ich bin nur ..."

Damit sagen Sie aus, dass Sie sich Ihres Wertes nicht bewusst sind. Das Wörtchen „nur" spiegelt häufig Ihr eigenes Selbstbild wider. Bitte lassen Sie es in Zukunft weg. Folgende Formulierungen klingen besser:

- „Ich bin Hausfrau und Mutter."
- „Ich bin Mitarbeiter bei ..."
- „Ich bin die Frau von ..."
- „Ich bin ..."

„man"

Dies ist eine Verallgemeinerung, die häufig von Menschen benutzt wird, die sich vor der Eigenverantwortung drücken. Sportler reden oft in TV-Interviews in der „man"-Form: „Man hat sich bemüht ..." „Man hat sich mental drauf eingestellt ..." „Man hat dem Gegner keine Chance gegeben". Es wird auch häufig von Menschen gebraucht, die nicht über ihre Gefühle sprechen können – als Distanzierungsformel. Und Politiker nutzen es gerne, um alles zu verallgemeinern, nicht verbindlich sein zu müssen.

- „Man muss einfach dagegen sein."
- „Man hat das immer schon so gemacht."
- „Man lässt das einfach zu."
- „Man ist so blöd."
- „Man denkt einfach nicht daran."

Wer ist „man"? Alle, mich eingeschlossen, oder die anderen? Es ist eine sehr unverbindliche Aussage. Bitte beachten Sie den Unterschied zwischen „man macht das nicht" und „ich mache das nicht", zwischen „man muss dagegen sein" und „ich bin dagegen", zwischen „man ist so blöd" und „ich bin so blöd"! Es liegt nahe, dass der PowerThinker solche Äußerungen ganz aus seinem Gebrauch streicht. Denn er spricht von sich, wenn er etwas zu sagen hat, und verallgemeinert nicht. Benutzen Sie „man" nur in den Situationen, die Sie nicht persönlich betreffen, sondern die Allgemeinheit. Sie werden sich viele Aussagen gründlich überlegen, wenn Sie „man" durch „ich" ersetzen. Ihr Unterbewusstsein unterscheidet nicht zwischen „man" und „ich" – wenn Sie ein entsprechendes Gefühl erzeugen, nimmt es Ihre Äußerung wörtlich.

„wahnsinnig"

- „Es hat mir wahnsinnig gut gefallen."
- „Es ist ein wahnsinnig schönes Gefühl."
- „Es war ein Wahnsinn."

Welche Bedeutung hat das Wort „Wahnsinn"? Warum wollen wir „wahnsinnig" werden, wenn wir „schön" meinen? Viele benutzen zur Beschreibung eines Superlativs das Wort „wahnsinnig" und meinen dabei „schön", „super", „einmalig", „gigantisch", „hervorragend", „exzellent". Sagen Sie das, was Sie meinen.

„Wahnsinnig" vermag eine „Außerordentlichkeit" auszudrücken, sagt aber nichts über die Qualität aus, sagen Sie lieber:

- „Es hat mir sehr gut gefallen."
- „Es war wunderschön."
- „Es war ein aufregendes Gefühl."

„verrückt"

Das Wort „verrückt" an sich ist nicht negativ. Es bedeutet: Etwas ist „verrückt", also verschoben, an einen anderen Platz gestellt. Was aber verbinden wir mit dem Wort „verrückt"? Meist dasselbe wie mit wahnsinnig. Sollte es auch bei Ihnen diese Assoziationen hervorrufen, bitte ersetzen Sie das Wort „verrückt" durch positiv besetzte Begriffe wie „interessant", „einmalig", „faszinierend".

„Ich muss Ihnen ganz ehrlich sagen ..."

Häufig lautet dann meine Unterbrechung: „Warum, lügen Sie sonst?" Dann sind die meisten verdutzt und verstehen meine Frage nicht. Wenn jemand ständig betont, dass er ganz ehrlich sein will, bringt er zum Ausdruck, dass er sonst lügt. Dabei will er nur die Bedeutung der Aussage hervorheben. Lassen Sie also diese herunterziehende Eingangsbemerkung einfach weg und sagen Sie, was Sie meinen. Wenn Sie immer ehrlich sind, brauchen Sie es nicht besonders zu betonen. Seien Sie einfach ehrlich.

„immer" und „schon wieder"

Wenn Sie in der Partnerschaft Streit wollen, brauchen Sie nur diese Wörter häufig benutzen:

● „Immer dasselbe mit dir!"
● „Schon wieder hast du ..."
● „Du bist immer so ..."

Diese beiden Aussagen festigen den alten Zustand und lassen dem anderen keine Entwicklungsmöglichkeit. Bei der Kindeserziehung ist das sehr störend, weil Sie Ihrem Kind ein schlechtes Gefühl mitteilen, genauso Ihrem Partner. Diese Vorwürfe fördern nicht die Persönlichkeiten, sondern sie hindern die Veränderung. Der andere muss gegen sein Muster *und* gegen Ihren Vorwurf ankämpfen. Dass das nicht so einfach ist, das brauche ich Ihnen sicher nicht näher zu erläutern.

> Verallgemeinern zeigt nur einen begrenzten Horizont.

Betrachten Sie strittige Punkte oder Situationen möglichst als einmaliges Ereignis und pauschalieren Sie nicht. „Immer" und „schon wieder" tun genau das. Sagen Sie lieber „Mir hat das jetzt nicht gefallen; könntest Du das nächste Mal ..." Geben Sie jedem Menschen die Möglichkeit der Entwicklung, auch sich selbst, und unterstellen Sie Ihrem Nächsten nicht, er mache alles bewusst und mit Absicht verkehrt. Niemand will ständig die gleichen Fehler machen und vorgehalten bekommen. Also schauen Sie doch hinter das Verhalten und gehen Sie mit gutem Beispiel voran.

„warum"

Das Wörtchen „warum" ist bei der Zielerreichung sehr wichtig. Gleichzeitig kann es im täglichen Leben sehr hinderlich sein. Manche Teilnehmer meiner Seminare stellen mir Fragen wie „Warum ist gerade mir der Unfall passiert?", „Warum muss immer ich leiden?", „Warum gelingt mir nie etwas?". Die Warum-Frage kann sehr hinderlich sein. Manchmal erfahren wir den Grund einfach nicht und müssen lernen zu akzeptieren: Es ist wie es ist. Zu viel zu hinterfragen kann Sie sehr viel Energie kosten und doch nichts bringen. Andererseits sagt der amerikanische Trainer Jim Rohn:

„Das Warum ist wichtiger als das Wie!" Bitte nicht verwechseln! Er meint damit Ihr Motiv, warum Sie ein bestimmtes Ziel erreichen wollen, warum Sie sich anstrengen wollen, warum Sie etwas tun. Diese Warum-Frage ist positiv und aufbauend.

„Problem"

Manchmal lässt es sich nicht vermeiden, von den Umständen zu erzählen. Nennen Sie dann die Probleme „Herausforderungen". Beachten Sie diese feine Nuance: Ein „Problem" ist etwas, wenn Sie (noch) darunter leiden, eine „Herausforderung", wenn Sie in Lösungen denken. Sie haben wenig Probleme und viele Herausforderungen.

Wir haben jedes Wort mit einem Gefühl belegt. Sie können kein Gefühl zu etwas haben, für das keine Referenzdaten vorherrschen. Welches Gefühl haben Sie, wenn Sie das Wort „incidente" lesen? Wenn Sie

> Geben Sie einem Problem nicht mehr Aufmerksamkeit als es verdient.

nicht Italienisch sprechen, werden Sie kein Gefühl dazu haben, denn dann wissen Sie mit dem Wort nichts anzufangen. Wenn ich nun frage, welches Gefühl haben Sie bei dem Wort „Unfall", dann könnten Sie an einen erlebten Unfall denken, und schon haben Sie Referenzdaten dazu. Es macht absolut Sinn, die Wörter, die wir mit hinderlichen Referenzdaten belegt haben, auszutauschen in aufbauende und hilfreiche Begriffe.

Sagen Sie, was Sie wollen, nicht was Sie nicht wollen!

In den letzten Jahrzehnten hat sich ein Vokabular eingeschlichen, das vor Verneinungen nur so strotzt. Es wird verneinend umschrieben. Sicher kennen Sie folgende Aussagen:

- „Ich will keinen Stress mehr!"
- „Ich will nicht mehr dick sein!"
- „Ich möchte nicht, dass Sie einen Nachteil haben!"
- „Ich möchte nicht streiten."
- „Ich möchte Sie als Kunden nicht verlieren."
- „Ich möchte nicht, dass dir etwas passiert."

Was drücken all diese Sätze aus? Sie sagen, was Sie *nicht wollen*. Was genau Sie wollen, kommt hingegen nicht zum Ausdruck.

Auf was, glauben Sie, richtet sich Ihr Unterbewusstsein aus, wenn Sie sagen „Ich will keinen Stress mehr!"? Das Hauptwort ist Stress. Und wie ist das Wort belegt? Mit Entspannung,

> Das Unterbewusstsein hört zu.

Freude oder Gelassenheit? Wohl kaum. „Stress" wird keine guten Gefühle hervorrufen, „Stress" wird Stress erzeugen. Denken Sie daran, Ihr Unterbewusstsein denkt nicht so kompliziert, es formuliert nicht um. Es nimmt an, dass das, was das Gehirn als seine höhere Instanz sendet, das ist, was auch gewünscht wird. Formulieren Sie in Zukunft positiv, sagen Sie das, was Sie wollen:

Bisher negativ formuliert:	**Ab sofort positiv formulieren!**
„Ich will keinen Stress mehr!"	„Ich will mehr Ruhe und Gelassenheit!"
„Ich will nicht mehr dick sein!"	„Ich achte auf meine Figur und ernähre mich bewusst." Oder: „Ich werde schlank und nehme gesund ab, bis zu meinem Idealgewicht von ... Kilo."
„Ich will nicht, dass Sie einen Nachteil haben!"	„Ich will, dass Sie einen Vorteil haben!" Oder: „Ich will, dass es fair zugeht."
„Ich möchte nicht, dass wir streiten!"	„Ich möchte, dass wir in Harmonie leben." Oder: „Ich will, dass wir uns gut verstehen."
„Ich möchte nicht, dass wir zu spät kommen!"	„Ich möchte, dass wir pünktlich sind."
„Ich möchte Sie als Kunden nicht verlieren!"	„Ich möchte Sie als Kunden behalten."
„Ich möchte nicht, dass Sie gehen!"	„Ich möchte, dass Sie bleiben."
„Ich möchte nicht, dass dir etwas passiert!"	„Ich möchte, dass du heil zurückkommst."

Achten Sie also darauf, dass Sie mehr und mehr klar ausdrücken *was Sie wollen*, nicht *was Sie nicht wollen*. Ein PowerThinker, der die Verantwortung für sich und sein Verhalten übernimmt, wird mit einer positiven Grundhaltung automatisch das sagen, was er will. Stimmen Sie mir zu?

Erweitern Sie Ihren Wortschatz

Im Rahmen psychologischer Untersuchungen in Gefängnissen wurde entdeckt, dass Häftlinge mit stark ausgeprägter Gewaltbereitschaft einen geringen Sprachschatz haben. Sie können sich verbal nicht oder nur sehr eingeschränkt mitteilen, ihre Gefühle mit Worten nicht treffend genug ausdrücken. Diese Menschen schlagen eher zu, wenn sie unter Druck stehen, als dass sie um Worte ringen oder fürchten müssen, sich mit Äußerungen zu blamieren.

Wörter prägen unser Glaubenssystem und drücken Gefühle aus: Je mehr Worte Sie zur Verfügung haben, umso mehr und detaillierter können Sie sich darüber äußern. Jeder von uns legt sich ein eigenes Vokabular zu, eine Matrix seiner Ausdrucksformen. Wir verwenden unsere Lieblingsausdrücke und kommen oft aus diesem Stadium nicht heraus. Dabei gibt es für jeden Begriff meist mehrere Synonyme. Die deutsche Sprache hat, so schätzt man, an die 300.000 bis 500.000 Wörter, einschließlich Fachbegriffen. Dazu kommen noch die Augenblickskomposita, die Modewörter, die wieder verschwinden. Mit 2.000 Wörtern versteht man die Alltagsgespräche zu etwa 88 %. Mit weiteren 2.000 Wörtern lassen sich Alltagstexte zu 95 % verstehen. Gebildete Erwachsene verstehen etwa 95.000 Wörter, so schreibt der Wissenschaftler Dieter E. Zimmer in seinem Buch „So kommt der Mensch zur Sprache". Aber zwischen „kennen" und „anwenden" besteht ein erheblicher Unterschied. So gebraucht ein Erwachsener ca. 8.000 bis 16.000 Wörter, und Zimmer schätzt, dass die große Mehrheit nicht mehr als 5.000 benutzt. Zum Vergleich: Luther benutzte um die 12.000 und Shakespeare, eines der größten Sprachgenies aller Zeiten kam auf 30.900. Sie sehen, es gibt viele großartigen Möglichkeiten mit der Sprache umzugehen.

Erforschen Sie die Sprache und erschließen Sie sich aufbauende, begeisternde Worte, die Sie motivieren und in einen guten Zustand bringen. Anthony Robbins führt in seinem Buch „Das Robbins-Power-Prinzip" eine Liste von Ersatzwörtern auf wie:

Bisheriger Ausdruck	Kraftvoller, positiver formuliert
Ich bin am Boden zerstört	Ich bin zeitweilig aus dem Tritt
Ich bin ängstlich	Ich bin ein wenig beunruhigt
Ich bin besorgt	Ich fühle mich unbehaglich
Das stinkt mir	Es ist ein bisschen zu viel des Guten
Ich bin deprimiert	Ich bin kurz vor dem Wendepunkt
Ich bin dumm	Ich bin auf Entdeckungsreise
Ich bin erschöpft	Ich muss auftanken
Ich fühle mich gedemütigt	Ich bin unangenehm überrascht
Ich bin gestresst	Ich bin sehr aktiv
Ich hasse das zu tun	Etwas anderes mache ich lieber
Ich bin überlastet	Ich fühle mich stark beansprucht
Ich bin ungeduldig	Ich bin voller Vorfreude
Ich bin zurückgewiesen worden	Ich fühle mich übergangen
Ich bin wutentbrannt	Ich bin sehr leidenschaftlich
Ich ärgere mich darüber	Es ist schon eine merkwürdige Situation
Immer dasselbe	Oh, das kenne ich doch schon
Ich bin enttäuscht	Ich bin sehr ernüchtert
Ich habe einen Fehler gemacht	Ich habe neue Erfahrungen gesammelt
Schon wieder	Aha, wie interessant

Ersetzen Sie Wörter mit negativen Bedeutungen durch positive Formulierungen. Über die Verwendung der kraftvollen Sprache können Bücher gefüllt werden – es würde hier den Rahmen sprengen, näher darauf einzugehen. Im Literaturverzeichnis empfehle ich Ihnen einige Bücher, für den Fall, dass Sie ins PowerTalking tiefer einsteigen möchten.

> Verbessern Sie täglich Ihren Wortschatz und Sie verbessern täglich Ihren Charakter.

Es gibt noch viele Wörter, die Ihnen im Laufe Ihrer Beobachtung auffallen werden. Ändern Sie diese und freuen Sie sich, dass Sie den bewussten Sprachgebrauch immer besser beherrschen.

PowerTalking ist ein Weg und kein Ziel!

Sie haben nun die Aufgabe, Ihre Sprache zu verbessern und die Macht der Worte weise zu nutzen. Befreien Sie sich bitte von allem Druck, dass sofort alles klappen müsste, sondern üben Sie fleißig. Ich kenne dieses Thema schon viele Jahre und habe täglich damit zu tun, mein Sprachniveau zu erhöhen. Immer wieder ertappe ich mich bei kraftlosen Ausdrücken.

Also: Der Weg ist das Ziel. Oder: Im Weg liegt das Ziel. Es ist somit eine Einheit mit dem positiven Denken. Der Beginn ist die willentliche Entscheidung positiv zu denken, dann positiv zu sprechen, somit auch positiv zu handeln und letztlich als Mensch positiv zu sein. Gedanken, Worte, Gefühle und Handlungen sind eine Einheit.

Wie sprechen Sie?

Der PowerThinker kennt die Macht der Sprache. Er weiß, dass er mit Worten motivieren und demotivieren kann. Er setzt die Sprache bewusst als Medium ein, Menschen zu begeistern und zu gewinnen.

PowerThinker beachten die Wirkung der Worte auf die Psyche. Sie wissen, dass leichtsinnige, scherzhafte Äußerungen tiefe Gräben in der Seele eines Kindes schaffen können. Sie setzen ihre Autorität zur bewussten liebevollen Erziehung ein.

PowerThinker beachten bei jeder Handlung, wie sie die Macht der Sprache zielgerichtet und positiv einsetzen. So machen sie aus verärgerten Kunden zufriedene Kunden, aus schlecht gelaunten Kollegen kooperative Partner.

10. Begeisterung schafft Erfolge

Ohne Begeisterung ist das Leben eine leere Hülle. Be-Geist-erung leben bedeutet, dass Sie allem, was Sie machen, einen Geist einhauchen – Freude, Sinn und Zweck. Ohne Enthusiasmus werden Sie keine großen Erfolge erzielen können. Er ist die Würze, der Brennstoff besonderer Leistungen. Sie meinen, Sie hätten nicht viel Grund begeistert zu sein? Dann sollten Sie danach suchen. Sie werden viele Möglichkeiten finden. Ein PowerThinker ist begeistert von sich und seinen Möglichkeiten. Er weiß, dass nur er selbst sich behindern und auch nur er selbst alles erreichen kann.

Seien Sie begeistert vom Gewinnen

Egal ob im Sport, zu Hause oder in der Firma, gehen Sie mit Enthusiasmus daran, vorne zu sein, das Beste zu geben und zu gewinnen. Vor dem Gewinnen kommt allerdings das Beginnen: Nur wenn Sie etwas tun, kann auch etwas dabei herauskommen. Jeder Sportler ist begeistert, sonst würde er die körperlichen Strapazen nicht hinnehmen.

Seien Sie begeistert vom Verkaufen

Wenn Sie täglich mit Kunden zu tun haben, dann vergegenwärtigen Sie sich, dass Ihre Fähigkeit zu verkaufen die Wirtschaft aufrecht erhält, dass Sie der ganzen Gesellschaft dienen, nicht nur Ihrem Kunden alleine. Wenn Sie Ihre Produkte ohne Enthusiasmus präsentieren, brauchen Sie gar nicht erst beginnen. Wenn Sie ohne inneren Eifer zum Kunden fahren, dann sollten Sie sich überlegen, wie Sie dies ändern können. Begeisterung schafft Möglichkeiten. Übrigens, Verkaufen ist der sicherste Job der Welt, denn gute Verkäufer, Frauen oder Männer, werden überall gesucht. Und gut motivierte Verkäufer vor allem.

Seien Sie von Ihrem Fortschritt begeistert

Sie lesen dieses Buch und haben bis hierher durchgehalten, das zeigt also, dass Sie wirklich an sich arbeiten. Sie haben somit jeden Grund von sich begeistert zu sein. Ihre Überzeugung von sich selbst erzeugt neue Energie und Power. Sie ziehen gleich schwingende Menschen an. Mit Verlierern und Jammernden wollen die Menschen nichts zu tun haben. Mit Menschen, die sich und ihre Arbeit mit Enthusiasmus leben, sind alle gerne zusammen. Motivieren Sie sich dafür, sich zu entwickeln, denn: Alt werden Sie von alleine, ob Sie aber auch erwachsen und reif werden, das bestimmen Sie. Machen Sie Ihre täglichen Fortschritte zu Ihrem innersten Ziel.

Seien Sie begeisterte Eltern

Als Mutter können Sie alles geben, Kinder auf das Erwachsensein vorzubereiten. Sie können begeistert sein, weil Sie Leben erschaffen haben. Sie können von Ihrer Leistung überzeugt sein, weil Sie die Gesellschaft von morgen erziehen. Ihre Arbeit ist sehr wichtig, wichtiger als manches alltägliche Schuften im Stress und ohne Ziel. Als Vater können Sie begeistert sein, eine Familie zusammenzuhalten, den Kindern ein Vorbild und der Frau ein außergewöhnlicher Partner zu sein.

Arbeiten Sie mit Begeisterung mit

Als Mitarbeiter können Sie voller Enthusiasmus für Ihre Firma arbeiten. Sie können von all Ihren Tätigkeiten begeistert sein, weil es die Firma weiterbringt. Sie können täglich neue Motivation schöpfen und jede Arbeit so ausführen, als wäre sie die wichtigste auf der Welt. Geld verdienen Sie durch gute Leistung. Gute Leistung erbringen Sie auf Dauer nur mit großer Begeisterung. Begeisterung schafft Freude. Es liegt an Ihrer Einstellung, ob Sie mittelmäßig oder außergewöhnlich sind. Geben Sie das Beste, die Zeit vergeht so oder so.

Begeistern Sie im Führen

Als Führungskraft haben Sie allen Grund motiviert zu sein, weil Sie Menschen führen dürfen. Sie tragen die Verantwortung für viele Mitarbeiter, dies ist ein schöner Grund, voller Enthusiasmus zu sein. Sie schaffen und sichern Existenzen. Je begeisterter Sie Ihre Mitarbeiter motivieren, umso begeisterter werden die Mitarbeiter von Ihnen sein. Leben Sie als Vorbild und handeln Sie mit Eifer nach dem WIN-WIN-Prinzip. Dadurch gewinnen Sie mehr als nur eine Karriere, Sie begeistern Menschen für sich.

Umsetzen in die Praxis

Welche Gründe haben Sie begeistert zu sein? Schreiben Sie den folgenden Satz einfach weiter und liefern Sie sich spontan mehrere Gründe, warum Sie schon jetzt begeistert sein können.

Am meisten begeistert mich _____

_____

_____

Falls Ihnen diese Übung schwerfällt: Denken Sie bitte weiter darüber nach, vielleicht erscheint Ihnen alles zu selbstverständlich. Mag sein, Sie nehmen die kleinen wichtigen Schritte nicht wahr. Vielleicht sehen Sie „den Wald vor lauter Bäumen nicht"?

> Das Selbstverständliche ist nur solange selbstverständlich, bis es nicht mehr selbstverständlich ist.

Seien Sie von allem, was Sie tun, begeistert und machen Sie sich diesen Enthusiasmus bewusst, dies ist ein genial einfacher Weg, die Aufmerksamkeit von den Schwierigkeiten abzuziehen und auf das Positive und Aufbauende zu lenken. Ein idealer Weg für den PowerThinker. Ergänzen Sie Ihre Liste der Begeisterung ständig.

Sie werden viele Gründe finden, wenn Sie danach suchen, z.B. dass Sie gesund sind oder wieder werden, dass Sie einen netten Partner/eine wundervolle Partnerin haben, dass die Kinder gesund sind, dass Sie eine schöne Wohnung oder ein Haus haben. Vielleicht sind Sie von Ihrem Beruf oder Ihrer Karriere begeistert? Oder dass Sie die Chance Ihrer Entwicklung leben oder dass Sie Menschen helfen dürfen. Vielleicht hilft Ihnen auch das folgende Kapitel. Es gibt viele Gründe, wenn Sie wirklich danach suchen. Es liegt an Ihnen. Ein PowerThinker lebt in Begeisterung und ist hoch motiviert.

> *Wer das liebt, was ihm begegnet, dem wird bald nur noch begegnen, was er liebt.*
>
> K. O. Schmidt

Wie wirkt Ihre Motivation auf andere?

Der PowerThinker ist begeistert von seinem Beruf und überträgt dies auf seine Mitarbeiter. Er führt enthusiastisch und schafft Motivation in allen Bereichen. Nichts ist ihm zu gering, um das große Ziel begeistert anzusteuern.

PowerThinker motivieren ihre Kinder zu erreichen, was sie sich vorgenommen haben. Sie sehen das Leben und die Entwicklung ihrer Kinder mit Begeisterung.

PowerThinker gehen mit Eifer an ihre Arbeit. Sie freuen sich arbeiten zu dürfen und geben begeistert das Beste. Sie erkennen, dass Enthusiasmus ansteckend wirkt und setzen diesen gezielt zum Erreichen der gemeinsamen Ziele ein.

11. Ein PowerThinker kennt sich und seine Fähigkeiten

Das hat nichts mit Hochnäsigkeit zu tun. Ganz im Gegenteil. Wer seine Fähigkeiten kennt, weiß, was er kann, und er weiß auch, was er nicht kann. Er kennt also seine Grenzen. Ein Sprichwort sagt: Wo deine Gaben liegen, da liegen auch deine Aufgaben.

Nur wer genau hinschaut und analysiert, wird mehr und mehr mit sich einverstanden sein und seine Fähigkeiten Schritt für Schritt zielgerichtet einsetzen. Ich erlaube mir zu sagen: Sie haben sowieso keine andere Chance! Entweder Sie leben mit Ihren Fähigkeiten oder Sie werden eine lebende Klage. Ersetzen Sie das Klagen und Jammern durch Hinschauen und Ändern. Sie alleine haben es in der Hand, Ihre Fähigkeiten zu verwirklichen. Niemand kann das für Sie tun. Andere können Sie zwar gelegentlich behindern oder abhalten, aber auf lange Sicht werden Sie immer gewinnen. Hier eine Liste von Fähigkeiten, die in Ihnen sind.

> Wo deine Gaben liegen, da liegen auch deine Aufgaben.

Sie haben die Fähigkeit ...

- zur Kommunikation, in Kontakt zu treten
- zu sprechen, zu fühlen
- Geborgenheit zu schaffen, Zärtlichkeit zu schenken
- zur Abgrenzung
- Eigenwert zu entdecken und zu entwickeln
- zur Intuition
- zur Wahrnehmung und Analyse
- zu lieben und zu Beziehungen
- zur Erotik
- zu kritisieren und kritisiert zu werden
- sich zu binden, sich zu lösen
- zu managen, zu organisieren
- sich anzupassen und zu widersprechen
- sich eine eigene Meinung zu bilden
- Berufung wahrzunehmen

- Freizeit zu gestalten
- zu geben, zu empfangen
- in Lösungen zu denken
- den Schein zu erkennen
- zur Toleranz, zur Einsicht
- Pläne und Konzepte zu entwickeln
- zur Weiterbildung usw.

All diese Fähigkeiten und noch wesentlich mehr sind in Ihnen. Sie zu leben, zielgerichtet einzusetzen und dadurch den eigenen Erfolg zu verwirklichen ist Ihre Aufgabe. Es gibt wenig, was Sie nicht ergänzen oder lernen können. Professor Howard Gardner hat in seinen Studien die multiplen Intelligenzen nachgewiesen: Der Erfolg im Leben eines Menschen ist nicht allein von den herkömmlichen IQ-Werten abhängig. Ein Mensch kann noch so intelligent sein – wenn er nicht mit Menschen umgehen kann, wird er laufend scheitern. Die herkömmlichen Intelligenztests testen das Wissen, was nichts über Kreativität und Lebensfähigkeit aussagt. Intelligenz ist das, was man im Intelligenztest messen kann. Menschen mit einem IQ von 140 werden häufig von Menschen bezahlt, deren IQ kaum 100 erreicht.

Ich habe eine interessante Formulierung über Intelligenz gelesen, die lautet: Intelligenz ist die Fähigkeit, das Wissen der Vergangenheit zu nutzen, daraus Erkenntnisse zu ziehen und diese dann im Leben gezielt anzuwenden.

Sie haben mehrere, sehr individuelle Intelligenzen. Das Wissen ist

> Intelligenz ist die Fähigkeit, das Wissen der Vergangenheit zu nutzen, daraus Erkenntnisse zu ziehen und diese dann im Leben gezielt anzuwenden.

ein Bereich, die Emotionen ein anderer, der menschliche Aspekt zählt mehr als anstudierte Intelligenz. Glauben Sie, dass ein Schäfer, der seit Jahrzehnten die Schafe hütet, jeden Grashalm, jede Blume, jede Reaktion seiner Tiere kennt und mit 90-prozentiger Wahrscheinlichkeit das Wetter vorhersagen kann, weniger intelligent ist als ein Professor, der per Computer das Wetter berechnet? Wir haben wichtige Komponenten im Menschsein vergessen. Wissen ist eine Sache, Kompetenz eine andere. Wenn Sie kompetent sind im Menschen-Begeistern, dann haben Sie in sich, was Howard Gardner die „emotionalen Intelligenzen" nennt.

Die multiplen Intelligenzen nach Prof. Howard Gardner

1. Sprachliche Intelligenz

Anders ausgedrückt: das Verständnis der Bedeutung und Anordnung von Wörtern. Jeder Mensch verfügt über diese Intelligenz, sie ist uns angeboren. Manche haben hier eine besondere Ausprägung. Schriftsteller und professionelle Redner bedienen sich dieser Intelligenz besonders. Manche Menschen haben besondere Freude am Spielen mit der Sprache, sie lesen viel, sind häufig in der Rechtschreibung sehr gut. Sie können sich an Wortgefechten gut beteiligen und diskutieren für ihr Leben gerne. Sie lernen mit Vorliebe auditiv, über das gesprochene Wort.

2. Logisch-mathematische Intelligenz

Zahlen sind das Element, wo sich besonders Begabte dieser Intelligenz wohl fühlen. Wissenschaftler, Programmierer und Ingenieure werden mit dieser Fertigkeit wesentlich mehr Erfolge haben als andere. Komplexe Systeme zu erläutern ist mit dieser Form von Intelligenz wesentlich leichter. Menschen, die gerne Dinge und Ereignisse katalogisieren, haben hier meist eine hohe Dominanz. Sie achten auf logische Abläufe. Fehler aus Leichtsinn, die unlogisch sind, fallen ihnen sofort auf.

3. Musikalische Intelligenz

Versteht jemand die Musik „von innen" und ist in der Lage, Musik zu „erschaffen", dann ist diese Fähigkeit intensiv ausgeprägt. Ein Komponist, ein Tänzer, ein Musiker wird diese Fähigkeiten besonders einsetzen. Logisch-mathematische Intelligenz ist hier nicht nötig. In der Musik „aufzugehen" ist nicht berechenbar. Diese Menschen lieben die Musik und hören diese, wo immer sie können. Auch bei der Arbeit vermissen sie die Musik, häufig machen sie dann ihre innere Musik in Gedanken.

4. Räumlich-visuelle Intelligenz

Sie können gut zeichnen, machen sich Notizen, die nicht logisch, sondern mehr kreativ sind und ihre Lieblingsfächer in der Schule waren Kunst und Geometrie. Architekten können sich ein Haus vorstellen, bevor es zu Papier gebracht wird. Fluglotsen können theoretisch kombinieren und sich die räumliche Welt genau vorstellen. Designer imaginieren ihr Ergebnis, ehe sie es zeichnen. In bestimmten Berufen ist diese Intelligenz eine wichtige Voraussetzung für den Erfolg.

5. Körperlich-kinästhetische Intelligenz

Komiker, Schauspieler, Tänzer und auch Sportler „verwenden" ihren Körper im Selbstausdruck zum Erreichen von Zielen oder zur Unterhaltung. Sie sind Meister im Selbstausdruck, sie wissen, wie sie ihren Körper zu einer perfekten Aussage oder Bewegung einsetzen müssen. Sie sind meist geschickte Heimwerker und wollen die Welt mit ihren Händen „begreifen". Sprachlich drücken sie sich mit intensivem Gestikulieren aus.

6. Interpersonale Intelligenz

Diese Fähigkeit, andere Menschen wahrzunehmen und zu verstehen, wird heute zunehmend mehr eingesetzt. Politiker und Lehrer, Trainer und Geschäftsleute können Stimmungen, Wünsche und Motive einfangen. Sie nehmen die Signale wahr und setzen sie gezielt zum eigenen Vorteil ein. Sie lieben die Gruppenarbeit und sind stolz, wenn sie andere beraten können. In der Gesellschaft stehen sie gerne im Mittelpunkt und haben sofort Anschluss und viele Freunde.

7. Intrapersonale Intelligenz

Erfinder, Berater und Schriftsteller setzen diese Fähigkeit, das Verstehen eigener Gefühle und Werte, gezielt ein. Religiöse Führer nutzen die intrapersonale Intelligenz für die persönliche Philosophie, um damit andere zu begeistern. Sie beobachten und studieren sich selbst. Tagebuchführen liegt ihnen. Sie kennen ihre Stärken und haben gezielte Interessen. Sie wissen im Leben genau, was sie wollen, und träumen ernsthaft von Selbstständigkeit.

8. Naturalistische Intelligenz

Sie lieben die Natur und der Umgang mit ihr ist ihnen wichtig. Sie wollen Ressourcen erhalten und vernünftig wachsen. Gärtner ist ein möglicher Beruf, aber genauso alles andere, was mit der Natur zu tun hat, bis hin zur Astronomie. Naturheilverfahren interessieren sie, der Mensch in seiner Einmaligkeit ist ein besonderer Anziehungspunkt.

Jeder hat angeborene intuitive Intelligenzen, die vielleicht schon seit der Kindheit verschüttet sind. Es werden immer mehrere Intelligenzen gleichzeitig genutzt, einige werden bevorzugt. Intelligenz ist also keineswegs allein eine Frage des Wissens. Die Intelligenztests wurden dazu entwickelt, die Leistungsdisposition lernbehinderter Kinder zu messen, sind aber heute im praktischen Leben überbewertet. Die Praxis zeigt immer wieder, dass es im Leben

> *Die Intelligenz ist die Fähigkeit, die bewirkt, dass man Abstand nimmt.*
> Henry de Montherlant

weniger auf faktisches Wissen ankommt, sondern mehr darum geht, dieses Wissen richtig einzusetzen. Ansonsten bringt Wissen nur Belastung. Ich kenne genügend Menschen, die „verbildet" sind. Sie wissen zu viel. Damit sind sie aber nicht automatisch auch lebens- und beziehungsfähig. Der Mensch ist ein Lebewesen, kein „Wissensverwalter". Wissen und Intelligenz sind gut, wenn sie zum Wohle der Menschen und zum Aufbauen von Beziehungen eingesetzt werden.

Wie schätzen Sie sich ein?

Der PowerThinker weiß, dass er nicht alles beherrschen muss. Er braucht nicht alles zu kennen und zu wissen, er muss hingegen seine eigenen Fähigkeiten bewusst erkennen. Er weiß, was er kann, was er gerne macht und wo seine Grenzen sind. Er ist kein Tausendsassa, sondern delegiert konzentriert bestimmte Vorgänge an die Mitarbeiter mit genau den benötigten Fähigkeiten.

PowerThinker kennen die eigenen Fähigkeiten und lernen immer mehr über die Fähigkeiten ihrer Kinder. Sie setzen ihren Kindern Grenzen nur innerhalb ihrer eigenen Persönlichkeit und motivieren sie, selbst gesteckte Grenzen zu überschreiten und weitere Fähigkeiten zu entdecken.

PowerThinker setzen ihre Fähigkeiten zielgerichtet ein. Sie führen die Arbeiten aus, die sie besonders gut können, und bringen sich in den Prozess immer mehr mit ein. Sie überschreiten eigene Grenzen und lernen immer mehr dazu.

12. Effektivität durch Zielbestimmung

Einer der größten Energieräuber ist die Verzettelung – nicht zu wissen, was Sie wollen. In meinen Seminaren stellt sich immer wieder heraus, dass nur die Wenigsten detailliert wissen, was sie wirklich wollen. Manche reden sich ein, sie hätten keine Ziele. Dennoch ist das Gegenteil richtig: Die meisten haben zu viele Ziele – zu viel und alles auf einmal! Dabei hat alles seine Zeit. Manche Dinge gelingen Ihnen im Moment vielleicht nicht, später ist es ein Kinderspiel. Das Erreichen von Zielen hängt nicht nur an Ihrem Willen, auch die Zeit muss stimmen. Und erstaunlicherweise weiß jeder von uns, wann die Zeit reif ist.

Wenn Sie wissen, was Sie wollen, können Sie daran gehen, genau das zu erreichen. Zum Erreichen von Zielen gibt es zwei wichtige Voraussetzungen:

- Sie müssen wissen, was Sie wollen.
- Sie müssen bereit sein, den Preis zu bezahlen.

Hier scheitern viele. Manch einer vergisst den Preis zu bezahlen. Der schwierigste Preis, der nichts Materielles kostet, ist das Aufgeben der alten überholten Vorstellungen, das Loslassen der inneren Begrenzungen. Sie werden in diesem Buch viele Anregungen finden, wie Sie genau diesen Preis bezahlen können. Bestimmen Sie, was Sie wollen, und unterscheiden Sie klar zwischen Ihren Wünschen und Ihren Zielen. Ein Wunsch ist eine Möglichkeit, die kommen kann, aber nicht muss. Ein Ziel ist eine klare Sache, auf die Sie hinarbeiten, konkret und messbar.

> *Ein klares Ziel zu haben, ist eine der Hauptbedingungen für den Erfolg im Leben, unabhängig davon, wie dieses Ziel aussehen mag.*
> John D. Rockefeller

Übrigens: Sollte Sie das Wort „arbeiten" stören, ersetzen Sie es mit einem Ihnen angenehmen Wort. Tatsächlich sind 80 % eines Erfolges intensive Arbeit. Ein PowerThinker weiß: Ohne Fleiß kein Preis.

Es geschieht nichts, wenn Sie es nicht geschehen machen. Im Leben wird Ihnen nichts geschenkt, und doch können Sie das erreichen, was Sie möchten, wenn Sie daran gehen und es wirklich wollen. Das Schlüsselwort

hierzu ist Arbeit, im Duden erklärt als „körperliches oder geistiges Tätig-
sein mit einzelnen Verrichtungen; Ausführung eines Auftrags". Diese Definition beschreibt auch den Einsatz unserer drei Kräfte: Geist, Seele und
Körper. Manch einer glaubt immer noch, er brauche nur richtig zu denken
und alles komme von alleine. Das richtige Denken ist der erste und richtige Schritt; bleibt die Handlung jedoch aus, gibt es kein Ergebnis.

Jeder hat eine andere Definition für Arbeit. Was für den einen Spaß ist,
ist für den anderen zähe Überwindung. Wenn Sie etwas von Herzen gerne
machen, werden Sie keine Stunden

> *Nicht was er mit seiner Arbeit erwirbt ist*
> *der eigentliche Lohn des Menschen,*
> *sondern was er durch sie wird.*
>   John Ruskin

zählen – wenn hingegen etwas Ihre
ganze Energie und Kraft kostet,
werden Sie sich jeder Minute be-
raubt fühlen. Denken Sie bitte daran: Sie müssen diese Tätigkeit
nicht ausführen, Sie haben sich dafür entschieden. Und wenn Sie meinen,
Sie hätten keine Wahl, dann empfehle ich Ihnen Biographien von Menschen, die es aus schwierigsten Umständen geschafft haben, Wohlstand
und Reichtum zu erreichen.

Es ist nicht so, dass Sie etwas nicht erreichen können – das Ganze
scheitert vielmehr daran, dass sich die meisten Menschen nicht darüber
im Klaren sind, was sie wollen. Untersuchungen in verschiedenen Län-
dern und bei unterschiedlichsten Berufsgruppen ergaben dasselbe Bild:
Nur 5 % der Menschen kennen ihre Ziele, 95 % dagegen nicht! Die 5 %
gehören zu den Erfolgreicheren. Das bestätigt sich auch in den Seminaren, wenn ich mit den Teilnehmern an den Zielen arbeite. Frage ich gezielt
danach, kommen tendenziell immer dieselben Ergebnisse. Jeder möchte

- vollkommene Gesundheit
- eine harmonische Partnerschaft
- finanzielle Unabhängigkeit

Diese drei Bereiche werden zwar unterschiedlich gewichtet, sind aber von
allen Menschen genannt. Es kommt nun darauf an, was Sie als Ihre persönlichen Ziele sehen. Diese Ziele hängen mit Ihrer persönlichen Entwicklung zusammen. Ohne Ziele werden Sie sich nicht entwickeln. Denken Sie daran: Wer kein Ziel hat, kann auch keines erreichen.

Warum sind Ziele so wichtig?

Sie motivieren und setzen Kraft sowie Energie frei. Sie geben Ihrem Leben Sinn und Zweck, damit Sie wissen, wofür Sie arbeiten. Ziele bringen Ihnen Begeisterung, sparen Zeit, helfen Ihnen mehr Geld zu verdienen. Ziele bringen Ihnen Lebensqualität und Freiheit. Sie tragen zur Persönlichkeitsentwicklung bei. Ziele sind immer vorhanden, wenn auch häufig unbewusst.

Es gibt viele Gründe, Ziele zu definieren. Manche leben in der Vermeidungsstrategie. Ihr Ziel ist es

Ziele geben Ihrem Leben Sinn und Zweck.

etwas zu vermeiden, z.B. Krankheit, Schulden oder Streit usw. Die Vermeidungsstrategie tritt dann häufig auf den Plan, wenn Ziele nicht entschieden werden.

Warum weigern wir uns Ziele zu definieren? Die häufigsten Gründe sind:

● Wenn wir etwas festlegen, können wir uns daran messen (oder daran gemessen werden).
● Wir könnten scheitern.
● Wenn wir nichts bestimmen, ist alles offen.
● Wenn ein Ziel entschieden ist, gibt es keine Ausreden mehr.
● Wir sind kontrollierbar.

Nach dem Motto „Wer auf nichts zielt, wird mit jedem Schuss treffen" halten sich viele lieber die Hintertür offen. Doch bedenken Sie, kein Ziel festzulegen ist auch ein Ziel, nämlich unsicher zu bleiben.

Sehen Sie Ziele bitte nicht unter dem Aspekt der totalen, minutiösen Lebensplanung. Ich weiß nicht, ob Sie schon jetzt festlegen sollten, was Sie die nächsten zwanzig Jahre machen. Meines Erachtens haben wir mit der Gegenwart und den nächsten fünf Jahren genug zu tun. Ich empfehle Ihnen, beruflich und privat Ziele niederzuschreiben, die in Zukunft eine Richtung Ihrer Handlung vorgeben. Dies bedeutet nicht pedantisch zu planen, sondern zielgerichtet zu handeln. Aufgrund verschiedenster Persönlichkeitsstrukturen ist für jede Person eine andere Zielstrategie die richtige. Sie müssen sich wohlfühlen dabei, das ist der erste und wichtigste Schritt.

Sie haben bereits jetzt Ziele:

- Sie stehen jeden Morgen auf mit dem Ziel zur Arbeit zugehen.
- Sie gehen nach Hause mit dem Ziel sich zu erholen.
- Sie betreiben Sport mit dem Ziel die Gesundheit zu erhalten.
- Sie haben eine Familie mit dem Ziel des Geborgenseins.
- Sie machen Urlaub mit dem Ziel sich zu erholen.
- Sie gehen auf Partys mit dem Ziel jemand kennen zu lernen.
- Sie sichern sich Machtpositionen mit dem Ziel dadurch mehr zu erreichen.
- Sie lesen dieses Buch mit dem Ziel einen Gewinn daraus zu ziehen.

Wir alle haben ständig und überall Ziele, bewusst oder unbewusst. Denken Sie immer daran: Kein Ziel zu haben ist eben auch ein Ziel. Und was bedeutet der Satz „Ich bin wunschlos glücklich.", den ich immer wieder höre? Kompliment! Aber was ist das Ziel dahinter? Entweder will jemand glücklich oder eben wunschlos sein, beides ist ein Ziel.

Manche verwechseln Fehlplanung mit Schicksal

Wünschen Sie sich ein Leben ohne Probleme? Oder wünschen Sie sich viel Geld – oder Gesundheit? Ein Wunsch wird in Ihnen nicht das Feuer entfachen, das nötig ist, um konkrete Maßnahmen zu ergreifen. Es ist, als würden Sie sich wünschen, einmal drei Wochen Urlaub auf den Malediven zu machen. Es klappt nicht, aber es wäre schön. Es ist eine Absicht und keine konkrete Entscheidung. Ein Ziel wird definiert als Punkt, als Ort, den Sie erreichen wollen, wie bei einer Fahrtroute. Ziele müssen einige Kriterien erfüllen, damit sie wirklich Ziele genannt werden können.

Zehn Schritte zur sicheren Zielerreichung

1. Legen Sie Ziele schriftlich fest!

Das ist wichtig, damit Sie Ihre Ziele verdeutlichen. Sie können dann formulieren, spielen und variieren. Ihr Niederschreiben zwingt Sie zum detaillierten Nachdenken. Im Kopf haben sie nämlich nicht zu wenige, sondern zu viele unterschiedliche Ziele.

Nachdem Sie Ihre Ziele schriftlich festgehalten haben, verfahren Sie mit jedem Ziel nach den folgenden Schritten.

2. Definieren Sie Ihre Ziele konkret und messbar

Sie können nur Ziele anstreben, die innerhalb Ihres Einflussbereiches liegen. Die Welt zu verbessern oder die Politik zu ändern sind globale Ziele, die sich außerhalb Ihrer Möglichkeiten befinden. Wenn Sie Zufriedenheit als Ziel haben, ist dies nicht messbar, zu vage. Glück ist genauso wenig quantifizierbar, außer Sie bestimmen ganz genau, was passieren muss, damit Sie sich mit an Sicherheit grenzender Wahrscheinlichkeit glücklich oder zufrieden fühlen. Die Fragen müssen dann lauten:

- Was muss geschehen, damit ich mich glücklich fühle?
- Welche Umstände müssen eintreten, damit ich glücklich bin?
- Kann ich diese Umstände beeinflussen?
- Wenn ja, ist es dann für mich ein Ziel?
- Wann merke ich, ob ich ein Ziel erreicht habe?
- Wann merke ich, ob ich zufrieden bin?
- Wann bin ich glücklich?

Jedes Ziel ist messbar, wenn Sie es klar definieren. Es kann sein, dass Ihnen das merkwürdig vorkommt, aber die so oft empfundene große Unzufriedenheit kommt von der unklaren Formulierung, was Sie wirklich wollen. Sie müssen auch erkennen können, wann Sie es erreicht haben, sonst springen Sie immer hinterher und kommen nie an: „Was genau und wie viel davon?"

3. Setzen Sie sich einen Zeitrahmen

Wann wollen Sie Ihr Ziel erreicht haben? Jetzt, in einer Woche, einem Monat oder einem Jahr? Eine Zeit-

Wer kein Ziel hat, verliert sich.

festlegung gibt Ihnen die Möglichkeit der Kontrolle. Wenn Sie in einem bestimmten Zeitraum etwas erreichen möchten, können Sie nach einer gewissen Zeitperiode überprüfen, wie weit Sie fortgeschritten sind. Ein Ziel ohne Kontrolle ist wie eine Stadtfahrt ohne Ziel. Sie können nie nachprüfen, ob Sie auf dem richtigen Weg sind. Durch die Zeitkontrolle sind Sie in der Lage, Schritte einzuleiten und Maßnahmen zu ergreifen, um, falls nötig, die Richtung zu ändern.

Zu „Was genau und wie viel davon?" kommt nun noch der Zeitpunkt dazu: „Bis wann?"

4. Achten Sie darauf, dass Ihr Ziel für Sie realistisch ist

Was ist für Sie ein realistisches Ziel? Das können nur Sie alleine entscheiden. Der Maßstab ist Ihr Gefühl. Wenn Sie ein gutes Gefühl haben, ist es für Sie realistisch. Es muss Ihrer eigenen Realität, Ihrem Glaubenssystem entsprechen. Daher bringt es auch nichts, wenn Sie ein Ziel, das Ihnen von jemandem aufgedrängt wurde, halbherzig verfolgen. Im Beruf werden Sie bezahlt, um Ziele zu erreichen. Privat wollen Sie Ziele erreichen, damit Sie sich wohl fühlen.

Überprüfen Sie bei all Ihren Zielentscheidungen, was Ihr Gefühl dazu sagt. Machen Sie so viele Zwischenziele, dass Ihr Inneres ja sagt. Sie haben ja jederzeit die Chance, Ihr Ziel weiter zu stecken. Ist Ihr Ziel außerhalb Ihrer Vorstellungskraft, erzeugt es ein komisches Gefühl und Sie können davon ausgehen, dass Sie es dann nicht erreichen werden.

5. Widersprechen sich Ihre Ziele?

Möchten Sie mehr verdienen und weniger arbeiten? Möchten Sie weiter schlemmen und trotzdem viel an Gewicht verlieren? Möchten Sie eine harmonische Partnerschaft haben, aber nur unter Ihren Bedingungen? Vielleicht möchten Sie alles auf einmal erreichen. Aber das wird Sie nicht fördern. Achten Sie darauf, dass Ihre Ziele nicht gegeneinander stehen, sich nicht in einem Zielkonflikt befinden, denn das kostet zu viel Kraft und Sie treten ja doch nur auf der Stelle.

6. Warum wollen Sie diese Ziel erreichen?

Das Warum ist wichtiger als das Wie! Es ist die Grundlage Ihrer Motivation. Ohne Begeisterung ist es schwer, besondere Leistungen zu erbringen.

Mit Motivation können Sie fast alles erreichen. Klären Sie auch, ob Sie wirklich wollen und welche Konsequenzen es hat, wenn Sie das Ziel erreichen. Manch einer wurde schon ernüchtert, als mit dem Ziel neue Verpflichtungen entstanden. Statt *ent*lastet wurde schon manch einer zusätzlich *be*lastet. Palast und Ballast klingen nicht nur ähnlich: Sehr schnell kann ein Palast zum Ballast werden.

Wenn Sie ein Ziel erreichen wollen, ist auch zu klären, ob es ein Herzenswunsch oder ein Egowunsch ist. Wenn es ein Herzenswunsch ist, werden Sie Ihr Ziel sicher erreichen, es ist nur eine Frage der Zeit. Ein Egowunsch kann manchmal sehr teuer werden und oft nur auf Kosten hoher Lebensqualität erreicht werden.

7. Ist Ihr Ziel flexibel oder sind Sie verbissen?

Menschen ändern sich, Umstände auch. Es hat wenig Sinn, ein Ziel auf Biegen und Brechen zu verfolgen, wenn sich andere Situationen ergeben. Flexibel sein soll bitte nicht verwechselt werden mit Leichtsinn, Aufgeben oder Verzettelung. Wenn Sie Ihr Ziel ständig überprüfen, werden Sie sehr schnell entdecken, ob es verändert oder angepasst werden muss. Seien Sie flexibel, auch im Geiste.

8. Ist Ihr Ziel zum Wohle aller?

Den größten Seelenfrieden und die größte Freude haben Sie, wenn Sie anderen mit dem Erreichen Ihrer eigenen Ziele helfen können. Alles zu erreichen, ohne jemandem zu schaden, finde ich ist eines der wichtigsten Kriterien. Wie bereits erwähnt, wird immer das auf Sie zurückkommen, was Sie geben. Senden Sie also das aus, was Sie haben wollen. Eine gute Methode ist, den anderen zu helfen, ihre Ziele zu erreichen, und dadurch selbst zu wachsen und zu verdienen:

● Die Mutter hilft ihrem Kind erwachsen zu werden.
● Die Führungskraft hilft ihren Mitarbeitern, das Beste zu geben und gemeinsam mehr zu erreichen.
● Der Arzt hilft dem Patienten gesund zu werden.
● Der Verkäufer hilft dem Kunden eine richtige Entscheidung zu treffen.

Leben Sie nach der Maxime:
Ich helfe anderen das zu erreichen, was sie sich wünschen,
und multipliziere dadurch meinen persönlichen Erfolg.

*In jeder Seele liegt die Saat für eine
große Zukunft, aber diese Saat wird
nur aufgehen und Früchte tragen,
wenn man sich um die Welt verdient
macht.*

Napoleon Hill

Im Grunde hilft jeder anderen, schon aus purem Eigennutz, es kommt nur auf die Einstellung an. Je mehr Sie anderen helfen, umso mehr wird auf Sie zurückkommen. Denken Sie daran: Indem Sie anderen helfen, helfen Sie sich selbst am meisten.

9. Ist Ihr Ziel sinnvoll und motivierend?

Sie brauchen einen Sinn, um durchzuhalten. Abraham Lincoln hat so oft „versagt", wie es wahrscheinlich keiner von uns aushalten würde. Erfolg erweist sich weniger daran, wie weit einer gekommen ist, als an den Hindernissen, die er dafür überwinden musste.
Abraham Lincoln

- wurde 1832 arbeitslos und
- 1832 nicht in die Volksvertretung gewählt,
- hatte 1833 geschäftlich nur Misserfolge,
- wurde 1834 in die Volksvertretung gewählt,
- 1835 starb seine große Liebe,
- hatte 1836 einen Nervenzusammenbruch,
- wurde 1838 nicht zum Vorsitzenden in Illinois gewählt,
- hatte 1843 eine Niederlage als Kandidat für den Kongress,
- ging 1846 als Kongressabgeordneter nach Washington,
- wurde 1848 nicht mehr in den Kongress gewählt,
- wurde 1849 als Grundbuchführer des Staates abgelehnt,
- hatte 1854 eine Niederlage als Kandidat für den Senat,
- 1856 eine Niederlage als Bewerber als Vizepräsident und
- 1858 eine Niederlage als Kandidat für den Senat
- und wurde 1860 zum Präsidenten der Vereinigten Staaten gewählt.

Schmettert diese Liste Sie nieder? Abraham Lincoln war felsenfest davon überzeugt, dass er einen Auftrag Gottes zu erfüllen hatte, und das hat ihm die Kraft gegeben, durchzuhalten und zu einem der größten Präsidenten Amerikas zu werden. Er hat etwas Besonderes geleistet: die Abschaffung der Sklaverei.

Thomas Alva Edison war von seiner Idee, die Welt zu erleuchten, so überzeugt, dass er über 10.000 Versuche unternommen hat, dies zu erreichen. Andere würden sagen: 10.000 Misserfolge. Edison sah jeden gescheiterten Versuch als einen Weg, wie es nicht geht. Er wusste, er näherte sich seinem Ziel mit jedem gescheiterten Versuch.

Jedes Ziel muss Ihnen einen Sinn geben und es muss Sie von innen begeistern und motivieren. Einen Sinn werden Sie immer finden, wenn Sie mit dem Erreichen Ihrer Ziele anderen Menschen helfen.

10. Erlauben Sie sich Erfahrungen zu sammeln

Das ganze Leben besteht aus Erfahrungen – wir könnten sie auch Fehler nennen. Versuch und Irrtum ist der Weg des Lernens. Welchen Sinn hätte es sonst, wenn etwas nicht gleich klappt? Alles, was Sie sich ersehnen, ist der Wunsch Ihrer Seele diese Lektion zu erfahren. Sie werden im Rückblick erkennen, dass jede Schwierigkeit, die Sie überwunden haben, Sie menschlich und geistig ein Stück voran gebracht hat. Sie versagen also nicht, wenn etwas nicht auf Anhieb klappt, sondern Sie haben eine Erfahrung mehr. Machen Sie also Erfahrungen, aber bitte immer wieder neue! Fehler gibt es nicht, denn hätten Sie gewusst, dass es ein Fehler ist, hätten Sie diesen sicher nicht gemacht, oder?

> *Der einzige Mensch, der nie einen Fehler macht, ist derjenige, der gar nichts tut. Fürchten Sie sich nicht vor Fehlern, aber machen Sie denselben Fehler nicht zweimal.*
>
> Roosevelt

So wie es bestimmte Regeln zum Erfolg gibt, die wir beachten müssen, gibt es auch Hindernisse, denen wir uns bewusst sein müssen. Erkennen wir die Gefahren, können wir dagegensteuern.

Sieben hinderliche Faktoren beim Erreichen von Zielen

● Unentschlossenheit
● Unehrlichkeit
● Angst zu versagen
● Egozentrik
● Verzettelung
● Selbstgefälligkeit
● Zweifel

All diese Hindernisse sind Grenzen in Ihnen, die Sie nicht zu akzeptieren brauchen: Kämpfen Sie dagegen an! Es ist Ihre Entscheidung und gleichzeitig Ihr Leben, um das es hier geht. Obwohl manchem klar ist, wie wichtig es ist eigene Ziele zu setzen, ist es doch für viele gar nicht so einfach, schriftlich zu klären, was ihnen wirklich wichtig ist. Es gibt unzählige Bücher darüber und in den Seminaren verbringen wir Tage oft nur mit dem Niederschreiben und Formulieren von Zielen. Nachdem immer ein intensives Coaching nötig war, um den Gedankenstrom anzustoßen, habe ich eine Methode geschaffen, um die Gedanken anzuregen.

Ich feilschte mit dem Leben um den Pfennig,
Und das Leben zahlte nicht mehr.
Wie viel ich am Abend auch bettelte,
Als ich zählte meinen kargen Vorrat so sehr.
Denn das Leben ist ein gerechter Arbeitgeber,
Es zahlt Dir, was Du forderst.
Doch wenn Du hast bestimmt den Lohn,
Dann musst Du auch die Arbeit tun.

Ich arbeitete für eines Knechtes Sold,
Um nachher enttäuscht zu erfahren,
Dass jeden Lohn, gefordert vom Leben,
Das Leben mir hätte willig gegeben.
                                          Jesse D. Rittenhouse

Was Sie in Ihrem Bewusstsein halten, versucht sich zu verwirklichen; was ein Mensch glaubt, das wird er. Indem Sie Ihre Gedanken, Ihre Gefühle und Handlungen in Richtung Ihrer Ziele steuern, bewegen Sie sich immer mehr darauf zu, es ist nur noch eine Frage der Zeit und des Selbstwertes.

Wissen Sie, was Sie wollen?

Der PowerThinker bestimmt seine Ziele. Er überlässt nichts dem Zufall und plant regelmäßig seine Richtung. Eine PowerFührungskraft setzt Ziele beruflich ebenso wie privat. Sie geht von Zeit zu Zeit mit sich selbst in Klausur und überprüft ständig, ob die Ziele noch aktuell und erstrebenswert sind.

PowerThinker lehren ihren Kindern schon im Schulalter, Ziele zu setzen. PowerEltern wissen, dass die Kinder diese nicht in der Schule lernen, genauso wenig wie sie selbst es gelernt hatten. Sie motivieren ihre Kinder, kleine Ziele Schritt für Schritt zu erreichen und bereiten sie so optimal für ein powervolles Leben vor.

PowerThinker setzen sich Ziele im Beruf. Sie planen den Tag und die Aktivitäten. Sie identifizieren sich mit den Firmenzielen und bringen Verbesserungsvorschläge. Der PowerMitarbeiter ist mit ganzem Herzen und ganzem Einsatz bei der Sache und arbeitet zielgrichtet zum Wohle aller.

13. Zukunft schaffen mit System

Vielleicht denken Sie – wie auch ich früher –, dass sich die Zukunft nicht planen und noch weniger in ein System pressen lässt. Das Gegenteil ist der Fall: Schaffen Sie keine Zukunft mit Ihrem System, sind Sie dem so genannten Zufall ausgeliefert. Zu-Fall bzw. das Zu-Gefallene ist in diesem Sinn das, was Sie nicht wollen. Ihr Zufall ist von Ihrem Glaubenssystem abhängig. Auf die Zukunft haben Sie einen sehr großen Einfluss, und es gibt nur wenige Dinge, die Sie nicht erreichen können.

> *Dem weht kein Wind recht, der seinen Hafen nicht kennt!*
>
> Seneca

Lernen Sie Ihren Hafen, Ihr Ziel kennen, stellen Sie die Segel Ihrer Fähigkeiten danach und lassen Sie sich von der so gelenkten Energie in Ihnen vorantreiben, von Ziel zu Ziel. Es wird Ihnen gefallen und Sie werden sich dabei entwickeln.

Das Lebensrad

Diese acht Bereiche sind eine Basis, um Ihre Ziele zu unterteilen. Sie können auch mehrere Speichen einzeichnen oder andere streichen. Es soll ein Anfang sein. Wenn Sie starten, so bewerten Sie diese acht Bereiche dem entsprechend, wie viel Sie derzeit schon erreicht haben. Werten Sie in einer Skala von 1–10 und malen Sie dann den Inhalt aus. Wo ist am wenigsten, wo sind Defizite? Wo wollen Sie mehr? Wenn Sie ein Bereich nicht interessiert, nehmen Sie ihn aus der Wertung heraus.

Stellen Sie sich einfach vor, dieses Rad sollte gleichmäßig rund laufen. Alles sollte im Gleichgewicht sein, jeder Bereich gelebt und jeder Bereich für sich erfolgreich sein. Kennen Sie die Zentrifugalkraft, wenn in einer Waschmaschine nur wenige Teile sind und die Maschine zu schleudern beginnt? Es entsteht eine Unwucht. Es kann sein, dass sich die Maschine durch diese Unwucht bewegt. Im Leben kann es auch diese Unwucht geben, wenn z. B. zu viel gearbeitet und dabei Gesundheit und Beziehung ruiniert werden. Beginnen wir mit dem wichtigsten Bereich, der alle Menschen betrifft und ohne den das Leben sehr schwer ist: die Gesundheit.

Gesundheit

Gesundheit ist kein Zufall. Es sind viele Faktoren, die zu Krankheiten führen. Manch einer schätzt seine Gesundheit erst, wenn er sie verloren hat. Es ist wenig sinnvoll, gesund sein zu wollen und nichts dafür zu tun. Stellen Sie sich ein paar Fragen und Sie können gleich prüfen, wie wichtig Ihnen dieses Ziel ist.

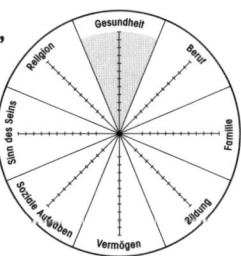

Was unternehmen Sie für Ihre körperliche Fitness?

Träumen Sie von einem gesunden Körper, schlank und rank? Was unternehmen Sie dafür sportlich? Zu viel oder nichts? Menschen, die regelmäßig Sport treiben, sind nachweislich gesünder und vitaler. Es geht nicht darum, ein Athlet zu werden, sondern einfach zu überprüfen, was Ihnen gut tut! Welche und wie viel Bewegung braucht Ihr Körper, um sich wohl zu fühlen? Sollten Ihre Ausrede lauten, Sie hätten keine Zeit, dann achten Sie darauf, dass Sie irgendwann alle Zeit der Welt haben könnten, und zwar dann, wenn Sie flach liegen.

Der Körper ist ein Bewegungsapparat. Bewegungsmangel ist heute ein weit verbreitetes Laster. Viele „bewegen" sich täglich, vom Haus in die Garage und von der Tiefgarage ins Büro. Und abends vom Esstisch zum Fernsehsessel.

Essen Sie richtig – wie ernähren Sie sich?

Was Sie essen hat einen enormen Einfluss, es ist das Baumaterial Ihres wunderbaren Körpers. Fragen Sie sich, mit welchem Material Sie ihn versorgen? Und wie Sie ihn versorgen? Geht man so mit einem Freund um, der einem das Leben ermöglicht?

Ich möchte hier keine Moralpredigt über gesunde Ernährung halten, aber eines ist mein Ziel: Ihnen bewusst zu machen, dass Sie Ihren Körper nicht einfach vollstopfen sollten, damit er abgefüttert ist. Ich meine auch nicht, dass Sie auf alles, was Ihnen Freude macht, verzichten sollen, im

> Halten Sie Ihr „Haus" in Ordnung.

Gegenteil, aber alles in Maßen. Sie wissen eigentlich genau, was Ihnen gut tut und wann es zu viel ist. Bewusste Ernährung ist nicht ein Modebegriff, sondern eine Sache des gesunden Lebens. Wenn Sie häufig frische Salate und Gemüse essen, können Sie sich auch Ausrutscher erlauben.

Wir haben mittlerweile keine Esskultur, sondern eher eine Fresskultur. Während ich diese Zeilen schreibe, mache ich gerade eine F.X.-Meyer-Kur. Kennen Sie diese Kur? Täglich alte Semmeln und Milch, und das drei Wochen lang. Erstaunlich ist nur, dass ich mich wohler fühle als je zuvor. Ich treffe auf dieser Kur viele Menschen, die gleich schlank sind wie ich. Wegen meines Gewichts brauche ich dies nicht zu tun, ich halte es seit dem 18. Lebensjahr. Aber ich handle gerne prophylaktisch, ich sorge vor. Diese Kur ist eine Entgiftungs- und Entschlackungskur, um Magen und Darm zu schonen. Wie oft führen Sie beim Auto einen Ölwechsel durch? Haben Sie schon mal überlegt, wie viele Schlacken und Gifte sich in uns ansammeln im Laufe der Jahre? Jeder Amerikaner isst durchschnittlich 500 Kilogramm Lebensmittel pro Jahr und in diesem sind vier Kilogramm chemischer Zusatzstoffe enthalten, einige Tausend Konservierungsmittel, Farbstoffe Stabilisatoren und Pestizide. Haben Sie überlegt, wie Ihr Körper dies alles verarbeiten soll?

Was in dieser Kur intensiv trainiert wird, ist das richtige Kauen. Wir kauen alle zu wenig, besser gesagt: Wir kauen gar nicht, sondern wir zerkleinern das Essen so, dass es gerade noch die Speiseröhre passiert. Dann beginnt die Arbeit für Ihren Magen. Wenn Sie gesundheitliche Herausforderungen haben oder wenn Sie zu viel Gewicht haben, empfehle ich Ihnen, sich mit dieser Thematik zu beschäftigen. Es lohnt sich (Bücher hierzu im Anhang).

Atmen Sie richtig oder nur gerade so, dass es zum Überleben reicht?

23.000 Atemzüge in 24 Stunden, also 16 Atemzüge pro Minute, sind genauso viele Möglichkeiten, Lebenskraft zu schöpfen. Jeder Atemzug erhält Leben, Sie können Energie einatmen und den Körper stärken. Richtiges Atmen kann erlernt werden. 1999 war ich bei einer sehr charmanten älteren Dame, die mir Sprechunterricht erteilt hat. Die Dame war fit, lustig und sah gut aus. Ich hatte sie maximal auf 67 Jahren geschätzt und staunte nicht wenig, als sie beiläufig erwähnte, dass sie 82 Jahre alt sei. Sie ist Sängerin und gibt seit 40 Jahren Sing- und Sprachunterricht. Sie führt ihre Vitalität und ihr Aussehen auf die tägliche Praxis zurück. Und ein großer Teil ihrer Praxis ist der Unterricht, wie wir richtig atmen.

Entspannen Sie sich regelmäßig?

Wann waren Sie denn das letzte Mal in der Sauna? Im Fitness-Studio? Wann hatten Sie das letzte Mal richtig Urlaub? Haben Sie sich mit autogenem oder mentalem Training befasst? Wann haben

> Seien Sie sich Entspannung wert, damit Sie nicht in Verspannung leben müssen.

Sie das letzte Mal meditiert? Was unternehmen Sie, um Ihre Seele baumeln zu lassen? Sind Ihre Wochenenden zum Erholen oder zum Freizeitstress da? Denken Sie daran: Sie können den Bogen lange überspannen, bis er bricht. Sie entscheiden und Sie alleine können dies beeinflussen.

Überprüfen Sie ständig Ihre geistige Einstellung zu Ihrer Gesundheit?

Wie Sie gelesen haben, sind Gedanken Kräfte, die in jedem Fall immer auf Sie selbst wirken. Ihre geistige Einstellung zur Gesundheit ist von sehr großer Wichtigkeit und wirkt ebenfalls auf Ihren Körper. Denken Sie an Ihre Gesundheit, seien Sie dankbar, wenn Sie gesund sind, jeden Morgen gesund aufwachen dürfen. Erfreuen Sie sich an Ihrem Leben und denken Sie liebevoll von Ihrem Körper. Er wird es Ihnen danken. Gesundheit beginnt im positiven Denken, am besten im positiven Sein.

Was sind Ihre gesundheitlichen Ziele?

Wenn Sie das Ziel haben fit zu werden, dann legen Sie konkrete Schritte, also Maßnahmen fest, die Sie unternehmen werden, dieses Ziel zu erreichen. Zu wissen, dass Sie es wollen, bringt Sie keinen Schritt weiter.

Maßnahmen zur Erreichung meiner gesundheitlichen Ziele:

Was tun?	Beginn	Ende

Beruf

Beruf oder Berufung? Ein schönes Wortspiel, oder? Im Grunde nicht, denn wir alle sehnen uns nach einem Beruf, der uns erfüllt und uns Freude bringt. Wenn uns unsere Tätigkeit anwidert, dann können wir kaum von Berufung sprechen. Zugegeben, für manche Menschen ist es sehr schwer aus der jetzigen Arbeitssituation auszubrechen, selbst wenn sie ihnen das Leben zur Hölle macht. Doch es gibt nicht nur solche Härtefälle, sie sind sogar eher die Ausnahme. Die meisten anderen leben in ihrer Bequemlichkeit vor sich hin – nach dem Motto: „Keine Änderung, kein Risiko!", mit Blick auf die Rente. Und viele wissen: „Es wäre schön einen anderen Beruf zu haben, aber dann müsste ich viel ändern!"

Schauen wir uns einmal die Entwicklung an: Früher wurde gearbeitet, um die Familie zu ernähren und zu überleben. Dann folgte die Zeit, zu der Menschen Berufe erlernten, die gebraucht wurden, egal ob es Spaß machte oder nicht. Später kam die Wahlmöglichkeit, der Traumberuf. Manch einer hat schon früh gearbeitet ohne Ausbildung, um schnell Geld zu verdienen. Diese Menschen haben es später schwer, in qualifizierte Berufe aufgenommen zu werden.

Heute soll der Beruf Spaß machen, wenig Zeit in Anspruch nehmen und viel Geld bringen. Manch einer möchte sich auch in seinem Beruf verwirklichen. Nun, nichts ist ausgeschlossen, es ist nur eine Frage der Strategie.

> Alles, was man als Kapital braucht, um eine erfolgreiche Karriere zu beginnen, ist gesunder Menschenverstand, ein gesunder Körper und das Bedürfnis, so vielen Menschen wie möglich so viele Dienste wie möglich zu leisten.
>
> Napoleon Hill

Ein PowerThinker wechselt seinen Beruf so lange, bis er das gefunden hat, was ihm liegt, was ihm Spaß macht, und wo er sich verwirklichen kann. Ihr Beruf soll Ihre Berufung sein, nur dann macht er Ihnen ein Leben lang Spaß. Be-Ruf beinhaltet einen Ruf. Was ruft Sie, wonach rufen Sie?

Folgen Sie Ihrem Ruf und sorgen Sie dafür, dass Sie das tun können, was Sie erfüllt, egal wie lange es dazu braucht. Ein PowerThinker tut das, was er tut, gerne und von ganzem Herzen. Denken Sie daran, Sie haben diesen Beruf gewählt, Sie hätten auch einen anderen wählen können.

Beschreiben Sie Ihre derzeitige Situation in Ihrem Beruf

Wie ist im Moment der Zustand in Ihrem Beruf?

Was macht Ihnen an Ihrer Arbeit Spaß und Freude?

Können Sie dem Scherz „Die Arbeit soll Spaß machen, ich kann aber keinen Spaß ertragen" zustimmen?

Was motiviert Sie?

Was bereitet Ihnen Freude an dem, was Sie jetzt tun?

Und jetzt beschreiben Sie bitte, wo Sie in fünf Jahren beruflich stehen möchten:

Müssen Sie arbeiten? Natürlich nicht, Sie entscheiden sich dafür zu arbeiten, weil Sie sich ein angenehmes Leben finanzieren wollen. Sie müssen nicht, Ihr Arbeitgeber steht nicht mit einem Gewehr an Ihrem Bett und scheucht Sie in seine Firma. Sie entscheiden sich. Sie wollen Geld verdienen. Es ist also eine Frage der Haltung.

Stellen Sie sich ein paar kritische Fragen zu Ihrer Berufstätigkeit:

- Geben Sie Ihr Bestes?
- Wollen Sie aufsteigen und haben Sie die Möglichkeiten?
- Haben Sie eine berufliche Vision?
- Helfen Sie mit Ihrem Beruf Menschen?

Wer in seiner Arbeit keine Erfüllung findet, sollte sich eine andere Arbeit suchen. Erfüllung können Sie auch beim Straßenkehren haben: Sie machen anderen Menschen eine Freude, denn Sie halten die Straßen sauber. Es liegt an Ihnen, etwas Erfreuliches und Aufbauendes zu finden. Jeder Beruf hat seine angenehmen Seiten. Nur wer seinen jetzigen Beruf voll und ganz ausfüllt, wird auch seinen nächsten ausfüllen und das Beste geben. Geben Sie immer und ausnahmslos das Beste, egal ob es Ihr Traumjob ist oder nicht. Es werden alle Berufe gebraucht.

Denken Sie immer daran: Wer seinen Beruf ausübt „nur" um Geld zu verdienen, der ist arm dran. Reichtum (reich an Tun) hat der, der seine Tätigkeit gerne und von Herzen ausübt. Sie verbringen zu viel Zeit

> Reichtum hat der, der seine Tätigkeit gerne und von Herzen ausübt.

am Arbeitsplatz, um ihn täglich angewidert ausüben zu müssen. Ihr Beruf soll Ihnen Freude und Spaß bereiten.

Wichtig ist wie so oft der Anfang. Sie können sofort beginnen, indem Sie das, was Sie jetzt machen, mit vollem Einsatz, begeistert und mit Freude erledigen. Also geben Sie in jeder Minute das Beste. Nur wer kleine, scheinbar unwichtige Arbeiten mit ganzem Einsatz ausführt, ist bereit für große Aufgaben. Es gibt keine minderwertigen Arbeiten, es gibt nur eine minderwertige Einstellung zur Arbeit. Denken Sie an all die fleißigen Müllmänner – für die meisten Menschen keine erstrebenswerte Tätigkeit, aber wie würde unser Land aussehen ohne sie? Oder an die Zeitungszusteller, die morgens um fünf unterwegs sind, damit Sie pünktlich zum Frühstück Ihre Zeitung im Briefkasten haben, an die Putzfrau, den Handwerker, den Hilfsarbeiter – wie würde die Welt aussehen, wenn es sie nicht gäbe? Jeder kann seinen Platz optimal ausfüllen, wenn er sein Bestes für die Menschen gibt. Und denken Sie daran, die Zeit vergeht, ob Sie mit schlechter Laune oder guter Motivation Ihren Beruf ausüben. Bei welcher von diesen beiden Möglichkeiten werden Sie sich besser fühlen?

Sollten Sie derzeit nicht ganz glücklich sein, ergänzen Sie bitte spontan die folgenden Fragen:

In meinem jetzigen Job stört mich am meisten

Ich kann die Stelle oder Firma nicht wechseln, weil

Wenn ich noch mal neu anfangen könnte, dann würde ich

Am liebsten würde ich folgenden Beruf ausüben

Sollten Sie mit Ihrem jetzigen Beruf vollkommen unglücklich sein, sollten Sie sich umschauen. Es ist besser, eine Entscheidung zu treffen und neu anzufangen, als die nächsten Jahrzehnte mit einem faulen Kompromiss zu leben. Sie haben die Möglichkeit dazu. Auch wenn es nicht einfach ist.

Wenn Sie zufrieden sind, können Sie sich fragen, ob Sie Ihre berufliche Vision in fünf Jahren erreichen, wenn Sie genauso weitermachen wie bisher. Wollen Sie weiterkommen, müssen Sie weiter denken. Wo können Sie besondere Leistungen bringen? Wo können Sie sich profilieren? Was können Sie schon jetzt einleiten, um in fünf Jahren an Ihrem Ziel zu sein? Der Weg, den Sie beruflich be-

> *Der Beruf ist das Rückgrat des Lebens.*
> Friedrich Wilhelm Nietzsche

schreiten, ist ein Teil Ihrer Entwicklung. Der Beruf bietet Ihnen die Möglichkeit, Ihre Fähigkeiten auszudrücken und auszubauen. Das Geld soll die logische Folge sein und ist es auch, wenn Sie richtig vorgehen.

Wenn Sie sich entschieden haben, dass Sie mehr erreichen wollen, legen Sie Maßnahmen dazu fest. In den spontanen (!) Antworten auf die obigen Fragen können Sie Ihre innere Haltung erkennen und davon ableiten, was Sie unternehmen sollen und sogar müssen, um am Ende Ihres Lebens nicht wehmütig zurückzublicken. Was Sie wollen, ist also genau der Gegenpol dessen, was Sie als als Antwort auf die erste Frage schrieben. So können Sie nun zu den erforderlichen Maßnahmen schreiten, um Ihre Erkenntnisse umzusetzen.

Die Gründe, warum Sie nicht wechseln, stehen in der Antwort auf die zweite Frage, und auch hier erkennen Sie Ihre internen Grenzen, die Sie jederzeit sprengen können. Schreiben Sie in Ihr Erfolgsjournal, was Sie diesbezüglich ändern wollen. Wohlgemerkt, Sie sollen nicht unbedingt

Ihren Beruf ändern oder Ihren Job hinwerfen. Sie sollen in dem, was Sie ausüben, glücklich sein. Vielleicht haben Sie schon den idealen Beruf, sind aber von missliebigen Umständen geplagt. Wenn dem so ist, dann ändern Sie Ihre Haltung, denn es gibt nur zwei Möglichkeiten: Entweder Sie ändern die Umstände oder Sie ändern Ihre Einstellung zu den Umständen. Es kann z.b. sein, dass Sie im Moment nur die Einstellung zu Ihrem Chef, Ihren Kollegen oder dem Computer ändern müssen, um voll in Ihre eigene Kraft zu kommen.

Familie

Ihre Familie ist Ihre Frau, Ihr Mann, sind Ihre Kinder, Ihre Eltern oder Ihre Freunde. Manch einer hat eine Ersatzfamilie, die ihm die Wärme gibt, die jeder Mensch benötigt. Mittlerweile wird jede dritte Ehe geschieden, jede zweite hat größere Schwierigkeiten. Immer wieder stellt sich die Frage: Woran liegt es, dass Menschen, die sich einmal geliebt haben, sich plötzlich nichts mehr zu sagen haben und beginnen, in der Zweisamkeit die Einsamkeit zu leben?

In einem Beratungsgespräch kam ein Mann zu mir und erzählte, dass er wieder mit seiner Frau zusammensein und die frühere Harmonie erleben wolle. Schon nach wenigen Sätzen merkte ich, dass er sich hierzu ein ganz eigenes Gedankengebäude aufgebaut hatte. Er hatte sich in seiner Ehre als Mann verletzt gefühlt, als er eines Tages sah, wie seine Frau mit einem anderen Mann froh gelaunt auf einem Fahrrad in die Stadt fuhr. Er selbst saß mit einer Dame auf einer Parkbank und unterhielt sich. Als seine Frau ihn erkannte, ging sie auf ihn zu, um ihn zu grüßen. Er war geschockt – nicht weil seine Frau ihn mit einer anderen gesehen hatte, sondern weil seine Frau mit einem anderen Mann unterwegs war. Ich fragte ihn, wo der Unterschied sei. Ja, meinte er, er kenne diese Frau schon länger und habe sich nur unterhalten. Er träfe sich

> *Die Familie ist das Vaterland des Herzens.*
> Giuseppe Mazzini

immer wieder mit ihr, um zu reden. Seine Frau sagte, dass auch sie öfters mit diesem Freund unterwegs sei, um zu reden, und dass sie kein Verhältnis hätten. Er konnte das überhaupt nicht einsehen. Er war gekränkt und unfähig hinzuschauen, was im Vorfeld dieser Episode alles geschehen war.

Seine Frau hat mir dann einiges über seine Sticheleien erzählt, Äußerungen wie „Jetzt wirst du auch langsam alt, sieh deine Falten um die Augen!" und „An deiner Haut lässt jetzt auch schon die Spannkraft nach, Cellulite lässt grüßen!" Solche Spitzen hat er immer wieder losgelassen, dabei war seine Frau erst 30 Jahre alt und sehr attraktiv. Er allerdings war eifersüchtig auf ihr Geschäft und hatte mit den verbalen Verletzungen versucht, Oberhand zu gewinnen. Eine sichere Art, eine Partnerschaft zu zerstören.

Ich kenne ein anderes Paar, das seit 28 Jahren verheiratet ist und sich immer noch gleich mag und achtet. Auch dort gibt es Meinungsverschiedenheiten, aber jeder respektiert den anderen so wie er ist. Als Rezept verrieten sie mir: Jeder kennt die Schwächen des anderen und akzeptiert diese, weil beide wissen, dass eben jeder selbst Schwächen hat.

> Achtsamkeit und Würde sollten wir jedem Menschen zuteil werden lassen.

Gegenseitige Achtung, der Respekt voreinander, egal, ob sie zusammen bleiben oder sich trennen, hat etwas mit Menschenwürde zu tun. Und warum sollte ich einen Menschen, mit dem ich die intimsten Stunden teile, demütigen oder als minderwertig ansehen? Wer das tut, sollte gründlichst sein Weltbild auf Einseitigkeit überprüfen und entsprechend korrigieren. Achtsamkeit und Würde können wir jedem Menschen zuteil werden lassen. Vor allem den Menschen, mit denen wir viel gemeinsam haben.

In der Partnerschaft empfehle ich immer zwei Wege: Fair zusammen sein oder sich fair trennen. Es kann sein, dass die Zeit abgelaufen ist, dass die Wege auseinandergehen, aber dann bitte mit Würde, Achtung und Menschlichkeit. Auch hier tritt das unpersönliche Gesetz des Schicksals in Kraft: Was ich gebe, kommt auf mich zurück. Behandeln Sie den anderen immer so, wie Sie selbst gerne behandelt werden möchten.

Stellen Sie sich ein paar Fragen zu Ihrer Familiensituation. Schreiben Sie den Ist-Zustand nieder.

- Wie ist die derzeitige Situation in Ihrer Familie?
- Haben Sie Zeit für Ihre Familie?
- Sind Sie ein Vorbild in der Familie?
- Arbeiten Sie aktiv am Familienleben mit?

- Macht es Ihnen Freude bei der Familie zu sein?
- Welche Ziele haben Sie mit Ihrer Familie?
- Und wo wollen Sie hin?
- Ist sie Ihr Ruhepol, die Tankstelle für Ihre Kraft?
- Wenn nein, an wem liegt es?
- Was haben Sie in der Vergangenheit beigetragen, um eine ideale Familie zu haben?

Wenn Sie zu viel arbeiten, sodass Sie das Wachsen der Kinder gar nicht mitbekommen, dann sollten Sie sich fragen, ob der Beruf wirklich alles ist. Es bringt nichts, so hart für den Lebensabend zu arbeiten, wenn Sie ihn dann nicht mehr erleben. Was nützt Ihnen all das Geld, wenn Sie alleine sind? Klären Sie die Ziele in Ihrer Familie. Wollen Sie mehr mit Ihrer Frau, Ihren Kindern unternehmen?

Wenn Sie zu wenig Zeit aufbringen, dann ist es wichtig eine Entscheidung zu treffen und mehr Raum für die Familie einzuplanen. Welche Maßnahmen unternehmen Sie in nächster Zeit, um Ihre familiären Ziele zu erreichen?

Ich empfehle Ihnen hier eine Mind Map zu gestalten, da es um eine Ideensammlung geht und nicht um gezielte detaillierte Maßnahmen. Eine Mind Map lässt Ihren Gedanken viel Spielraum und Sie können dabei spielerisch kreativ sein. Nutzen Sie die Map mit Haupt- und Nebenästen.

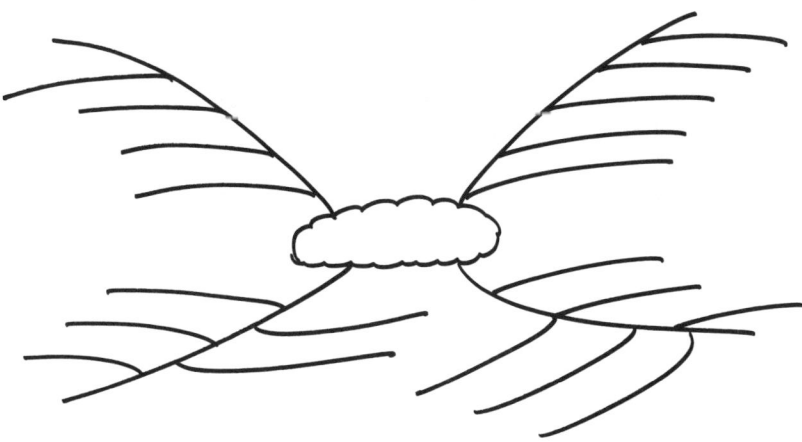

Bildung

„Bilden" wird im Duden beschrieben als „in bestimmter Weise formen, gestalten". Als ich die mittlere Reife hatte, war ich froh, endlich nicht mehr lernen zu müssen. Ich habe Lernen gehasst. Ich sollte noch betonen, dass meine Brüder und ich nie eine Unterstützung hatten und unsere Eltern die Schule als notwendiges Übel ansahen. Waren auch Sie froh, die Schule verlassen zu können und endlich nicht mehr lernen zu müssen? Und wann kam bei Ihnen das Erwachen? Das Erwachen, dass wir nie mehr aufhören können zu lernen, wenn wir nicht auf der Strecke bleiben möchten? Es ist schon sehr erstaunlich. In der Schule lernen wir zwar sehr viel, aber doch nur sehr wenig Fundamentales für das Leben.

Was haben Sie in der Schule gelernt?

- Wie Sie Konflikte lösen, wie Sie mit Streit oder Kritik umgehen?
- Was Liebe ist und wie Sie lieben können? Haben Sie etwas über Sex gelernt?
- Über Ihre multiplen Fähigkeiten?
- Haben Sie gelernt, wie Sie Ziele setzen und diese auch erreichen?
- Oder etwas über Menschen- und Selbsterkenntnis?
- Haben Sie gelernt, wie Sie Kinder optimal erziehen?
- Und wie Sie Menschen führen?

Sehr wenige dieser Fragen werden Sie mit ja beantworten können. Das meiste haben Sie sich im Laufe des Lebens durch „Versuch und Irrtum" beigebracht. Daher ist bewusste Bildung, also Formung sehr wichtig.

- Wollten Sie immer schon eine Fremdsprache lernen?
- Haben Sie sich schon immer für östliche Religionen, Philosophien oder für ferne Länder interessiert?
- Was hat Sie davon abgehalten, Ihr Vorhaben zu beginnen?
- Wie viele Bücher wollten Sie schon lesen, wie viele Seminare besuchen?
- Welche Ziele haben Sie im Bereich Ihrer Bildung?
- Haben Sie sich über die Macht der Psyche informiert?
- Haben Sie nachgeforscht, welches unendliche Potenzial Sie in sich haben?
- Suchen Sie nach Möglichkeiten, ständig Ihr Wissen zu erweitern?

Wohlgemerkt, Bildung hat nicht alleine mit Wissen zu tun. Doch Wissen ist eine Voraussetzung, unbekannte Wege zu beschreiten und Neues zu integrieren. Beantworten Sie unter diesem Aspekt weitere Fragen:

- Bilden Sie sich weiter?
- Was unternehmen Sie täglich für Ihre Bildung?
- Steigern Sie Ihr Fachwissen?
- Wo möchten Sie in fünf Jahren stehen? Wo am Ende Ihres Lebens?

Gehen Sie immer davon aus: Wenn Sie etwas wirklich wollen, werden Sie es auch erreichen. Es braucht manchmal seine Zeit. Ohne sich ständig weiterzubilden werden Sie in Ihrem Beruf und im Leben immer auf derselben Stelle treten. Es ist interessant, dass manche Menschen in einem Jahr nicht mehr als drei Bücher lesen, obwohl heute mehr Bücher gekauft werden als je zuvor. Wenn Sie eine große Informationsflut zu bewältigen haben, empfehle ich Ihnen eine Schnelllesemethode, z.B. Photoreading, von Paul Scheele. Damit können Sie sich enorm viel Zeit sparen und mehr Wissen aufnehmen, als Sie je für möglich gehalten haben. Im Anhang finden Sie hierzu Hinweise.

Was sind Ihre persönlichen Bildungsziele innerhalb der nächsten fünf Jahre?

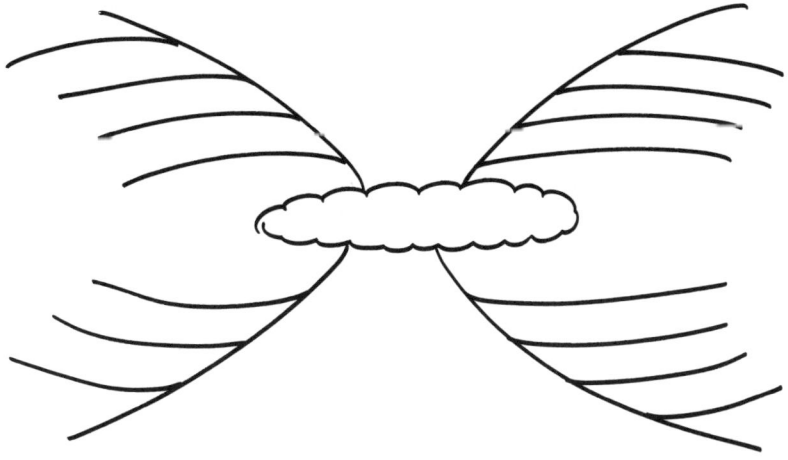

Beschließen Sie Maßnahmen, um Ihren Bildungszielen Schritt für Schritt näher zu kommen. Wenn Sie viel mit dem Auto unterwegs sind, haben Sie Zeit, Audiobooks zu hören. Ich bin jährlich an die vierhundert Stunden im Auto unterwegs. Ich besitze eine Hörbibliothek und höre auch englische Aufnahmen, um beides zu lernen, mein Interessensgebiet und die Sprache. Mit Sprachkassetten während der Fahrt oder bei anderen Tätigkeiten, z.B. im Haushalt, können Sie am einfachsten lernen.

Mit Büchern und Internet haben Sie praktisch Zugang zum Wissen der gesamten Menschheit. In guten Vorträgen und Seminaren über Lernen, Erfolg, Fitness, Motivation oder Geldanlagen lernen Sie am schnellsten. Sie erfahren in wenigen Tagen etwas über die Erfahrungen eines Menschen, die er über Jahre, wenn nicht sein ganzes Leben lang über ein Thema gesammelt hat.

Vermögen

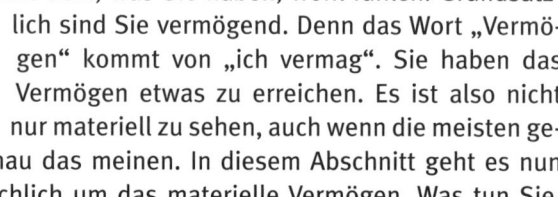

Um unabhängig zu bleiben, sollte eines Ihrer wichtigsten Ziele lauten: Vermögen aufbauen. Das muss nicht unbedingt heißen, dass Sie viel Geld brauchen, sondern dass Sie sich mit dem, was Sie haben, wohl fühlen. Grundsätzlich sind Sie vermögend. Denn das Wort „Vermögen" kommt von „ich vermag". Sie haben das Vermögen etwas zu erreichen. Es ist also nicht nur materiell zu sehen, auch wenn die meisten genau das meinen. In diesem Abschnitt geht es nun tatsächlich um das materielle Vermögen. Was tun Sie, um zu Ihrem Vermögen zu kommen?

Vielleicht kennen Sie diesen Spruch: „Von den reichen Leuten kann man das Sparen lernen." Tatsächlich ist das so, wobei mancher Millionär sich genauso arm fühlen kann wie ein Bettler. Wer laufend an Geld denkt

> „Von den reichen Leuten kann man das Sparen lernen."

oder sich immer nur darum sorgt aus Angst, er könnte es verlieren, ist vom Geld abhängig. Dann besitzt nicht er das Geld, sondern das Geld ihn. Dies bedeutet nicht Freiheit, sondern totale Bindung.

Das ist allerdings nicht der Sinn des Geldes. Ein PowerThinker weiß, dass Geld das angenehmste Nebenprodukt seiner Berufung sein soll. Geld ist sehr wichtig und wir sollten es in keinem Fall schlecht machen.

Ich weiß nicht, wie Sie erzogen wurden – bei uns zu Hause gab es merk-
würdige Einstellungen zum Thema Geld. Kennen Sie solche und ähnliche
Aussagen?

- „Geld verdirbt den Charakter!"
- „Es dreht sich alles nur ums Geld!"
- „Mit Geld kannst du alles haben."
- „Lieber weniger Geld, dann hat man weniger Sorgen!"

Geld wird gerne in ein negatives Licht gerückt, um vieles damit zu entschuldigen. Dass Geld den Charakter verdirbt, stimmt nicht. Der Charakter war vorher schon verdorben, mit
Geld zeigt sich diese Wesensart nur
stärker. Ein Mensch mit guten Eigenschaften wird mit Geld immer
besser. Er wird es nutzen, um Menschen zu helfen. Ein Mensch mit
schlechten Eigenschaften wird mit

> *Reich zu sein hat seine Vorteile. Man hat*
> *zwar oft genug versucht, das Gegenteil*
> *zu beweisen, doch so recht gelungen ist*
> *dies nie.*
> John Kenneth Galbraith

viel Geld noch schlechter. Er wird sein Geld nutzen, Macht zu erkaufen, zu
manipulieren und all seine Charakterfehler zuzudecken.

Geld ist und war nie schlecht – was wir daraus machen, ist manchmal
schlecht. Der Milliardär J. Paul Getty (1892–1976) sagte: „Ich habe keine
Komplexe wegen meines Reichtums. Ich habe hart für mein Geld gearbeitet, indem ich Sachen produziert habe, die die Leute gebrauchen. Ich
glaube, dass der fähige Unternehmer, der Wohlstand und Arbeitsplätze
schafft, mehr historische Beachtung verdient als Politiker und Soldaten."

Ein beliebter Spruch lautet: „Mit Geld können Sie alles haben." Es ist
sehr angenehm Geld zu haben und Sie sollten es genießen. Ich schätze
die Dinge, die ich mit Geld kaufen kann. Ich *mag* ein schönes Auto, eine
angenehmes Heim, ich mag Reisen und gut Essen. Aber ich *liebe* die Dinge, die ich mit Geld nicht kaufen kann:

- Sie können einen Arzt kaufen, aber keine Gesundheit.
- Sie können Menschen kaufen, aber keinen Freund.
- Sie können ein Haus kaufen, aber kein Heim.
- Sie können Sex kaufen, aber keine Liebe.
- Sie können ein teures Bett kaufen, aber keinen ruhigen Schlaf.

Manche Menschen würden ihr ganzes Geld hergeben, wenn sie so ihren Krebs verschwinden lassen könnten. Natürlich ist Geld sehr wichtig, doch es zum Mittelpunkt des Lebens zu machen heißt, sich dem Leben und den eigenen Fähigkeiten zu entziehen. Wenn Ihr Ziel bloß „viel Geld" ist, werden Sie eines Tages feststellen, dass Sie zwar viel Geld aber mehr Probleme denn je zuvor haben.

Es gibt natürlich eine Strategie, um systematisch reich zu werden. Sollte dies Ihr Hauptziel sein, kümmern Sie sich ruhig ausschließlich darum. Dr. Joseph Murphy sagte: „Wer arm ist, ist arm im Kopf." Für mich klang das sehr hart. Es ist jedoch viel Wahrheit dabei. In der heutigen Zeit können Sie sehr schnell sehr viel verdienen.

Ich empfehle Ihnen mit Ihren Fähigkeiten in der Arbeit oder dort, wo Sie sich berufen fühlen, eine Mehrleistung zu bringen, um mehr zu verdienen und so systematisch Ihr Vermögen aufzubauen. Dazu ist allerdings wichtig, dass Sie die Realität sehen, wie sie ist, und nicht, wie sie sein sollte. Starten Sie von vom heutigen Tag aus und legen Sie fest, wann Sie wie viel verdient und gespart haben wollen. Erst dann wird Ihre Absicht zu einem definierten Ziel, an dessen Verwirklichung Sie arbeiten können. Es wird Ihnen nichts geschenkt, und Sie können mit Strategie und System sehr viel mehr erreichen als bisher.

> Reich zu sein heißt nicht, viel Geld zu verdienen, man muss es auch noch behalten.

Mythos Geld

Warum dreht sich auf der ganzen Welt so viel um das liebe Geld? Für Geld führen Menschen Kriege, beuten die Natur aus, peinigen Tiere und stellen alles Menschenunwürdige an, um an immer mehr zu kommen. Was steckt dahinter, was reizt denn daran so sehr, dass sogar Menschen umgebracht werden für Geld? Dabei ist eines für uns alle sicher: Jeder stirbt und lässt alles zurück, keiner kann etwas mitnehmen. So weit scheinen wenige zu denken. Und tatsächlich steckt mehr dahinter, denn manch einer will mit Geld das erkaufen, was er nicht lernen will. Es werden Wertsachen verschenkt, um zu zeigen, wie gern man jemand hat, obwohl dieser Mensch Zuneigung und Liebe, statt immer mehr materielle Dinge braucht. Geld soll die Unfähigkeit, Liebe zu geben und zu zeigen, überdecken. Viele ersetzen durch das Geldverdienen auch die Arbeit an der eigenen Persönlichkeit.

Welche Bedeutung hat Geld?

Stellen Sie sich vor, Sie wären ein Schiffbrüchiger und auf eine Insel geschwemmt worden. Neben Ihnen wurde auch ein Koffer an Land gespült, und als Sie diesen aufmachen, staunen Sie. Eine Million Euro, alles neue Scheine und unbeschadet! Jetzt nehmen Sie das Geld und gehen auf Erkundungsreise. Die Insel ist nicht sehr groß, es gibt kein Geschäft, keine Menschenseele weit und breit, nichts. Nun, welchen Wert hat nun das Geld für Sie? Sie können es benutzen, um Feuer zu machen!

Das Geld hat nur einen Wert, wenn Sie sich etwas dafür kaufen können. Es zu besitzen alleine bringt Ihnen nichts. Was wollen wir mit Geld? Wir wollen Dinge kaufen, ein angenehmes Leben schaffen, Luxus haben, uns alles leisten können. Daher hat das Geld an sich keinen Wert – was wir wollen ist das, was wir mit Geld kaufen können.

Schreiben Sie sich eine Liste mit folgenden Inhalten:

- Was würde ich tun, wenn ich reich wäre?
- Wie würde ich mich fühlen?
- Was würde ich unternehmen?
- Was würde ich anschaffen?

Jetzt markieren Sie jedes Ihrer Ziele: Ein M für materielle Ziele, für die Sie also Geld brauchen um sie zu erreichen, und ein G für Ihre geistigen, immateriellen Ziele. Zählen Sie nun zusammen: Haben Sie mehr geistige Ziele oder mehr materielle? Wenn Sie gründlich waren, werden Sie feststellen, dass es mehr geistige Ziele gibt, für die Sie also kein Geld brauchen. Das Materielle erschöpft sich sehr schnell, denn in unserem Innern sehnen wir uns nach Erfüllung, nach einem guten Gefühl.

Was ist der Sinn dieser Übung? Sie soll Ihnen bewusst machen, dass wir im Zusammenhang mit vielen Annehmlichkeiten oft das Geld als Grund vorschieben, unser Leben nicht zu genießen. Das meiste hat jedoch mit Geld gar nichts zu tun. Sie können es auch ohne Geld unternehmen. Nur bei materiellen Anschaffungen brauchen Sie Geld.

Als ich die Liste aufgestellt hatte, standen da 30 Positionen. Davon waren vier materielle, der Rest waren geistige Ziele. Ich habe u.a. aufgeschrieben, dass ich mehr Zeit mit Freunden verbringen würde, mehr

> *Wenn Zeit Geld ist, dann lebt jeder über seine Verhältnisse.*
> Ludwig Fulda

gute Gespräche führen, mehr Bücher lesen oder wöchentlich im Fitness-studio trainieren. Als mir dies bewusst wurde, habe ich gehandelt, mich im Studio angemeldet – und siehe da, die Zeit dazu war plötzlich vorhanden. Ich habe Einladungen angenommen und selbst eingeladen, auch dafür war plötzlich Zeit. Schritt für Schritt habe ich all diese Dinge getan, für die es nur etwas Zeit und sehr wenig Geld braucht.

In der Bibel steht: „Glaubet, dass Ihr erhalten habt, und es wird Euch gegeben werden." Diese Aussage gewinnt hier neue Bedeutung. Um den Glauben zu stärken, sollten wir so handeln, uns so fühlen, als hätten wir das Erwünschte schon. Wenn Sie sich nun laufend vorsagen „Ich kann mich nicht frei fühlen, solange

> *Geld gleicht dem Dünger, der wertlos ist, wenn man ihn nicht ausbreitet.*
> Francis Bacon

ich Schulden habe", dann wird das Ihre Kreativität nicht fördern, im Gegenteil. Was hat „sich frei fühlen" mit Geld zu tun? Dass Sie unter äußerem Druck sind, heißt noch lange nicht, dass Sie innen Druck fühlen müssen. Wenn Sie dies verknüpfen, wird Ihr Glaubenssystem dafür sorgen, dass Sie Recht behalten. „Geld liebt glückliche Leute", schreibt Arthur Lassen.

Die beste Voraussetzung, Geld magnetisch anzuziehen, ist so zu handeln, als ob Sie es schon hätten. Tatsächlich kam meine finanzielle Wende, als ich genau das tat. Ich genieße heute einen Schaufensterbummel oder einen Besuch in einem Kaufhaus und kann mich daran erfreuen, was es alles gibt. Ich weiß, dass ich nicht alles brauche und auch nicht alles haben will. Aber ich empfinde Freude an schönen Dingen, an Technik, an schöner Kleidung, auch wenn ich sie nur betrachte. Freuen Sie sich, wenn Ihre Freunde neue Dinge anschaffen. Erfreuen Sie sich am Erfolg anderer und der Erfolg wird Sie verfolgen.

Wenn Geld glückliche Leute liebt, dann ist logischerweise das erste Ziel, dieses Glück zu empfinden. Aber wie kann Glück gelebt werden, wenn die Umstände im Moment anders aussehen? Schauen wir uns folgende Logik an:

Mit Geld können Sie

- Urlaub machen
- schöne Dinge kaufen
- ein Haus anschaffen
- mehr Geld machen

- Geld verschenken
- unabhängig sein usw.

Was haben all diese Dinge gemeinsam? Sie bewirken, dass Sie ein gutes Gefühl haben. Wenn Sie Urlaub machen oder schöne Dinge kaufen, werden Sie ein gutes Gefühl haben. Geld wird also verknüpft mit der Tatsache „Ich will mich wohlfühlen", „Ich will genügend Geld, damit ich mir alles leisten kann, was ich will, und somit in einem guten Gefühl lebe".

Möchten Sie das geistige Gesetz „Glaubet, dass Ihr erhalten habt, dann wird Euch gegeben" leben, dann ist das Ziel, im guten Gefühlszustand zu leben, um Geld magnetisch anzuziehen. Wenn Sie denken „Ich kann mich erst gut fühlen, wenn ich genügend Geld habe!", wird Ihr Unterbewusstsein dies wahrnehmen und antworten: „Okay, dann warten wir, wir brauchen im Moment kein Geld, weil wir uns schlecht fühlen."

> „Glaubet, dass Ihr erhalten habt, dann wird Euch gegeben."

Wenn Sie sich wohl fühlen und sagen „Ich liebe Geld!", wird es sagen: „Okay, du magst Geld, du fühlst dich wohl dabei, also sorgen wir für Geld!", – so einfach ist das Gesetz. Gleiches zieht Gleiches an.

Sie erinnern sich: Es braucht keinen Grund, damit wir uns gut fühlen!

Aber meist finden wir viele Gründe, warum wir uns schlecht fühlen wollen. Schaffen Sie sich daher eine Referenzliste, was in Ihnen ein gutes Gefühl erzeugt, das mit Geld nichts zu tun hat. Beobachten Sie sich und schreiben Sie viele Kleinigkeiten auf, die dafür sorgen, dass Sie in einem guten, glücklichen, harmonischen Gefühlzustand sind. Je mehr Sie genießen, um so schneller werden Sie Geld magnetisieren.

Hier ein Auszug dessen, was Teilnehmer meiner Seminare zu Papier gebracht haben. Modalitäten, die ein gutes Gefühl erzeugen, können sein: Musik hören, joggen, einem Kind in die Augen schauen, die Sonne genießen, spazieren gehen, gute Gespräche, 'rumlümmeln, ein Glas Wein genießen, mit Freunden zusammen sein, ein gutes Buch lesen, mit dem Partner gemeinsam essen, die Kinder beobachten uvm.

Erstellen Sie nun Ihre Listen mit all den Kleinigkeiten, die Sie täglich erleben können. Geben Sie nicht allein den großen Unternehmungen wie

Urlaub oder Wochenende feiern, Bedeutung, sondern besonders den alltäglichen Ereignissen.

Wenn nun die geistige Basis geschaffen ist, können Sie konkret bestimmen, was Sie auf der materiellen Ebene brauchen, um Reichtum anzuschaffen. Gehen Sie immer davon aus, dass es kein Zufall ist, wenn Sie Vermögen anschaffen wollen. Es braucht Zeit, einen kritischen Blick und System. Wenn Sie sich immer so verhalten wie bisher, dann kommen Sie genauso weit wie bisher. Dabei machen Sie doch Ihre Erfahrungen, lesen dieses Buch, damit Sie sich weiterentwickeln und in Zukunft neu handeln!

Die beste Art Geld zu sparen ist, unnötige Ausgaben zu streichen

Beginnen Sie bei kleinen Posten, z.B. bei einem Zeitungsabonnement, das automatisch läuft, obwohl Sie die Zeitung gar nicht lesen. Kaufen Sie regelmäßig zu viel ein und müssen es wegwerfen?

Sparen Sie systematisch

Alle erfolgreichen Menschen haben regelmäßig gespart. Wenn Sie monatlich 100 Euro bei einem regelmäßigen Zinssatz von 6 % anlegen, haben Sie nach zehn Jahren 7.969 Euro, nach 20 Jahren 22.180 Euro und nach 30 Jahren 47.630 Euro. Wer den Cent nicht ehrt, ist den Euro nicht wert!

**Achten Sie auf die Kosten und überprüfen Sie
regelmäßig Ihre Ausgaben**

Welche Fixkosten haben Sie, die Ihnen gar nicht mehr bewusst sind? Kennen Sie jede Abbuchung von Ihrem Konto, oder läuft das automatisch ohne Kontrolle? Überprüfen Sie mindestens einmal jährlich Ihre Ausgaben und entscheiden Sie, ob sie nötig und gewünscht sind oder ob sich mit diesem Geld etwas Besseres anfangen lässt?

Sorgen Sie für sich und Ihre Familie vor

Die Zeit vergeht – egal ob mit oder ohne Vorsorge. Als PowerThinker haben Sie Verantwortung für Ihre Familie, und daher gilt es vorzusorgen. Wie viel legen Sie für die Ausbildung Ihrer Kinder an?

Überprüfen Sie Ihre Anlagen

Was vor einigen Jahren richtig war, kann schon längst überholt sein. Wer Vermögen aufbauen will, überprüft regelmäßig seine Anlagen und handelt keinesfalls spontan, sondern immer wohl überlegt.

Investieren Sie in sich und in Ihr Geschäft

Die beste Investition ist immer die Investition in sich selbst. Sie als Person oder mit Ihrem eigenen Geschäft sollten sich an oberste Stelle setzen.

Soziale Aufgaben

Wir leben in einer Gesellschaft, wollen angenommen sein, Wärme spüren – und merken nur selten, dass wir selbst nicht mit gutem Beispiel vorangehen. Wir sprechen gerne von einer kalten, rücksichtslosen Gesellschaft. Aber woraus besteht die Gesellschaft? Aus uns allen. Natürlich ist es so, dass manche berechnend und kalt sind. Ist das ein Hindernis anders zu sein? Wo beginnen, wenn nicht bei uns?

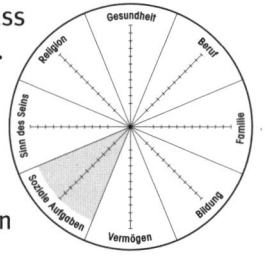

- Wollen wir die Welt verändern, müssen wir das Land ändern.
- Wollen wir das Land ändern, müssen wir die Stadt ändern.
- Wollen wir die Stadt ändern, müssen wir die Familien ändern.
- Wollen wir die Familien ändern, müssen wir den Menschen ändern.
- Wollen wir den Menschen ändern, müssen wir uns ändern.

Die Änderung beginnt immer mit uns selbst. „Was Du nicht willst, das man Dir tu', das füg' auch keinem anderen zu." Fordern Sie nichts, was Sie nicht selbst bereit sind zu tun.

Ghandi wurde von einer Mutter gebeten, ihrem Kind Süßigkeiten zu verbieten. Ghandi sagte: „Komme in einer Woche wieder." Nach einer Woche kam die Mutter mit dem Kind und Ghandi sagte ihm: „Du sollst keine Süßigkeiten mehr essen." Die Mutter war etwas verwundert und fragte Ghandi, warum er dies nicht vorige Woche zu ihrem Kind gesagt habe. Die Antwort des großen Mannes: „Letzte Woche habe ich selbst noch Süßigkeiten gegessen, wie kann ich dann dem Kind sagen, es soll keine essen!"

Soziale Verantwortung haben wir alle, und ein PowerThinker stellt sich dieser Verantwortung. Sozial stammt aus dem Lateinischen: „socialis", „socius" bedeutet „gemeinsam". Gemeinsam voranschreiten, gemeinsam mehr erreichen, gemeinsam zusammenarbeiten. In der Bibel steht, wir sollten „den Zehnten" geben. Dies wird immer nur im Zusammenhang mit Geld interpretiert. Es ist schön, wenn Sie finanziell helfen, so es Ihnen möglich ist. Wenn Sie nicht genügend Geld haben, können Sie trotzdem Ihren Zehnten geben. Ich habe dies jahrelang in Form meiner Zeit getan. 10 % meiner Arbeitszeit habe ich Menschen zur Verfügung gestellt, die in Not waren, einen Rat oder ein offenes Ohr gebraucht haben. Es muss nicht allein Geld sein. Sai Baba, der indische Avatar, sagt: „Gottesdienst ist Dienst am Menschen." Und weiter: „Helfende Hände sind heiliger als betende Lippen." Machen Sie sich frei von der Vorstellung, es gäbe nur einen Weg etwas für die Gesellschaft beizutragen.

> *Helfende Hände sind heiliger als betende Lippen.*
> Sathya Sai Baba

Sie können weit mehr tun, als Sie denken!

- Wenn Sie Ihre Kinder mit Werten erziehen, tragen Sie unmittelbar viel zum Wohle der Gesellschaft bei, denn Ihre Kinder sind die erwachsenen Bürger von morgen.
- Auch auf die Kinder Ihrer Freunde oder Nachbarn aufzupassen ist ein wertvoller Beitrag.
- Sie können Menschen Rat oder Hilfe geben.
- Wenn Sie ein offenes Ohr für Kummer haben, verhalten Sie sich sozial.
- Leben Sie Grundwerte vor, um anderen Menschen ein positives Weltbild zu geben.
- Versüßen Sie Ihren Mitmenschen mit einem lieben Wort den Tag.
- Wenn Sie freundlich auch zu den Menschen sind, bei denen Sie es nicht sein müssten, tragen Sie viel zum Allgemeinwohl bei.

> Bereichern Sie die Welt mit Ihrer Fröhlichkeit.

Eine Freundin schrieb mir kürzlich einen Brief, darin stand, „Wer ein Herz zu helfen hat, hat auch das

Recht zu kritisieren." Dies gefiel mir sehr gut, denn die Folge wäre: „Wer nicht hilft, darf auch nicht kritisieren." Jeder von uns trägt aktiv zur Entwicklung der Gesellschaft bei. Wenn Sie Ihre Gedanken beherrschen und diese auf ein liebevolles Miteinander ausrichten, tun Sie schon sehr viel für die Gesellschaft. Eine gute, positive Sprache ist der beste Umweltschutz. Wir vergiften Umwelt und Mitmenschen in dem Maße, wie wir selbst innerlich vergiftet sind.

Ein paar hilfreiche Fragen für Ihre Überlegungen

● Was tue ich aktiv für die Gemeinschaft?
● Welche und wie viele Freunde habe ich?
● Helfe ich Menschen, wo immer ich kann?
● Sind mir Menschen wichtig oder nicht?
● Gebe ich oder erwarte ich nur?

Sinn des Seins

Ich habe noch keinen Menschen getroffen, der sich noch keine Gedanken über diese Frage gemacht hätte. Warum bin ich hier? Was ist der Sinn meines Lebens? Soll ich geboren werden, aufwachsen, Kinder zeugen, arbeiten und dann sterben? War das alles? Viele sehen überhaupt keinen Sinn, weil die Alltagsprobleme sie erdrücken.

Alle Weisheitsbücher sprechen von dem eigentlichen Sinn der persönlichen Entwicklung. Diese ist meistens mit Schmerzen verbunden. Der Sinn unseres Lebens ist, so sagen alle Weisen, sich selbst zu erfüllen. Ein Leben in Freude und Liebe, in Gleichgültigkeit – allerdings nicht so, wie wir den Bergriff normalerweise verstehen, sondern im Sinne von „alles ist 'gleich gültig'". Nichts wird überbewertet: Wenn das Leben mal die Sonnenseite zeigt, wird nicht überschwänglich gejubelt; wenn sich Schattenseiten offenbaren, wird nicht gleich Trübsal geblasen.

Der PowerThinker kennt den feinen Unterschied. Er erkennt, dass alles, was ihm geschieht, auch etwas mit ihm zu tun hat. Daher übernimmt

er die Verantwortung für sich. Er gibt in jeder Situation das Beste und
weiß, dass genau das seine Aufgabe ist.

Der Sinn Ihres Daseins ist, dass Sie Lebensfreude entwickeln und anderen Menschen helfen, dasselbe zu erreichen. Es steht nirgendwo geschrieben, dass Sie leiden müssen, dass Sie benachteiligt sind – außer in
Ihrem Glaubenssystem. Leben Sie sich oder erleben Sie sich im „Leidens-
Bewusstsein"? Fragen Sie sich, wie Sie die Welt verlassen möchten. Was
sollen andere von Ihnen im Gedächtnis behalten? Stellen sie sich vor, Sie
müssten Ihre eigene Grabrede schreiben, was würden Sie zum heutigen
Zeitpunkt über sich sagen?

Meine Grabrede:

_____

_____

_____

_____

_____

_____

_____

_____

_____

Gefällt Ihnen das, was Sie da hören? Oder kommen vielleicht Kommenta-
re wie: „Er bemühte sich ein guter Mensch zu sein, er gab sein Bestes,
aber ..."

Wenn Ihre Rede Ihnen nicht gefällt, wissen Sie, was Sie ändern sollten,
damit die Schlussbilanz anders ausfällt. Wie möchten Sie die Welt verlassen? Entsteht eine Lücke, weil Sie die Welt besser verlassen als Sie sie
vorgefunden haben? Oder gibt es einfach nur einen Menschen weniger?
Noch ist Zeit, Sie können alles ändern, denn Sie leben jetzt, im Augenblick.

Die Natur lebt es uns vor. Ein Baum steht immer am gleichen Platz und passt sich den Veränderungen an. Er überlebt viele Gewitter, Wind und Schnee. Selbst wenn ein Ast abbricht, macht er aus dem Rest das Beste. Bis seine Zeit abgelaufen ist. Jeden Frühling blüht er, jeden Herbst lässt er sein Laub fallen. Jedes Jahr von Neuem. Sein Sinn ist, immer wieder in neuem Glanz zu wachsen, jedes Jahr etwas höher, etwas kräftiger.

Unsere Seele will Entwicklung. Das Spiel des Lebens heißt: lernen, integrieren, sich seiner Kraft bewusst sein – um das Beste aus jeder Situation zu machen, daran zu wachsen und zu reifen. Es hat einen Sinn, dass ...

- Sie diese Umstände vorfinden,
- Sie Wünsche und Ziele haben,
- Probleme auftauchen,
- Sie dieses Buch lesen,
- Sie sich mit sich beschäftigen.

Alles hat seinen Sinn, und der PowerThinker sucht seinen wahren Sinn. Wäre etwas sinnlos, müssten wir annehmen, dass der Schöpfer einen Fehler gemacht hat. Betrachten Sie die Natur, beobachten Sie die Sonne, den Mond und die Sterne. Finden Sie all das zufällig oder sogar sinnlos? Wenn das schon seinen Sinn hat, wie viel mehr muss Ihr Leben einen Sinn haben? Sie, nach dem Ebenbild Gottes geschaffen. Warum, glauben Sie, sehen Sie so aus und kein Mensch ist Ihnen gleich? Der Sinn Ihres Seins ist, dass Sie sind, dass Sie leben, dass Sie sich entwickeln, die

> Alles hat seinen Sinn, und der PowerThinker sucht seinen wahren Sinn.

Lektionen lernen und integrieren. Wie in der Schule werden Sie in Ihrer Persönlichkeit weiterkommen, wenn Sie Ihre Hausaufgaben gelöst haben. Das Leben bietet Ihnen täglich neue Gelegenheiten. Lassen Sie Ihren Egoismus los und helfen Sie den Menschen mit Ihren Fähigkeiten, dann ergibt sich der Sinn ganz von alleine. Der Weg zu Ihren Zielen ist der Weg der Entwicklung.

Erarbeiten Sie sich im Leben das, was Sie sich sehnlichst wünschen. Damit entwickeln Sie sich und kommen Ihrem Sinn sehr nahe. Denn wenn Sie alles daran setzen, Ihre Ziele und Wünsche zu erreichen – wohlgemerkt ohne jemandem zu schaden – müssen Sie Ihre Muster, Ihre Ängste, Ihre Bedenken, Ihre eingefahrenen Gewohnheiten überwinden. Ziele erreichen ist die beste Möglichkeit sich persönlich zu entwickeln. Sie haben richtig gelesen. Sie müssen selbst gesteckte Grenzen überschreiten, das tun, wovor Sie sich am meisten gedrückt oder gefürchtet haben, was Sie Überwindung kostet. Und genau das ist Entwicklung der Persönlichkeit, alles andere ist Theorie. Wenn Sie Ihre Gewohnheiten überwinden, werden Sie entdecken, was alles in Ihnen schlummert. Ein PowerThinker braucht Mut zum Erfolg. Somit liegt der Sinn darin, die in Ihnen brach liegenden Fähigkeiten bewusst einzusetzen, um genau das zu erreichen, was Sie sich immer ersehnt haben: Glück, Liebe und Erfolg auf allen Ebenen.

Religion

Was denken Sie, wenn Sie das Wort „Religion" lesen? „Oh, jetzt fängt der auch noch damit an!"? Oder: „Was will er denn mit der Kirche in diesem Buch?" Warum denken die meisten Menschen automatisch an die Kirche, wenn sie „Religion" hören? Das Wort Religion kommt vom lateinischen „religare", was dem italienischen „legare", also binden, ähnlich ist. Religion ist eine Bindung, eine Rückbindung. Das hat nichts mit einer Konfession oder einem bestimmten Glauben zu tun. Mit dem Thema Glauben stehen viele sowieso auf Kriegsfuß. Manche sind so fanatisch, dass die alle verurteilen, die nicht ihren Glauben teilen, andere nennen sich Atheisten. Ich denke, es sollte sich jeder selbst seine Gedanken machen, und es spielt keine Rolle, ob einer Christ, Hindu, Moslem, Jude, Buddhist oder … ist.

Meines Erachtens ist es wichtig, wie ein Mensch seinen Glauben lebt. Und das beweist der Einzelne in dem, wie er sich den Menschen und allen Geschöpfen gegenüber verhält.

> Die Menschen glauben fest an das, was sie sich wünschen
> Gaius Julius Caesar

„An den Früchten sollt Ihr sie erkennen", steht in der Bibel. Wir machen es uns zu leicht, wenn wir nur in schwarz und weiß denken, denn damit lassen wir die Zwischenfarben, die Graustufen außer Acht. So gibt es nicht nur Recht oder Unrecht, sondern fast immer eine dritte Variante: „Ich glaube, ich habe aus meiner Sicht Recht."

Ein PowerThinker ist tolerant und lebt seinen Glauben, ohne die Ambition, andere zu bekehren. Er weiß, dass seine Sicht eine Möglichkeit ist, aber nicht die allumfassende Wahrheit.

Wer über Glauben streitet, hat von seinem Glauben nichts begriffen. In jeder Religion wird die Liebe als oberstes Prinzip, als oberste Lebensenergie genannt. Ein PowerThinker weiß, dass jeder Mensch ein Recht auf seinen Glauben hat. Er lebt seine Werte vor und hilft dadurch den anderen. Religion und Liebe sollten in einem Atemzug genannt werden, damit nicht Fanatismus daraus wird. Yogananda hat in seinem Buch „Die heilige Wissenschaft der Religion" beschrieben, was Religion ist. Er sagt: „Das, was deine Aufmerksamkeit bindet, ist deine Religion." Ist jemand den ganzen Tag mit Geld-

> *Es gibt nur eine Religion,*
> *die Religion der Liebe.*
> *Es gibt nur eine Kaste,*
> *die Kaste der Menschheit.*
> *Es gibt nur eine Sprache,*
> *die Sprache des Herzens.*
> *Es gibt nur einen Gott,*
> *er ist allgegenwärtig.*
>
> Sathya Sai Baba

verdienen beschäftigt, ist Geld seine Religion. Drehen sich seine Gedanken hauptsächlich um sein Aussehen, ist dies seine Religion. Denkt jemand immer nur an Sex, ist Sex seine Religion, ist jemand machtbesessen, ist Macht seine Religion. Beschäftigt sich jemand hauptsächlich mit Gott, dann ist Gott seine Religion.

Das, worauf wir unsere Energie richten, wird zu unserer inneren Bindung, also zu unserer „Religio". Die wahre Essenz eines jeden Glaubens sollte die Liebe sein, und ich kenne nichts, was dies so treffend ausdrückt wie der Aphorismus von Laotse:

> Pflicht ohne Liebe macht verdrießlich
> Verantwortung ohne Liebe macht rücksichtslos
> Gerechtigkeit ohne Liebe macht hart
> Wahrheit ohne Liebe macht kritiksüchtig
> Erziehung ohne Liebe macht widerspruchsvoll
> Klugheit ohne Liebe macht gerissen
> Freundlichkeit ohne Liebe macht heuchlerisch
> Ordnung ohne Liebe macht kleinlich
> Sachkenntnis ohne Liebe macht rechthaberisch
> Macht ohne Liebe macht gewalttätig
> Ehre ohne Liebe macht hochmütig
> Besitz ohne Liebe macht geizig
> Glaube ohne Liebe macht fanatisch

Wenn Sie Ihren Glauben leben, werden Sie eine innere Festung haben. Beten oder meditieren Sie und schaffen Sie sich innere Stabilität. Ich erzähle wenig über Glauben und Gebete in meinen Trainings. Doch wenn ich gefragt werde, ob ich glaube, dann bejahe ich das, denn ich bete sehr viel. Immer wieder überrascht mich positiv, wie viele Menschen sich dann melden, die auch glauben und sehr häufig beten. Aber freiwillig sagen, trauen sich das wenige, allerdings laufe ich mit meinem Glauben auch nicht Reklame.

Von der christlichen Wissenschaft in Amerika wurde nachgewiesen, dass in Ehen, die einen gemeinsamen Glauben haben, die Scheidungsquote fast gegen Null geht; dass Kinder, die mit Werten des Glauben, nicht des Fanatismus, erzogen werden, mehr Selbstbewusstsein erfahren und mehr Achtung allen Geschöpfen gegenüber haben. Ein PowerThinker setzt sein kraftvolles Denken auch im Gebet ein.

Bestimmen Sie Ihre Bindung und suchen Sie sich Ihre Festung in Ihrem Glauben, mit dem Sie sich wohl fühlen. Lassen Sie sich von niemandem bedrängen, denn wenn jemand Sie in eine Glaubensrichtung zwingen möchte, ist große Vorsicht geboten. Religion sollte Liebe widerspiegeln, nicht Hass und blinden Fanatismus. All die Fanatiker, die es in den verschiedenen Religionen auch heute noch gibt, sollten sich bewusst sein, dass sie für alles in der Verantwortung stehen in genau der Qualität und Quantität, wie sie anderen etwas zufügen. Sich hinter Dogmen und Predigten zu verstecken hilft nicht. Das Gesetz von Ursache und Wirkung ist unpersönlich, fragt nicht nach theoretischen Gebäuden und

> *Was jemand glaubt, das will er glauben; was er nicht glaubt, dem will er aus dem Weg gehen.*
>
> Ernst R. Hauschka

Regelwerken. Wir werden bezüglich unserer Motive vom Leben selbst zur Rechenschaft gezogen. Schon deswegen sollte die Liebe das oberste Gebot sein. Wer die Natur und die Menschen liebt, wird niemandem Böses antun.

Die Hauptziele

Dies waren nun acht Themen, die Ihnen helfen, Klarheit in verschiedenen Bereichen zu erlangen. Wenn Sie sich erst einmal Gedanken darüber machen, wird vieles von alleine fließen. All die Ziele, die Sie aufgeschrieben haben, sind Ihnen sicher nicht neu, ganz im Gegenteil, sie werden sich wie ein roter Faden durchs Leben ziehen, manchmal werden Sie erkennen, dass Sie manches schon vor zwanzig Jahren erreichen wollten. Aber zu wollen allein genügt nicht, es muss konkretisiert und alles Nötige dafür unternommen werden. Nichts kommt von alleine, aber alles, wofür Sie sich entscheiden, können Sie erreichen, wenn Sie es wirklich wollen und es im Bereich des Möglichen liegt.

Entscheiden Sie nun, was in jedem Bereich für Sie im Moment das Wichtigste ist. Es wird vieles wichtig sein, aber manches ist bedeutsamer als anderes. Und oft erreichen Sie mehrere Ziele auf einmal, wenn Sie das Richtige vorziehen.

Nehmen Sie sich jeden Bereich von 1 bis 8 einzeln vor und vergeben Sie eine Priorität, z.B. mit der Frage: „Welches von den Zielen innerhalb meiner Gesundheit ist mir das wichtigste?" Das zurzeit Wichtigste wird mit A versehen, das Nächste mit B, dann C usw. So gehen Sie jeden der acht Bereiche durch. Nachdem Sie das getan haben (und bitte lassen Sie sich Zeit), schreiben Sie alle acht A-Ziele gesondert auf.

Meine 8 Hauptziele:

Gesundheit

Ziele	Priorität	Ich beginne mit:
	A	
	B	
	C	
	D	
	usw.	

Beruf

Ziele	Priorität	Ich beginne mit:
	A	
	B	
	C	
	D	
	usw.	

Familie

Ziele	Priorität	Ich beginne mit:
_____	A	_____
_____	B	_____
_____	C	_____
_____	D	_____
_____	usw.	_____

Bildung

Ziele	Priorität	Ich beginne mit:
_____	A	_____
_____	B	_____
_____	C	_____
_____	D	_____
_____	usw.	_____

Vermögen

Ziele	Priorität	Ich beginne mit:
_____	A	_____
_____	B	_____
_____	C	_____
_____	D	_____
_____	usw.	_____

Soziale Aufgaben

Ziele	Priorität	Ich beginne mit:
_____	A	_____
_____	B	_____
_____	C	_____
_____	D	_____
_____	usw.	_____

Sinn des Seins

Ziele	Priorität	Ich beginne mit:
	A	
	B	
	C	
	D	
	usw.	

Religion

Ziele	Priorität	Ich beginne mit:
	A	
	B	
	C	
	D	
	usw.	

Nachdem Sie in allen acht Bereichen die drei wichtigsten Ziele entschieden haben, können Sie nun innerhalb Ihrer acht Bereiche die ersten drei Prioritäten bestimmen. Sollten Sie krank sein, könnte sich die Gesundheit als wichtigstes Ziel erweisen, haben Sie berufliche Probleme, wird der Beruf das Wichtigste sein, hängt der Familiensegen schief, wird dies die Nummer eins sein.

Meine wichtigsten nächsten Ziele:

A

B

C

Nach dieser Unterteilung und Entscheidung, die sicher nicht einfach ist, nehmen Sie Ihr Erfolgsjournal und schreiben in die Mitte (einer Doppelseite) Ihr Hauptziel Nr. 1. Machen Sie nun eine Mind Map für dieses Ziel:

- Welche Teilziele gehören dazu?
- Welchen Plan machen Sie sich dazu?
- Womit können Sie sofort beginnen?

Legen Sie Maßnahmen fest. Schreiben Sie alle Ideen und Schritte in die Mind Map und hüten Sie sich vor einer zu perfekter Ausführung. Ein PowerThinker „denkt" schriftlich, denn das fördert die Kreativität. Zu große Pedanterie und Detailbeschäftigung kann da sehr hinderlich sein. Ich halte eine pedantisch genaue Planung nicht durch, dazu bin ich zu kreativ; und ich habe dies auch bei vielen Tausenden von Seminarteilnehmern erfahren. Nur ein ganz minimaler Teil erreicht mit perfekter Planung sein Ziel. Gehen Sie pragmatisch vor und:

- denken Sie schriftlich
- legen Sie ein Mind Map an
- entscheiden Sie Maßnahmen
- und handeln Sie sofort.

Sie erinnern sich: Gewinnen kommt nach Beginnen. Das Wichtigste ist also sofort zu handeln – nicht mehr zu zögern! Ziele erreichen hat immer mit Handeln zu tun. Ein PowerThinker weiß, dass ohne Handeln keine Bewegung entsteht. Bewegen heißt immer „etwas unternehmen". Damit kann das Erreichen der Ziele richtig in Arbeit ausarten. Daher stellt sich der PowerThinker folgende Frage:

Was kann ich tun, um den Weg zur Erreichung meiner Ziele zu genießen?

Sie haben richtig gelesen: Was können Sie tun, um den Weg zu genießen? Dies ist ein wichtiger Schlüssel!

Für den PowerThinker ist Zielerreichung eine Herausforderung. Er sucht sich Mittel und Wege, dass es ihm Spaß macht, den Weg zum Ziel zu gehen. Es ist viel einfacher, den Weg der Arbeit am Ziel zu genießen als den täglichen Frust des Versagens zu bekämpfen. Es kostet viel weniger Kraft.

Der PowerThinker beobachtet sich in allem, was er tut, und fragt sich: Wie kann ich diesem Schritt größtmögliche Freude abringen?

- Er weiß, dass seine innere Haltung über sein Wohlbefinden entscheidet,
- seine Ausdrucksform und seine Sprache einen entscheidenden Einfluss auf seine Haltung haben,

- er seine Einstellung jederzeit ändern kann,
- er Angst in Freude umwandeln kann,
- er nicht über Motivation nachdenken, sondern sie leben muss.
- Es ist ihm ein großes Bedürfnis, Ziele zu erreichen,
- er aktiviert alle Ressourcen, um in allem Freude entwickeln und
- er registriert die feinen kleinen, oft unmerklichen Fortschritte und erfreut sich daran.

Natürlich ist es nicht immer leicht, aber es wird mit wachsender Erfahrung immer leichter – und es macht Ihnen immer mehr Freude, wenn Sie es zulassen.

Planen Sie Ihre Zukunft?

Der PowerThinker überlässt nichts dem Zufall. Er weiß, dass *keine* Planung richtige Fehlplanung ist. Er ist bereit in die Zukunft zu schauen. Oder wie der deutsche Staatsmann Walther Rathenau (1867–1922) sagte: *„Die größte geschäftliche Stärke und eigentlich die einzige ist der Vorsprung – im Gegenstand, in Beziehungen, in technischen Erfahrungen, in Organisationen, in Arbeitsweise. Befasse dich heute mit den Geschäften, die andere in einem Jahre machen werden, und du bedarfst keiner Kunstgriffe, keiner Diplomatie und keiner Verhandlungskunst."*

PowerThinker schaffen eine positive Zukunft für die Generation von morgen. Heute planen und handeln sie so, dass sie morgen das erreichen, was sie angestrebt haben. Sie überlassen weder die Ausbildung der Kinder noch die eigene Entwicklung den Zufällen.

PowerThinker geben immer das Beste und sichern sich so den eigenen Arbeitsplatz. Sie erwarten nicht, dass ihnen Arbeit zusteht, sondern sorgen dafür, dass sie so gut sind, dass schlecht auf sie verzichtet werden kann. Der PowerWorker schafft sich seine berufliche Zukunft, unabhängig von der Wirtschaft.

14. Die Selbstdisziplin des PowerThinkers

- Stellen Sie sich vor, Sie müssten noch einen Kunden anrufen, bei dem es eine Reklamation gab, und Sie sind im Moment nicht so gut drauf. Was machen Sie? Aufschieben?
- Sie haben sich vorgenommen den Keller aufzuräumen, er ist schon lange fällig, aber einmal ist das Wetter zu schön, einmal zu schlecht, es klappt einfach nie, und was geschieht? Es wird aufgeschoben.
- Im Büro liegen viele Vorgänge, die erledigt werden müssen. Sie sortieren immer wieder und die unangenehmen wandern ganz nach unten. Und irgendwann kommen Sie nicht mehr daran vorbei, genau diese Vorgänge zu erledigen, und dann bekommen Sie vielleicht die Quittung: Zu spät! Sie haben sich zu spät gemeldet, der Auftrag ist schon vergeben! Erst gestern ... Ist das nicht ärgerlich?
- Sie haben mit einem Mitmenschen Unstimmigkeiten und wissen nicht einmal warum. Sie haben aber keine Lust nachzuhaken und gehen ihm lieber aus dem Weg. Die Aufschieberitis lässt grüßen.

Sie schieben und schieben und das schlechte Gewissen wird immer größer – kennen Sie das? Der Druck wächst und es kostet sehr viel Energie. Irgendwann kommen Sie nicht mehr daran vorbei, doch den Keller aufzuräumen. Und siehe da, in einer Stunde war alles erledigt. Nun die Frage: Wie viele Stunden haben Sie ein schlechtes Gefühl gehabt und wie viele Diskussionen haben Sie mit Ihrem Partner/Ihrer Partnerin geführt, alles wegen dieses Kellers? Es hat so viel Kraft gekostet, das „Problem" mit sich rumzuschleppen, und dann war es auf einmal vorbei!

> Aufschieben ist das Rezept der Verlierer.
> Handeln ist das Rezept der Gewinner.

Haben Sie schon einen Spitzensportler erlebt, der keine Disziplin hatte? Sie werden keinen finden. Jeder, der überdurchschnittlichen Erfolg haben will, darf nicht nach seiner Lust gehen, sondern muss tun, was nötig ist, um sein Ziel zu erreichen. Ich habe meinen Sport Taekwon Do zehn Jahre geübt, teilweise fünf mal pro Woche, bis ich, nach zehn Jahren Training, den Herrenspagat geschafft hatte. Jeden Tag immer von neuem, immer ein Stückchen weiter. Es war mühsam und zäh. Aber mein Großmeister Kwon Jae Hwa hatte eine geniale

Fußtechnik, die mich immer fasziniert hat, und ich wollte unbedingt so
gut werden wie er.

Ohne Selbstdisziplin kommen
Sie nie ans Ziel.
Sie werden jedoch
alles im Rahmen
Ihrer Möglichkeiten Liegende erreichen – mit Ausdauer und Disziplin.
Dieses Wort wurde
dem lat. disciplina,
das „Schule, Wissenschaft, schulische Zucht" bedeutet, entlehnt. In unserem
Sprachempfinden weist das Wort
häufig auf Zwang, auf ein Müssen
hin. Es liegt an uns, diesem Wort eine andere Bedeutung zu geben oder
es einfach „Konsequenz" zu nennen. Sie können sich jederzeit fragen,
was Sie innerlich davon abhält, bestimmte Dinge sofort anzugehen. Sie
brauchen nur Ihre Ausreden, die Sie sich selbst liefern, analysieren, und
Sie werden sofort den wahren Grund für den Aufschub erkennen. Beantworten Sie bitte spontan folgende Fragen:

● Ich schiebe häufig Dinge auf weil …
● Am meisten hindert mich Folgendes daran alles sofort zu erledigen …

Ich bin immer wieder sehr erstaunt, wie manche es schaffen, sich permanent selbst Steine in den Weg zu legen und das Leben dadurch schwerer
zu machen als es sein müsste:

● Die Schlüssel der Wohnung „verschwinden" immer wieder, weil sie
  nicht immer an der gleichen Stelle abgelegt werden.
● Das Fahrtenbuch wird mühsam rekonstruierend am Jahresende ausgefüllt, obwohl es nach jeder Fahrt nur wenige Sekunden wären.
● Wichtige Dinge werden nicht aufgeschrieben, obwohl Sie sich gut kennen und genau wissen, dass Sie viel vergessen.

- Eine Zeitplanung gibt es nicht, sodass immer wieder Zeitprobleme auftreten.
- Sie kontrollieren nicht Ihre Gedanken, obwohl Sie dadurch freier werden könnten.
- Es wird immer nach den gleichen Vorurteilen gehandelt, obwohl Sie schon oft daneben gelegen haben.
- Sie sind nicht bereit an sich zu arbeiten, obwohl Sie schon mit dem Rücken zur Wand stehen.
- Der Zahnarztbesuch wird aufgeschoben, obwohl die Schmerzen immer schlimmer werden.
- Sie sprechen nicht miteinander, obwohl es besser wäre.
- Altes und Vergangenes werden einfach nicht losgelassen, obwohl es endgültig vorbei ist.
- Sie können nicht verzeihen, obwohl Sie sich damit mehr schaden.

Das alles hat mit gesunder, förderlicher Selbstdisziplin zu tun und nicht mit Selbstkasteiung. Ein PowerThinker fragt sich immer, was ihn weiterbringt, was ihm und seinen Mitmenschen Freude, gute Gefühle und Harmonie bringt. Er weiß, dass er sehr viel beitragen kann, um Selbstdisziplin Schritt für Schritt zu trainieren.

Sind Sie diszipliniert?

Der PowerThinker weiß, dass nur Fleiß und Disziplin auf Dauer gute Ergebnisse erbringen. Ohne diese Eigenschaften hat noch niemand große Ziele erreicht. Als PowerFührungskraft ist er diszipliniert im Denken, im Fühlen und Handeln. Er weiß, dass er damit Vorbild ist und fordern und führen kann.

PowerThinker leben Disziplin als gute Tugend den Kindern gelehrt durch Vorleben. Disziplin heißt auch Maßhalten und sich selbst konstruktiv in Frage stellen: Kann ich das noch besser? Übe ich mich in Disziplin oder erwarte ich diese nur von meinen Kindern?

PowerThinker praktizieren Disziplin im kontinuierlichen Verbesserungsprozess. Jede Tätigkeit wird mit Ausdauer ausgeführt, im Erreichen der Ziele, im persönlichen, im kollegialen Verhalten. Der PowerWorker ist diszipliniert.

15. Selbstmotivation – ein Zehn-Schritte-Programm

Motivation ist ein Modewort und viele glauben, sie hätten zu wenig davon. Ich wage zu behaupten, dass Sie immer voll motiviert sind. Wenn Sie deprimiert sind, dann haben Sie einen Beweggrund deprimiert zu sein. Wenn Sie voller Power sind, haben Sie auch dafür eine Ursache. Motivation können wir definieren als „Motiv zur Aktion". Ihr Motiv wird von Ihrem Ziel gesteuert, und Sie erinnern sich: Ziele haben wir immer.

- Nichtstun ist ein Ziel.
- Sich gehen lassen ist ein Ziel.
- Dagegensein ist ein Ziel.
- Streiten ist ein Ziel.
- Fleißig sein ist ein Ziel.
- Kooperieren ist ein Ziel.

Alles sind Ziele und somit Motivationen. Manche Teilnehmer besuchen meine Seminare, um sich motivieren zu lassen, dabei kann nur derjenige angespornt werden, der das Motiv in sich trägt. Jeder ist sein eigener Motivator. Natürlich kann ein Trainer Ihnen helfen, dass Sie Ihre Motivationsfaktoren entdecken, denn sie schlummern alle in Ihnen. Anwenden müssen Sie diese jedoch selbst. Fremdmotivation hat nur einen Wert, wenn daraus Selbstmotivation wird. Genauso wie Sie ver-

> *Was uns im Leben am meisten Not tut, ist ein Mensch, der uns zu dem zwingt, was wir können.*
> Ralph Waldo Emerson

hindern können manipuliert zu werden, können Sie verhindern zu etwas angespornt zu werden. Es gibt Menschen, die sind motivationsresistent. Sie wehren sich mit allen logischen Argumenten: „Ich entscheide, dass ich schlecht drauf bin, und das lasse ich mir von niemandem nehmen!"

Es ist immer Ihre eigene Entscheidung, und ein PowerThinker stellt sich dieser Verantwortung, schafft eine Basis für dauerhafte Selbstmotivation. Damit meine ich nicht, dass Sie nie mehr „schlecht drauf sein" dürfen. Das ist unmöglich. Wir alle sind Zyklen unterworfen. Es wird manchmal Zeiten geben, da werden Sie sich ziemlich schlecht fühlen. Es gibt Ihren Biorhythmus, Ihre persönliche Tagesform, es gibt viele Einflüsse von außen. Erlauben Sie sich auch mal, nicht so gut drauf zu sein und sorgen Sie dafür, dass diese Phasen immer kürzer werden. Selbstmotivation bedeutet auch zu wissen, dass nach jedem Regen Sonnenschein folgt, jedes Ab ein Auf nach sich zieht. Nichts ist von permanenter Dauer -alles ist im Fluss. Wenn Sie dies verinnerlichen, können Sie mit der Selbstmotivation beginnen. Ein Motiv ist ein Beweggrund, und Motivation ist dem lateinischen „movere", das heißt „bewegen" verwandt. Daher gilt es zu handeln. Ruhig bleiben, phlegmatisch sein kann keine Motivation erzeugen.

> *Es gibt keine faulen Menschen. Wer faul zu sein scheint, hat nur das Pech, nicht die Arbeit gefunden zu haben, für die er am meisten geeignet ist.*
>
> Napoleon Hill

Jegliche Motivation ist sinnlos, wenn keine Handlung folgt. Manch einer denkt „Ja, ich würde ja handeln, wenn ich motiviert wäre!" und er vergisst dabei, dass ein Beweggrund durch das Handeln kommt oder verstärkt wird. Ich kenne viele Menschen, die motiviert sind, und das immer wieder neu. Sie spornen sich jeden Tag an und kommen doch nicht vom Fleck. Daher gilt der Grundsatz:

Motivation ohne Mobilisation ist gleich Frustration.

Wenn Sie „nur" motiviert sind, tut sich noch gar nichts, Sie müssen auch noch handeln, damit sich Ergebnisse zeigen, sonst ist die Frustration vorprogrammiert. Überprüfen Sie folgende zehn Schritte zur Selbstmotivation.

Zehn Schritte zur Selbstmotivation

1. Ich akzeptiere mich bedingungslos

Alles, was mit Selbstmotivation zu tun hat, beginnt mit „Ich ...". Nur Sie selbst können sich motivieren, genauso, wie Sie nur selbst „ich" zu sich sagen können. Vielleicht stört Sie das Wort „bedingungslos". In den Seminaren rebellieren manche bei diesem Ausdruck. Wenn ich dann frage, warum sie das stört, kommen überwiegend folgende drei Antworten:

- „Das klingt hochnäsig, überheblich!"
- „Wenn ich das tue, dann mache ich ja nichts mehr an mir!"
- „Ich könnte mich akzeptieren, wenn ..."

Schauen wir uns das einmal genauer an: Welche Wahl haben wir denn? Wir können uns akzeptieren oder nicht! Das ändert vorläufig nichts, in Ihrem Inneren ändert es aber erheblich viel. Ihr Unterbewusstsein nimmt bedingungslos auf, was Sie fühlen, glauben und denken. Fühlen Sie, dass Sie nicht okay sind, weil etwas fehlt, dann wird es dieses Gefühl verstärken. Sie werden sich nicht besonders wohl fühlen. Sie versetzen sich körperlich in einem schlechten Zustand. Das wird Sie kaum motivieren.

Erst die bedingungslose Akzeptanz schafft die Basis für eine persönliche Entwicklung. Der Unterschied ist Ihre Energie, die sich durch Ihre innere Haltung ändert. Meine Empfehlung lautet: Akzeptieren Sie sich mit allen Schwächen und Stärken und arbeiten Sie ständig an sich, dann leben Sie bewusst in voller Freude. Ich schlage hierfür folgenden Glaubenssatz vor: „Ich akzeptiere mich bedingungslos, gebe immer mein Bestes und wachse täglich."

> *Die Anerkennung gleicht einer Versicherung. Sie muss ab und zu erneuert werden.*
>
> Lothar Schmidt

2. Ich übe mich in Selbst-Achtung

Motiviert können Sie nur sein, wenn Sie eine gute Meinung von sich haben. Möchten Sie von den anderen geachtet werden? Dann beginnen Sie sich selbst zu achten! Erst wenn Sie sich selbst voll und ganz annehmen, werden Sie auch von Ihren Mitmenschen anerkannt. Zwischen Selbstachtung und Arroganz gibt es allerdings einen großen Graben. Wir sprechen von Selbstachtung, von sich anerkennen, sich annehmen – und nicht sich überschätzen, aber auch nicht laufend unterschätzen oder gar unterwürfig sein. Eine gesunde Einstellung zu sich selbst, anerkennend, dass Sie ein Mensch sind mit besonderen Fähigkeiten und dass es Menschen gibt mit anderen Fähigkeiten. Der PowerThinker erkennt, dass jeder Mensch einmalig ist und beginnt bei sich selbst, denn er weiß, dass er auch die anderen nicht mehr achten kann als sich selbst. Das Gesetz der Resonanz – was Sie ausstrahlen, ziehen Sie auch an – wirkt hier im Besonderen.

Heben Sie Ihre Selbstachtung und nennen Sie Ihren vollen Namen: Bauen Sie Ihre Selbstachtung auf, indem Sie sich den Menschen immer mit vollem Namen vorstellen. Guten Tag, Frau Müller, mein Name ist Antony Fedrigotti oder ich bin Antony Fedrigotti. Schauen Sie Ihrem Gegenüber in die Augen, auch wenn es Ihnen schwer fällt. Lächeln Sie Ihr Gegenüber an. Melden Sie sich am Telefon immer mit vollem Namen. Sie sind Vor- und Zuname. Dies steigert die Selbstachtung erheblich.

Nehmen Sie an und sagen Sie einfach „Danke!": akzeptieren Sie Komplimente bewusst. Wenn jemand sagt „Sie sehen heute großartig aus", dann sagen Sie „Danke!" Lobt jemand Ihren Geschmack, bedanken Sie sich. Loben die Gäste Ihr Essen, sagen Sie nicht: „Na ja, normalerweise gelingt es mir ja besser, es hat heute einen etwas faden Geschmack!" Sagen Sie einfach „Danke!" Lobt jemand Ihre Kleidung, sagen Sie nicht, es sei ein altes Stück. Freuen Sie sich und sagen Sie „Danke!"

Sagen Sie Danke!

Ich empfehle Ihnen bewusst keinen Kommentar abzugeben, auch wenn Ihnen schon eine Entschuldigung auf der Zunge liegt. Sagen Sie lieber nichts. Es fällt anfangs schwer das zu tun, doch es lohnt sich. – Ein Sprichwort sagt: „Nur ein Dummkopf macht auf das Loch im Teppich aufmerksam, der Kluge stellt seinen Fuß darauf."

Ständig über Probleme zu sprechen erzeugt Negativität: Reden Sie nicht laufend von Ihren Probleme. Wenn Sie sich einmal mitgeteilt haben, sollte dies reichen. Hier sollten Sie allerdings einen großen Unterschied beachten: den zwischen Jammern und Lösungen Suchen. Permanent darüber reden, klagen, sich selbst bemitleiden und dabei ein schlechtes Gefühl haben, das hindert Sie und zieht Ihre Energie in den Keller. Mit Menschen zu reden, die Ihnen helfen können und eine Lösung mit Ihnen erarbeiten, baut Sie auf. Wir werden das in einem späteren Kapitel im Detail erläutern. Denken Sie bitte immer daran: Wenn Sie über Ihre Probleme reden, erzählen Sie über sich und über Ihre bis jetzt gelebte „Unfähigkeit", diese zu lösen. Fördert dies die Selbstachtung? Wohl kaum! Ihre Probleme spiegeln Ihren Charakter wider. Jeder Mensch hat seine Probleme, seine Probleme teilen seine Einstellung, sein Verhalten mit. Ein PowerThinker weiß, dass jeder Mensch mithört und bewusst oder unbewusst zwischen den Zeilen liest.

Ihre Probleme spiegeln Ihren Charakter wider.

Ändern Sie Ihre Sprache und nutzen Sie das kraftvolle Sprechen, das PowerTalking: Selbstachtung kann, ja muss erlernt werden. Der Power-Thinker übt sie jeden Tag. Schon deswegen, weil er damit sein Selbstbild aufbaut, also in der Gegenwart lebt. Er schenkt sich und den Menschen Achtung und Be-Achtung. Er wertet die Schöpfung auf.

3. Ich erweitere ständig mein Wissen

Wir leben heute im Zeitalter der Information und Kommunikation, und das Wissen dieser Welt verdoppelt sich in immer kürzeren Zeitabständen. Wenn Sie heute mit einem Computer arbeiten, haben Sie noch dasselbe Betriebssystem wie vor fünf Jahren? Ich nicht. Ich musste das System ständig „updaten", und

> *Der Erfolgreichste ist gewöhnlich auch der Bestinformierte.*
> Benjamin Disraeli

wenn ich es nicht getan hätte, könnte ich die neuen Programme nicht benutzen. Natürlich hätte ich mich weigern können, das hätte die Programmentwicklung nicht gestoppt, aber ich wäre stehengeblieben, hinter andere zurückgefallen. Ob es mir gefällt oder nicht: Mitziehen oder zurückbleiben, das sind die einzigen Möglichkeiten.

Nun, wie sieht es mit unserem internen Programm aus? Die Verhaltensweisen, die wir in der Kindheit, später in der Schule und dann im Beruf gelernt haben, haben wir sie jemals überprüft, ob sie noch sinnvoll sind? Wer von uns führt einen Check durch, um festzustellen, ob er noch mit der Software des Fünfjährigen, der er mal war, arbeitet? Als Baby haben Sie vielleicht die Feststellung gemacht, dass es sehr sinnvoll ist zu schreien. Da kam jemand, der Sie versorgt, der Sie getröstet und Ihnen Zuwendung und Aufmerksamkeit gegeben hat. Später hat das nicht mehr so funktioniert, niemand kam zur Hilfe. Sie beschlossen sich zu ärgern, wenn Ihnen etwas fehlt. Diesen Ärger fressen Sie in sich hinein und schaden so Ihrer Gesundheit und Ihrer Persönlichkeit. Was früher Sinn machte, ist heute vielleicht hinderlich. Ohne Erweiterung des angewandten Wissens werden Sie keine Herausforderungen meistern.

> *Der Fortschritt lebt vom Austausch des Wissens.*
> Albert Einstein

Das verfügbare Wissen der Menschheit hat sich jeweils in folgenden Zeiträumen verdoppelt: 1800 bis 1900, 1900 bis 1950, 1950 bis 1960, dann alle fünf Jahre. Mittlerweile gehen die Wissenschaftler davon aus, dass sich alle zwei bis drei Jahre das gesamte Wissen der Menschheit verdoppelt und diese Zeitspanne noch kürzer werden wird. In den letzten 100 Jahren wurden mehr Entdeckungen gemacht als in den letzten 10.000 Jahren. Es ist daher von größter Bedeutung, ständig unser Wissen zu erweitern, dies öffnet uns ganz neue Möglichkeiten. Der PowerThinker kennt die Macht des Wissens und lernt ständig dazu. Manche Menschen haben beschlossen, nach der Schule nicht mehr zu lernen. Als ich mit 15 Jahren die Schule verließ, sagte ich mir, und das weiß ich noch, als wäre es gestern gewesen: „Ich bin froh, dass die Schule zu Ende ist und ich nicht mehr lernen muss! Ich werde nicht studieren, auch wenn ich es später bereue." Ich lag richtig, ich habe es wirklich bereut, und das viele Jahre. Heute lerne ich freiwillig so viel, wie ich es mir nie hätte träumen lassen. Und ich weiß, das ist erst der Beginn.

Das Großartige ist, dass Sie heute Hunderte, teilweise Tausende von Büchern bekommen, wenn Sie auf einem Gebiet wie dem des Verkaufens, der Menschenführung, der aktiven Lebensgestaltung, des Lebenssinns, der Kindererziehung, der Karriere oder was immer Ihnen wichtig ist, vorne sein wollen. Sie können am Wissen vieler Menschen teilhaben, die sich, manchmal ein Leben lang, mit diesem Thema beschäftigt haben. Sie erfahren in wenigen Stunden die Essenz jahrzehntelanger Arbeit und deren Ergebnisse. Es gibt drei wichtige Quellen, um an neues Wissen zu kommen

Wissensquelle Nr. 1: Das Lesen. Brain Tracy, ein weltbekannter Trainer, empfiehlt jedem, täglich eine Stunde über sein Fachgebiet zu lesen. Es sagt, wenn Sie das tun, gehören Sie in wenigen Jahren zu den Spezialisten auf Ihrem Gebiet. Lesen bringt Sie in neue Denkrichtungen, erweitert Ihren Horizont und hilft Ihnen enorm dabei, Ihre Ziele zu erreichen. Üben Sie eine Schnelllesemethode. Ich habe einen Kurs für Photoreading besucht und spare nun viel Zeit damit. Der PowerThinker weiß: Wer nicht liest, ist nicht besser dran als jemand, der nicht lesen kann!

Wissensquelle Nr. 2: Das Hören. Es gibt heute sehr viele Hörbücher. Mit diesen, auch Audiobooks genannt, haben Sie eine geniale Möglichkeit, neues Wissen ständig zu wiederholen. Überlegen Sie bitte, wie viele Stunden Sie im Auto verbringen. Dieses Potenzial an Stunden kann für

Sie in Zukunft aktive Lernzeit werden. Das Hörbuch ist eines der wichtigsten und beliebtesten Dinge in meinem Leben geworden, seit ich 1988 dieses Medium entdeckt habe. Wo ich früher lange Autofahrten als Zeitverschwendung gesehen habe, ist heute Raum für Bildung. Inzwischen höre ich die Audioprogramme auch beim Radfahren, im Fitnessstudio oder einfach morgens einige Minuten im Bad.

Wissensquelle Nr. 3: Seminare. In Trainings und Seminaren haben Sie die Möglichkeit Wissen konzentriert zu erfahren und persönlich zu erleben. Seminare sind eine enorme Wissensquelle, die Ihnen komprimiert in kurzer Zeit viele Umwege ersparen kann. Manch einer gibt für seinen Urlaub und für seine Kleidung mehr Geld aus als für sein Wissen. Dabei ist es durch mehr Wissen und seine Anwendung auch möglich mehr zu verdienen. Ohne neues Wissen können Sie immer nur nach den Erfahrungen handeln, die Sie bis heute gemacht haben. Um weiterzukommen, ist es unerlässlich, an sich zu arbeiten und den Horizont zu öffnen. Es ist Ihre Entscheidung. Entscheiden Sie, wo Sie hin möchten und wählen Sie den kürzesten Weg.

4. Ich führe gute Selbstgespräche

Die Technik dazu ist die Gedankendisziplin. Wenn Sie wissen, was Sie denken, können Sie Ihre Gedanken ändern und kraftvoll, positiv und aufbauend von sich sprechen. Wir führen laufend interne Selbstgespräche. Den ganzen Tag laufen sie ab. Sie können es nicht verhindern. Sie haben aber die Wahl, sie zu steuern. Laufen sie unbewusst, erzeugen sie trotzdem Ursachen, denn kein Gedanke geht verloren. Steuern Sie sie, dann setzen Sie bewusst Ursachen, und das ist aktives Leben, aktiver Fortschritt und ständige Entwicklung.

Betreiben Sie Psychohyghiene, indem Sie Ihre Gedanken laufend mit Ihrer positiven Grundhaltung erhöhen. Denken Sie generell aufbauend und zielgerichtet, positiv und hilfreich. Segnen Sie in Gedanken, schicken Sie Menschen liebevolle Gedanken. Wenn Sie von einem Menschen enttäuscht werden und denken, er sei ein Idiot, dann entschuldigen Sie sich im Geiste und wünschen Sie ihm alles Gute. Er hat einen Grund für sein Verhalten und Sie wollen sich ja nicht auf sein Niveau herablassen, oder? Noch wichtiger dabei ist, dass diese Gedanken Ihr Selbstbild prägen, und daher sollten Sie aus purem Egoismus gut von anderen denken – aber bitte nicht leichtsinnig sein. Denn Sie können vom anderen das Beste denken und werden dann trotzdem betrogen. Nicht heucheln, sondern

> Denken Sie generell aufbauend und zielgerichtet, positiv und hilfreich.

klar sein und aus eigenem Interesse Negatives gar nicht zulassen. Denken Sie das Beste und seien Sie achtsam. Sorgen Sie immer dafür, dass Sie positiv sind. Der interne Dialog läuft ständig. Führen Sie ihn zum eigenen Vorteil, damit Sie sich aufbauen und zielgerichtet intern kommunizieren. Ein PowerThinker übt die PGH und lebt positiv.

5. Ich erkenne meine Arbeit an

Schätzen und achten Sie, was Sie in ihrem Beruf tun? Erinnern Sie sich an die Sinnesverwandtschaft von Beruf und Berufung: Egal was Sie machen, geben Sie das Beste –, und erkennen Sie es vor allem selbst an. Ohne diese Anerkennung ziehen Sie sich geistig herunter.

Ihre Arbeit ist Ihr Leben. Sie üben diesen Beruf aus, weil Sie sich dazu entschieden haben. Egal, was Sie tun, lassen Sie sich von niemandem negativ beeinflussen. Tun Sie das, was Sie tun, von ganzem Herzen, denn Sie haben immer die Wahl zu wechseln.

6. Ich setze meine eigenen Maßstäbe

Entscheiden Sie, was in Ihrem Leben für Sie wichtig und gut ist. Folgen Sie nicht allgemeinen Forderungen, sondern entscheiden Sie ganz klar, was Sie wollen. Dazu hilft Ihnen die vorgestellte Zielmethode. Wenn Sie keine Maßstäbe setzen, werden Sie ständig im Mangel leben oder dem hinterher springen, was andere Ihnen diktieren. Es wird nie genug sein, egal was Sie haben. Einen eigenen Maßstab haben, heißt auch eigene Grenzen setzen. Sie entscheiden, wann Sie sich wohl fühlen, ob mit viel oder wenig Geld, ob in einem kleinen oder großen Haus, ob angestellt oder selbstständig. Es ist einzig Ihre Entscheidung.

Wenn Sie sich keine Grenzen setzen und Sie somit keine klaren Vorstellungen haben, besteht die große Gefahr, dass Sie für den allgemeinen Konsum offen sind. Andere bestimmen für Sie, wenn Sie es nicht selbst tun. Sie wissen, warum Werbung so gut funktioniert! Ein PowerThinker steckt sich im Laufe der Zeit bewusst seine eigenen Grenzen und öffnet sich für seine Möglichkeiten.

7. Ich analysiere und achte meine Fähigkeiten

Sie haben bestimmt schon viele Fähigkeiten entdeckt und vielleicht konnten Sie diese ergänzen. Geben Sie ihnen jetzt die gebührende Bedeutung? Ihre Fähigkeiten, in der Kombination mit Ihrer Persönlichkeit und Ihrer Problemerfahrung, sind einmalig. Ihre ganze Vergangenheit, jedes bewältigte Problem ist eine Fähigkeit, die in dieser Art einmalig ist, einfach weil Sie einmalig sind. Achten Sie in Zukunft auch verstärkt auf die Fähigkeiten, mit denen Sie bis heute kein Geld verdient haben, mit künstlerischen, sportlichen, sprachlichen und menschlichen Fähigkeiten. Geben Sie ihnen gebührende Achtung, erfreuen Sie sich daran und bauen Sie sie aus. Beobachten Sie sich, um zu erkennen, was Ihnen besonders Spaß macht.

> Ihre Vergangenheit ist Ihr wertvolles immaterielles Kapital.

8. Ich belohne mich

Belohnung motiviert. Wenn Sie ein Vorhaben durchgeführt haben, ist das ein guter Grund, sich selbst zu belohnen. Wie werden Tiere motiviert Dinge zu tun, die sonst nicht zu ihrem natürlichen, alltäglichen Verhalten gehören? Sie werden jedes Mal belohnt. Ich habe eine Delfindressur beobachtet. Jedes Mal, wenn er etwas gut gemacht hat, bekam er einen Fisch. Er hat dann gerne seine Späße vorgeführt. Er war motiviert, weil er belohnt wurde.

Nehmen Sie sich kleine Ziele vor und feiern Sie diese. Es muss nicht immer eine Tafel Schokolade sein. Eine Kleinigkeit genügt schon. Wichtig ist, dass Sie selbst Maßstäbe setzen, sich und Ihre Leistung anerkennen und belohnen. Ihre Mitar-

> Feiern Sie kleine Schritte.

beiter, Ihre Kinder und sogar Ihre Haustiere belohnen Sie. Also genehmigen Sie sich nach jedem erreichten Etappenziel etwas Schönes, Angenehmes, das fördert Ihre Motivation. Ein PowerThinker belohnt sich bewusst, weil er weiß, dass er dadurch seine Erfolge feiert und sein Unterbewusstsein diesen „Kick" aufnimmt, um den nächsten Schritt besser und schneller zu erreichen.

Im Wort „Belohnung" schwingt „lohnen" mit: Es soll sich lohnen, wenn Sie gut sind. Es soll sich lohnen, wenn Sie etwas geleistet haben. Ihr Lohn kann eine Entspannung sein, ein netter Abend mit Ihrer Frau/Ihrem Mann, einige Stunden mit Ihren Kindern zu spielen ohne schlechtes Gewissen, einfach weil Sie es wert sind, weil Sie es verdient haben. Ihr Lohn kann auch ein kurzer Ausflug, ein Urlaub, eine schöne CD, ein Treffen mit Freunden, eine Party, ein Kleidungsstück, ein nettes Gespräch, ein kleines Geschenk oder vieles andere sein. Wichtig ist, dass es für Sie ein bewusster Lohn ist, etwas, was Sie sich sonst nicht alltäglich gönnen.

9. Ich freue mich am Erreichten

Je mehr Sie sich am Erreichten erfreuen können, umso leichter werden Sie das nächste Ziel erreichen. Wenn Sie sich richtig freuen und es somit genießen können, dann tun Sie das Beste für Ihre eigene Motivation.

> Dankbarkeit zieht Gutes an.

Gleiches zieht Gleiches an. Betrachten Sie nicht alles als selbstverständlich. Sehen Sie Ihre Fortschritte und das Erreichte und erlauben Sie sich die Freude daran. Sie haben es geschaffen, Sie haben etwas erreicht, seien Sie dankbar. Geben Sie dem Positiven eine besondere Bedeutung.

10. Ich motiviere mich durch das Handeln

Die beste Motivation ist immer noch der Erfolg. Er motiviert weiterzumachen, nichts ist erfolgsfördernder als Erfolg. Handeln Sie als wichtigsten Schritt „nach" der Selbstmotivation – schreiten Sie zur Tat. Für die Triebfeder in sich selbst sind auch nur Sie selbst zuständig, nur so können Sie auch andere anstecken. Spornen Sie sich mit den vorgenannten Punkten täglich neu an. Sie sind Ihr bester Motivator.

Kürzlich hatte ich ein Gespräch mit einem Unternehmer, der mich für einen Motivationsevent gebucht hatte. Er sagte mir: „Ich stelle niemanden ein, der nicht motiviert ist." Ich war erstaunt, denn ist das nicht die Aufgabe des Unternehmers? Er antwortete: „Wenn ich jemanden anspornen muss, hat derjenige keine Selbstmotivation, und dann müsste ich das jeden Tag tun. Ich habe die Aufgabe, eine Firma zu führen, und will daher nur mit eigenmotivierten Mitarbeitern zusammenarbeiten." Es war einleuchtend und ich habe wieder eine Bestätigung erhalten, wie wichtig die Eigenmotivation ist.

Kennen Sie den Wert Ihrer Motivation?

Der PowerThinker motiviert sich täglich von neuem selbst. Er freut sich an der Tatsache, dass er Verantwortung hat und führen darf. Er braucht keine fadenscheinigen Streicheleinheiten von seinen Vorgesetzten, sondern er schaut genau hin und erkennt bewusst, wer was sagt und wie meint. Er motiviert sich selbst und gibt sich selbst Anerkennung, ohne überheblich zu sein.

PowerThinker sind motiviert durch das Wachstum ihrer Kinder. Sie erfreuen sich an der Entwicklung und wissen daher, für wen sie arbeiten. Ihr Ansporn ist ihre Familie, in die sie eine gute Schwingung bringen. Sie motivieren sich in Freude und Gemeinsamkeit.

PowerThinker motivieren sich, indem sie ihre Arbeit gerne ausführen und sich bei allen kleinen Erfolgen bewusst freuen. Sie aktivieren die innere Triebfeder über das Unterbewusstsein, weil sie Schritt für Schritt das erreichen, was sie sich vornehmen. Fremdmotivation genießen sie, sind aber nicht davon abhängig.

16. Ein PowerThinker entscheidet und handelt

Bestimmung beinhaltet „bestimmen". Wir bestimmen, entscheiden, laufend, den ganzen Tag, solange wir wach sind. Jeder unserer Gedanken ist eine Entscheidung: ob und mit welchen Menschen Sie sich umgeben, solchen, die Sie fördern oder solchen, die Sie negativ beeinflussen; ob Sie im Fernsehen Sendungen anschauen, die Sie aufbauen, oder ob Sie Horror und Negativnachrichten den Vorrang geben; wie Sie sich Ihrem Partner gegenüber verhalten, wie Sie auf ihn reagieren.

> Jeder unserer Gedanken ist eine Entscheidung.

Es sind alles Entscheidungen – Kleinigkeiten, die letztlich das Leben ausmachen. Es sind immer nur Kleinigkeiten. Genauso wie eine Stunde aus 3.600 „kleinen" Sekunden oder aus 60 Minuten besteht. Wollen Sie die Zeit nutzen, so gilt es, den Augenblick, die Sekunde, die Minute zu nutzen, denn daraus besteht Ihr Leben.

Jede Handlung ist eine freie Entscheidung, und wenn Sie nun einwenden, so einfach sei das nicht, es gäbe Zwänge und Bestimmungen, man müsse ja reagieren, man könne doch nicht einfach alles hinnehmen – dann haben Sie natürlich Recht. Es gibt Zwänge, die Frage ist, wie lange Sie sich den Zwängen auszuliefern entscheiden.

Handeln Sie kreativ oder reaktiv?

Kreativ bedeutet beeinflussend und bestimmend, während reaktiv nur ausführend ist, d.h. uns jemand oder etwas handeln lässt. Eine Reaktion wurde irgendwann einmal bestimmt und als Programm eingespeichert. Es sind erlernte Programme, wir entscheiden somit nicht frei. Wer immer so handelt wie in der Vergangenheit, wird auch immer nur so weit kommen, wie er in der Vergangenheit gekommen ist.

Eine „Ent-Scheidung" treffen heißt immer wählen, „sich scheiden lassen" heißt „sich trennen". Jede Entscheidung bewirkt das Loslassen einer bestimmten Einstellung oder Haltung. Stellen Sie sich vor, Sie haben beide Hände vollgepackt mit Einkaufstaschen, schwer und unhandlich. Was können Sie jetzt noch aufnehmen und tragen? Sie sind froh, wenn

Sie bald loslassen können, vom Noch-mehr-Draufpacken kann nicht die Rede sein. Erst die Entscheidung, die Tüten abzustellen, bringt Befreiung. Raum für Neues bekommen Sie nur, wenn Sie das Alte loslassen.

Stellen Sie sich diese Fragen in Ihrem Erfolgsjournal und beantworten Sie sie gleich:

● Was hat Sie in der Vergangenheit immer wieder gebunden?
● Von welchen alten, überholten Einstellungen oder Vorstellungen sollten Sie sich trennen?
● Was haben Sie zu verlieren, wenn Sie diese Einstellungen loslassen?

> *Kein fauler Mensch ist jemals sicher, ob er reich oder arm, weiß oder schwarz, gebildet oder ungebildet ist.*
> Booker T. Washington

Werfen Sie alte Sichtweisen über Bord und treten Sie in Aktion. Handeln wird im Duden definiert mit: „einer Notwendigkeit o.a. folgend tätig werden, eingreifen, in bestimmter Weise vorgehen." Ohne Handlung kein Ergebnis. Handeln ist eine Voraussetzung.

● Wenn Sie depressiv sind, handeln Sie und verschaffen Sie sich Bewegung.
● Wenn Sie kein Geld haben, handeln Sie und suchen Sie neue Wege.
● Wenn Sie krank sind, handeln Sie und befolgen Sie die Ratschläge des Arztes.
● Wenn Sie zu dick sind, handeln Sie und nehmen Sie ab.
● Wenn Sie traurig sind, handeln Sie und springen Sie in die Luft.
● Wenn etwas nicht klappt, handeln Sie und probieren Sie es anders.

„Wenn nicht so, wie dann?" ist die Frage des PowerThinkers! Mit den richtigen Fragen kommen Sie in eine andere Energie, Ihr Bewusstsein richtet sich aus auf Lösungen und Möglichkeiten. Für jedes Problem gibt es bereits eine Lösung, sie muss nur entdeckt werden.

● Was wollen Sie erreichen?
● Was ist derzeit Ihr größtes Hindernis?
● Was können Sie sofort tun, um zu beginnen?

Was unternimmt ein Sportler, wenn er seine Spitzenleistung nicht erreicht hat? Richtig, er trainiert weiter. Er handelt. Handeln heißt bewegen. Was können Sie jetzt unternehmen, damit Sie Ihren wichtigsten Zielen näherkommen? Wie oft treten Sie in Aktion?

Vieles geschieht nicht, weil zu viel überlegt wird. Wie oft wurde schon davon geträumt, endlich das Bild fertigzumalen, den Kunden anzurufen, den Keller aufzuräumen, einfach mit der Frau essen zu gehen oder mit den Kindern ein paar nette Stunden zu verbringen? Wie oft waren die Vorsätze schon da? Aber „der Weg zur Hölle ist mit lauter guten Vorsätzen gepflastert" heißt es im Volksmund. Entscheiden und handeln Sie jetzt. Sie können wählen. Kennen Sie die magischen 72 Stunden, wie sie mein Kollege Jörg Löhr nennt? Er empfiehlt sofort ins Handeln zu kommen und sofort zu entscheiden, was Sie innerhalb der nächsten 72 Stunden unternehmen können, um Ihren Wünschen und Ihren Zielen näherzukommen.

Entscheiden Sie jetzt, was Sie in den nächsten 72 Stunden, also innerhalb von drei Tagen, unternehmen werden, um Ihren Zielen näherzukommen oder Probleme zu lösen oder loszulassen.

_____

_____

Schreiben Sie sich sieben Dinge auf, die Sie innerhalb der nächsten 72 Stunden erledigen oder beginnen können.

1. _____

2. _____

3. _____

4. _____

5. _____

6. _____

7. _____

Ein PowerThinker handelt in allem, was seinem Ziel dient, er wartet nicht. Lieber eine falsche Entscheidung als nie eine Entscheidung. Wohlgemerkt, immer bedacht, mit Verstand und Emotion, nicht blind aktionieren, im Gegenteil, überlegt handeln bringt Erfolg.

Entscheiden Sie? Handeln Sie?

Der PowerThinker weiß, dass Entscheidungsschwäche gleich Führungsschwäche ist. Er erlaubt sich in Zukunft Fehler, die durch Entscheidungen eintreten können. Er ist aber bereit mehr zu entscheiden und mehr zu handeln. Er weiß, dass *keine* Entscheidung auch eine Entscheidung ist und dass durch Nichthandeln (und die damit verbundenen Vermeidungsstrategien) sehr viel Energie blockiert wird.

PowerThinker entscheiden täglich neu, was für ihre Kinder in der Erziehung gut ist. Sie handeln in Übereinstimmung mit der gesamten Familie und lassen sich nicht treiben. Die PowerEltern wissen, wann es Zeit ist zu handeln oder Zeit zu warten.

PowerThinker entscheiden sich für die Firma und handeln in allen Tätigkeiten, die notwendig sind. Sie schieben nichts auf, sondern machen lieber etwas falsch, als dass sie gar nichts machen nach dem Motto: „Nur wer nichts tut, kann auch nichts falsch machen."

17. Nichts dem Zufall überlassen

Betrachten wir das Wort Zufall, so können wir dahinter eine tiefere Bedeutung erkennen: zu*fall*en, es fällt etwas zu. Jeder Zu-Fall ist die Folge von etwas Vorausgegangenem. Er ist zugeschnitten auf den Empfänger. Haben Sie schon einmal einen erfolgreichen Menschen sagen gehört: „Zufällig habe ich die Firma aufgebaut!" Oder: „Zufällig habe ich eine robuste Gesundheit, zufällig ein gefülltes Bankkonto!" Oder sagen Sie sich vielleicht: „Zufällig hat mir mein Arbeitgeber mein Gehalt überwiesen!" Haben Sie jemals von einem Spitzensportler gehört, er habe an dem Wettbewerb teilgenommen und zufällig sei der Sieg über ihn hereingebrochen? Wohl kaum! Aber Sie kennen solche Aussagen:

- „Der Zufall hat es so gewollt!"
- „Ich war zufällig zur falschen Zeit am falschen Ort!"
- „Zufällig habe ich einen schlechten Zeitpunkt erwischt!" etc.

Für Negatives haben wir häufig „zufällige" Erklärungen. Wir geben dem Wort verschiedene Bedeutungen. Gefällt es uns, was uns scheinbar zufällt, nennen wir es Glück, ist es negativ, nennen wir es Pech. Die Frage, die sich dabei immer wieder stellt, ist: Wer bestimmt diesen Zu-fall? Und haben wir die Möglichkeit, unsere eigenen Zufälle zu schaffen?

> Zufall ist ein Wort ohne Sinn; nichts kann ohne Ursache existieren.
>
> Voltaire

Glück oder Unglück sind die Ergebnisse ein und derselben Energie, unserer Energie. Durch fehlende Kontrolle unserer Gedanken und Gefühle, durch Grübeln oder Furcht schaffen wir permanent neue Energie und somit entstehen neue Ursachen.

Zufall ist interessant und spannend, solange Sie nicht die eigene Verantwortung übernehmen. Sobald Sie bewusst hinschauen, bewusst wahrnehmen, erkennen Sie die Hintergründe so genannter Zufälle. Planen Sie Ihr Leben und Sie werden erkennen, dass Ihnen Positives zu-fällt. Sie können auch „zufällig" die richtigen Menschen kennen lernen. Sie können „zufällig" zur richtigen Zeit am rechten Ort sein. Sie können „zufällig" Ihren Bahnanschluss verpassen, um vor einem Unglück geschützt zu werden. Je mehr Sie die Eigenverantwortung für Ihr Verhalten, Ihr Denken und Ihr Fühlen übernehmen, umso weniger werden Ihnen unerwünschte „Zufälle" begegnen. Schaffen Sie sich die Zufälle, die Sie brauchen, um Ihre Ziele zu erreichen. Es gibt nur wenig, was sich wirklich Ihrem Einfluss entzieht.

Um den Zu-Fall zu beeinflussen, ist es wichtig die Verantwortung für sich und sein Verhalten zu übernehmen. Dann werden immer mehr Zufälle ins Leben treten, die Ihnen angenehm sind. Das ganze System des PowerThinkers baut darauf auf, dass Sie Ihren Zufall nach Ihren Vorstellungen gestalten. Die Planung, was genau Sie von sich und vom Leben erwarten, ist dabei entscheidend, denn manche verwechseln Fehlplanung mit Schicksal.

Glauben Sie ans Schicksal?

Ein PowerThinker weiß, dass er nicht zufällig den Platz einnimmt, an dem er gerade ist. Er gibt dem Zufall wenig Raum. Er kennt die Gesetze und steuert folglich die „Zufälle". Tritt Unvorhergesehenes auf, denkt er in Lösungen und betrachtet dies nicht als Zufall, sondern als Schritt zur Strategieänderung, um neue, bessere Erfolge zu erzielen.

PowerThinker wissen, dass die Früchte der Erziehung kein Zufall, sondern intensives ständiges Arbeiten an sich und den Idealen ist.

PowerThinker ergeben sich nicht dem Zufall, sondern schaffen die gewünschten Ursachen. Sie wissen, dass der Arbeitsplatz nicht zufällig wegfällt. Sie übernehmen die Verantwortung und suchen nach „Zu-Fällen, die der Problemlösung dienen.

18. Mehr leisten als andere erwarten

Vielleicht sind Ihnen auch Menschen bekannt, die glauben, alles käme von alleine: Gehaltserhöhung, harmonische Familie, Selbstbewusstsein oder berufliche Karriere. In der Realität sieht es anders aus. Wenn Sie genau hinschauen, werden Sie erkennen, dass jedes Ergebnis zuerst eine Leistung erfordert hat. Eine Gehaltserhöhung werden Sie nur durch eine bessere Leistung bekommen. Eine harmonische Familie werden Sie nur haben, wenn Sie zuerst Harmonie verbreiten, und Selbstbewusstsein werden Sie nur erhalten, wenn Sie ständig an sich arbeiten. Die berufliche Karriere wird Ihnen nicht geschenkt, Sie werden mehr geleistet haben, das ist den Vorgesetzten aufgefallen und dann sind Sie befördert worden. Es kommt nichts von alleine, auch wenn uns das immer wieder vorgegaukelt wird.

> *Leiste mehr als das, für das du bezahlt wirst, und du wirst bald mehr bezahlt bekommen, als du leistest. Dafür sorgt das Gesetz vom 'zunehmenden Gewinn'.*
>
> Napoleon Hill

Napoleon Hill, der amerikanische Erfolgsautor, schreibt in seinen Gesetzen des Erfolges: „Leiste mehr als das, für das du bezahlt wirst, und du wirst bald mehr bezahlt bekommen, als du leistest. Dafür sorgt das Gesetz vom 'zunehmenden Gewinn'."

Kennen Sie das Zauberwort ZUERST?

- Zuerst säen und dann ernten!
- Zuerst Freude verbreiten, dann Freude ernten.
- Zuerst Liebe geben, dann Liebe erhalten.
- Zuerst motiviert sein, dann andere motivieren.
- Zuerst mehr Leistung erbringen, dann mehr fordern.
- Zuerst investieren, dann gewinnen.

Manch einer lebt nach der Maxime: „Ofen, wärme mich, dann gebe ich Dir Holz!" Stellen Sie sich vor, ein Bauer sagte sich: „Wenn dieses Jahr hier Mais wächst, werde ich nächstes Jahr Mais aussäen." Er würde sehr schnell verhungern. In der Natur wissen wir, dass wir bestimmte Reihenfolgen, bestimmte Gesetze einhalten müssen. In der Lebensführung ist es genauso.

Normale Leistungen reichen heute nicht mehr aus. Die Zeit fordert uns ständig, und wenn Sie Großes erreichen möchten, ist es wichtig, zuerst groß zu denken, dann groß zu handeln. Das Zauberwort „zuerst" wird Ihnen viele Türen und Möglichkeiten öffnen. Es ist auch der Schlüssel zum Gesetz von Ursache und Wirkung, dem Gesetz von Saat und Ernte.

Ihre Grundhaltung erfordert auch das „zuerst":

- Sehen Sie sich zuerst erfolgreich, um erfolgreich zu werden.
- Sehen Sie sich zuerst reich, um reich zu werden.
- Sehen Sie sich zuerst gesund, um gesund zu werden.
- Sehen Sie sich zuerst am Ziel, um dort gut anzukommen.

„Zuerst" ist der Schlüssel zum Unterbewusstsein, denn Ihr Unterbewusstsein handelt danach. Glauben Sie nicht, dass die Gesetze des Unterbewusstseins umgangen werden können. Die Praxis zeigt: Sie

> Ein Aufgeber gewinnt nie, und einer der gewinnt, gibt nie auf.

können alles erreichen, was Sie zuerst im Geiste erreicht haben. Als Erstes in sich selbst zu investieren ist ein wunderbarer Schlüssel zur persönlichen Entwicklung. Es ist eine Investition mit der Garantie, dass das Ergebnis sicher eintritt.

Was leisten Sie?

Der PowerThinker weiß, dass durchschnittliche Leistung nur durchschnittliche Ergebnisse bringt. Mehrleistung ist der Schlüssel zum Erfolg. Alle erfolgreichen PowerThinker kennen die Regel „40 plus": Vierzig Stunden sichern die Existenz, alles darüber sichert die Karriere. Oder wie der Lyriker Robert Lee Frost (1874–1963) scherzhaft sagte: „Wenn Du gewissenhaft acht Stunden pro Tag arbeitest, wirst du vielleicht irgendwann mal Chef und kannst zwölf Stunden pro Tag arbeiten."

PowerThinker helfen ihren Kindern bei den Aufgaben. Sie investieren mehr Zeit in ihre Kinder, weil sie wissen, dass dies die beste Investition für die Zukunft ist. Sie leisten mehr als von ihnen erwartet wird.

PowerThinker bringen ständig Mehrleistung. Nicht als Muss, sondern freiwillig. Ein PowerWorker weiß, wenn er immer nur das tut, für das er bezahlt wird, dann wird er immer nur für das bezahlt, was er tut. Ein PowerWorker lebt nach dem Motto des amerikanischen Industriellen Charles M. Schwab (1862–1939): „Die beste Investition, die ein junger Mann möglicherweise zu Beginn seiner Karriere machen kann, ist, all seine Zeit zu opfern, all seine Energien für die Arbeit zu verwenden, für schlichte, harte Arbeit."

19. Die Gesetze des inneren Bewusstseins

Bisher wurde es stets als „Unterbewusstsein" bezeichnet, aber ich möchte es ab sofort das „innere Bewusstsein" nennen. Das Wort „unter" hat den Beigeschmack von „weg", „nicht erreichbar", „nicht zugänglich", „untergeordnet". Inneres Bewusstsein ist in unserem Kontext besser. Es ist in Ihnen.

Der Begriff „inneres Bewusstsein" spiegelt seine Bedeutung treffend. In Ihnen ist das innere Bewusstsein zuständig für alle selbstständigen Funktionen. Ihm kommt größte Bedeutung zu, denn es steuert indirekt unsere gesamten lebenserhaltenden Funktionen. Es sorgt dafür,

> Ihr inneres Bewusstsein ist Ihr bester Freund, Tag und Nacht dient es Ihnen.

dass nachts das Blut im Körper in ca. 1.440 Kilometer Arterien und Kapillaren zirkuliert und dass während des Schlafes das Gehirn mit Sauerstoff versorgt wird, es arbeitet in uns Tag und Nacht ohne Ruhepause.

Alle Programme, alle Erfahrungen sind im inneren Bewusstsein gespeichert. Ändern Sie in Ihrem inneren Bewusstsein ein Programm, wird es alles daran setzen, dieses umzusetzen – ohne Überprüfung, ob gut oder schlecht. Sie können es erreichen, indem Sie in sich kehren, sich entspannen, ruhen, genießen, träumen, gute Musik hören, liebevollen, ruhigen Gedanken nachhängen.

Betrachten wir einmal die Funktionsgesetze des inneren Bewusstseins, können wir sehr viel entdecken, das wir in unser Leben integrieren können. Die Integration sinnvollen Wissens bietet das Fundament zu einem glücklichen, erfolgreichen Leben.

Die Funktionsgesetze des inneren Bewusstseins

1. Funktionsgesetz: Das innere Bewusstsein
versteht nur die bildhafte Sprache

Was für das Gehirn Worte sind, ist für das innere Bewusstsein das Bild. Jedes Wort wird sofort in die bildhafte Sprache umgewandelt. Aus diesem Grunde versteht das innere Bewusstsein auch keine Verneinungen. Wenn

Sie denken „ich will nicht hinfallen", verbildlicht es den Begriff „hinfallen". Die verneinende Form des Tätigkeitsworts wird nicht verstanden. Somit wird das Bild des Hinfallens verankert, statt des sicheren Gehens. Der Satz „Ich muss aufpassen, dass ich ja nicht hinfalle" müsste in Ihrem Geist, in Ihrer Vorstellungskraft ein Bild Ihres Fallens erzeugen, das aber nicht geschieht. Also: Fallen – nein, durchstreichen – eben nicht Fallen!

So kompliziert, so verneinend können wir das Bild nicht erzeugen. Daher bleibt letztlich das Bild der Tätigkeit, des Hinfallens. Ihr inneres Bewusstsein meint, Sie möchten dies erreichen, daher setzt es all seine Möglichkeiten in Kraft, genau das zu tun. Ihre Worte lösen die inneren Bilder aus. Deshalb funktioniert bei vielen Menschen auch das positive Denken nicht. Sie wollen zwar, aber zu oft lösen negativ formulierte Gedanken die falschen Bilder aus. Das kann nicht funktionieren.

Erst wenn positives Denken auch in der Vorstellung, im bildhaften Denken verankert ist, wirkt es tatsächlich und auf Dauer. Die Vorstellungskraft in Ihrem Gehirn liefert die Bilder für das innere Bewusstsein.

> Jede bildhafte Vorstellung, die uns erfüllt, hat das Bestreben sich zu verwirklichen, und die Vorstellungskraft ist lenkbar.

Wenn Sie somit schnellstens etwas erreichen möchten, dann sollten die Worte das Bild wiedergeben und beide sollten in Einklang stehen. Wort, Bild, Gefühl und Handlung sollten eine Einheit bilden.

Emil Coué hat dieses Funktionsgesetz in folgende Worte gekleidet: Jede bildhafte Vorstellung, die uns erfüllt, hat das Bestreben sich zu verwirklichen, und die Vorstellungskraft ist lenkbar.

Es bedeutet nicht, dass sich alles, was Sie sich vorstellen, auch erfüllt – es heißt nur, dass das Bestreben in diese Richtung geht. Entsprechend der Häufigkeit und der Intensität, mit der Sie das Bild aussenden, wird es verwirklicht. Wenn Sie laufend an Krankheit denken, ziehen Sie Krankheit in Ihr Leben. Wenn damit ein intensives Gefühl, z.B. Angst einhergeht,

> Gleiches zieht Gleiches an, so lautet das Gesetz der Resonanz.

werden Sie Krankheit noch schneller anziehen. Angst ist eine intensive Erfahrung. Dieses Gefühl bestätigt Ihr inneres Bild, Ihre Vorstellung. Je mehr Gefühle oder Emotionen diesem Bild gewidmet werden, desto schneller ist dessen Verwirklichung.

Denken Sie an Glück und Freude, versuchen auch diese wahr zu werden. Sie haben keine andere Resonanz in sich, das heißt, was Sie sich vorstellen, ist Ihre innere Wirklichkeit. Nach dem Gesetz der Anziehung wird folglich genau das angezogen. Sie lenken damit Ihre Vorstellungskraft – und die Schwingungen, die Sie aussenden, ziehen die gleichen Schwingungen an. Alle Gedanken wandeln sich in Bilder, und diese Vorgaben versucht nun das innere Bewusstsein zu verwirklichen. Es wertet nicht, es wählt nicht aus. Dazu ist es gar nicht befugt.

Erinnern Sie sich an die Kraft der Worte und die Aussage: Sagen Sie, was Sie meinen und wollen, und nicht, was Sie nicht wollen. Je klarer Ihre Sprache wird, umso klarer werden die Bilder und umso klarer die Ergebnisse.

2. Funktionsgesetz: Ihr inneres Bewusstsein nimmt Ihre Gefühle als Treibstoff

Über die Gedanken steuern Sie Ihre Gefühle und diese geben dem Bild den nötigen Treibstoff. Je stärker Sie sich gefühlsmäßig engagieren, desto intensiver ist die Aufforderung. Im Falle von Angst oder Furcht entwickeln die negativen Bilder eine immense Macht. Denken Sie daran, wie manche Menschen sich in ihren Hass hineinsteigern können! Oder wie wütend manche Menschen, die so genannten Choleriker, werden können. Es sind intensive Energien, die da freigesetzt werden und die genau das bestätigen, was die Personen im Grunde oft ablehnen.

Durch die Intensität Ihrer Gefühle geben Sie Ihrem inneren Bewusstsein ganz klare Anweisungen der Wichtigkeit, denn nur was Ihnen wichtig ist, damit beschäftigen Sie sich – ist doch logisch, oder? Die Gefühle zeigen die Intensität, die Wichtigkeit der Botschaft an. Worauf Sie

> Gefühle sind wichtiger als die Vorstellungskraft.

Ihre Aufmerksamkeit richten, dorthin fließt Ihre Lebensenergie. Und Ihre Lebensenergie ist der immaterielle Baustoff für Ihr inneres Bewusstsein.

Alle Gedanken und Vorstellungen sind von Gefühlen begleitet, die mehr oder weniger stark sind. Je stärker ein Gefühl ist, je stärker Sie gefühlsmäßig belastet sind, desto stärker ist der Einfluss auf die Prägung des inneren Bewusstseins. Haben Sie ein Versagerbild in sich, das Sie auch noch mit frustrierten Gefühlen aufladen, ist dies ein klare Anweisung für das innere Bewusstsein, tatsächlich zu versagen. Haben Sie ein Bild der Hochstimmung, des Sich-Freuens und Genießens in sich, ist dies eine Anweisung an Ihr inneres Bewusstsein, sich der Freude zu widmen.

Das Gefühl entscheidet, wie schnell ein Ziel erreicht wird bzw. wie wichtig es Ihnen ist.

Was für einen Motor das Benzin ist, ist für das innere Bewusstsein das Gefühl. Je sauberer das Benzin, umso besser und intensiver die Verbrennung und umso größer die Wirkung. So versteht es auch das innere Bewusstsein: Je klarer und intensiver die Gefühle, desto stärker der Auftrag.

> Je klarer und intensiver die Gefühle, desto stärker der Auftrag.

Gefühle beeinflussen Gedanken und umgekehrt. Dieser Kreislauf ist immer in Gang, außer Sie greifen bewusst ein. Dieses Wechselspiel wiederholt sich im ganzen Leben.

Solange wir Gedanken und Gefühlen freien Lauf lassen, müssen wir das annehmen, was wir durch Unachtsamkeit verursacht haben – und nicht, wie manche meinen, was das „Schicksal" bestimmt hat. Oder anders ausgedrückt: Wir müssen das annehmen, was wir in uns als Erfahrung eingespeichert haben, ob es uns gefällt oder nicht. Wir werden auch zur Rechenschaft gezogen für das, was wir unterlassen, nicht nur für das, was wir falsch machen.

Wenn es dann nicht so ist, wie wir es erwarten, nennen wir es Zufall, dabei ist es die Folge unserer Einstellungen, unserer Gefühle und unserer Handlungen. Wenn wir einen Schuldigen suchen, übernehmen wir keine Verantwortung für uns, sind wir in unserer eigenen Schicksalsschleife gefangen, in der „sich selbst erfüllenden Prophezeiung". Aktives Arbeiten an sich und somit am Schicksal bedeutet unablässig tägliches Handeln. Das unterscheidet uns Menschen auch vom Tier. Wir können willentlich handeln und entscheiden.

Jeder Mensch betreibt unbewusst Autosuggestion, den ganzen Tag (Auto = Selbst, Suggestion = Beeinflussung). Wissen Sie, was Sie den ganzen Tag denken? Falls nicht, so wird das Ergebnis auch entsprechend sein. Der PowerThinker übernimmt die Steuerung seiner Gedanken ganz bewusst mit PGH. Der Erfolglose lässt sich denken und beginnt dann, sich zu beklagen, oder er beneidet oder hasst. Er programmiert so ständig Dinge, die er eigentlich nicht haben will. Da die Gefühle auf der negativen Seite meist stärker sind als auf der positiven, verwirklichen sich die negativen Befürchtungen schneller. Wo wird, glauben Sie, mehr Energie frei – bei Ärger oder bei Freude? Sicher erleben auch Sie, wie intensiv sich Menschen ärgern können. Und schlimme Sachen merkt man sich länger und besser als nette.

Wenn Sie es schaffen, positive Gefühle in dem Maß und Stil zu erzeugen, wie Sie es sonst mit negativen tun, dann ist dies eine klare Motivation für das innere Bewusstsein und eine überzeugende Anweisung.

Wenn wir so tun als ob, dann ist es für unser inneres Bewusstsein Realität. Genau diesem Punkt verweigern sich viele Menschen, sie sagen: „Wie kann ich denn so tun, als ob ich reich wäre, wenn ich nicht weiß, wie ich die nächste Miete bezahlen soll?" „Wie soll ich handeln, als ob ich gesund wäre, wenn ich krank bin?" „Wie soll ich so tun, als würde ich diesen Menschen akzeptieren, wenn er mich immer so böse anschaut?"

> *Wenn ich doch Kanäle in meinem Kopfe ziehen könnte, um den inländischen Handel zwischen meinem Gedankenvorrate zu befördern! Aber da liegen sie zu hunderten, ohne einander zu nützen.*
>
> Georg Christoph Lichtenberg

Genau das ist der Kreislauf. So tun als ob bedeutet nicht, plötzlich mit Geld um sich schmeißen, wenn keines da ist, es heißt: Wir sollen uns im Gemüt reich fühlen und im Geist dieses Bild halten, also nicht den äußeren Umständen die Macht geben. Geld können wir durch gute Gefühle magnetisieren – indem wir einfach nach dem inneren Reichtum gehen. Niemand, der nicht zuerst im Geist den Reichtum besitzt, wird ihn je materiell erleben.

In Matthäus 6,33 steht: *Trachtet zuerst nach dem Reich Gottes und nach seiner Gerechtigkeit, so wird euch das alles zufallen.* Das Reich Gottes ist das geistige Reich, nicht das materielle. Die Materie ist auf unserer Ebene, im Reich Gottes ist das Geistige und dort ist alles Gedachte schon Realität. Die geistigen Gesetze wirken ohne Rücksicht für jeden Menschen gleichermaßen. Die Sonne scheint auf die „guten" wie auf die „schlechten" Menschen, sie warmt den Heiligen wie den Betrüger. Ihre Aufgabe ist es nicht zu werten, ihre Aufgabe ist einfach zu sein und zu geben.

Wenn Sie handeln, als hätten Sie Ihr Ziel schon erreicht, dann ist dies eine Aktion, die Ihr inneres Bewusstsein wahrnimmt. Jetzt müssen Sie darauf achten, dass in Ihren Gedanken nicht die Negativformel in Gang kommt, die da sagt: „Du spinnst, das ist alles nur Einbildung!" Es müssen sich die wichtigen Gedanken in den Vordergrund spielen können: „Ja, genau so ist mein Ideal! So werde ich es erreichen, ich bin auf dem besten Weg!"

Wenn Sie einen Wunsch haben, der Sie ein Leben lang begleitet, und gleichzeitig glauben „Das schaffe ich nie!", dann werden Sie immer nur davon träumen. Träume aber können nur Realität werden, wenn Sie sie in

die Tat umsetzen. Davon zu träumen, reich zu werden und nichts zu tun, ist
wie davon zu träumen, ein Spitzen-

> Träume aber können nur Realität werden, wenn Sie sie in die Tat umsetzen.

sportler zu sein und nicht zu trainieren. Die Handlung zieht das Gefühl
nach sich, wenn Sie die Gedanken
als Unterstützung nehmen. Bestäti-
gen Sie mit Ihren Gedanken Ihre Handlung und erlauben Sie sich dabei
ein gutes Gefühl zu haben. Das ist keine Kunst – es ist eine Entscheidung.
Es braucht keinen Grund, gute Gefühle zu haben.

3. Funktionsgesetz: Ihr inneres Bewusstsein nimmt alles gleich auf, Realität oder Einbildung

Damit ist gemeint, dass „alles zählt": Ob Sie etwas erleben oder ob Sie
es sich nur einbilden, Ihr inneres Bewusstsein kennt keinen Unterschied.
Ihm erscheint beides gleich wahr. Das ist einerseits eine Schwäche, andererseits *die* Chance. Sie brauchen also „nur so zu tun, als ob", und Sie
und Ihr inneres Bewusstsein werden alles daran setzen, dies zu verwirklichen. Was hier häufig hindert, ist der Zweifel, unsere Logik.

Als Sie geboren wurden, war noch keine Logik im Spiel. Als Kind, als Sie
noch am Boden krabbelten, wussten Sie schon intuitiv, dass Sie einmal
laufen werden. Sie hatten keinen Zweifel, obwohl Sie noch keine Referenzdaten, also keine Erfahrung damit hatten. Sie probierten es so lange, bis
es einfach klappte. Sie fielen dabei immer wieder hin, aber das hat Sie
noch mehr motiviert zu üben. Und eines Tages konnten Sie laufen, die ersten unsicheren, wackeligen Schritte, und mit Übung wurden die Schritte
immer sicherer und sicherer. Sie haben nicht akzeptiert, nicht laufen zu
können, Sie wussten auch noch von keiner Logik, dass Laufen schwierig
sein könnte. Sie wollten es und hatten es im Gefühl, dass es irgendwann
klappt. Sie wurden zum Gewinnen geboren, das ist in Ihr genetisches Erbe.

Als Erwachsener, der über einen geschulten Intellekt verfügt, machen
wir uns alles ein bisschen schwerer. Wir kennen das Gefühl des Versagens, wir wissen, was alles nicht funktionieren kann. Wir wissen, wie wir
uns fühlen, wenn wir uns blamieren, und genau davor wollen wir uns
schützen. Stellen Sie sich vor, was passiert wäre, hätten Sie damals als
Kind schon gewusst, dass Sie beim Laufen versagen könnten, dass andere lachen, wenn Sie hinfallen? Sie und ich, wir würden uns heute noch auf
allen Vieren fortbewegen.

Das Wort „Zweifel" setzt sich aus „zwei" und aus „falten" zusammen, es drückt ein Getrenntsein aus: „Ungewissheit bei zweifacher Möglichkeit" laut Duden. Wenn Sie sich hinsetzen möchten und es sind zwei Stühle da, setzen Sie sich dazwischen oder wählen Sie einen aus? Sie zweifeln nicht, weil Sie wissen, dass Sie sich sonst ins Leere setzen bzw. auf dem Boden landen.

Wenn Sie Erfolg anstreben, haben Sie die Möglichkeit an das Gelingen oder an das Versagen zu glauben, das ist Ihre Wahl. Beides ist noch nicht Realität, beides ist nur in Ihrem Denken vorhanden. Setzen Sie sich nun dazwischen, wie bei

> *Erst zweifeln, dann untersuchen, dann entdecken.*
>
> Henry Thomas Buckle

unserem Stuhl-Beispiel, dann werden Sie weder ganz versagen noch ganz gewinnen. Beides, Erfolg oder Misserfolg, ist die Folge unserer Einstellungen, unserer Gefühle und unserer Handlungen.

Im Grunde sollten Sie ein guter Schauspieler sein, der seine „Erfolgsrolle" gut einstudiert und hervorragend spielt. Erfüllen Sie Ihre Wunschrolle mit Leben und Fantasie und glauben Sie daran, investieren Sie die positiven, aufbauenden Gefühle, und Ihr inneres Bewusstsein wird diese als echt annehmen.

Hier meinen viele, das sei nur Spinnerei, und richten sich lieber nach der erlebten, alten, vergangenen Realität aus: „Ich weiß, dass ich damals versagt habe, also warum sollte ich diesmal gewinnen und Erfolg haben?" Und sie haben Recht, es kann nicht gelingen, weil die alten Erfahrungen negative Gefühle hervorrufen und somit etwas Neues verhindern.

4. Funktionsgesetz: Das innere Bewusstsein hat keine Entscheidungskraft und führt nur aus

Stellen Sie sich das innere Bewusstsein als besten Freund vor, der alles für Sie tut. Er fragt nicht warum, korrigiert und kritisiert Sie nicht, er tut einfach alles, was Sie wollen. Sie sind so wie Ihre Gedanken, Ihre Gefühle und Ihre Handlungen.

Wenn Sie nun Ihrem besten Freund, Ihrem inneren Bewusstsein, jahrelang mitteilen, dass alles nicht so einfach ist, dass es bei Ihnen immer schwierig sein muss, dann wird Ihr Freund das glauben. Wenn Sie sich vielleicht schon jahrelang einreden „Ich bin nichts wert!", dann wird Ihr bester Freund dies bestätigen, besser: dieses Bild vor Augen haben, wenn er an sie denkt.

So wie Freunde ein Bild von Ihnen haben, so ist es mit Ihrem inneren Bewusstsein. Ich bin der Sohn einer Bauernfamilie, und als ich mit 15 Jahren nach Deutschland kam, habe ich als erstes begonnen Hochdeutsch zu lernen. Ein Sportkollege, ein intelligenter, studierter Mann, den ich immer bewundert hatte, bemerkte meine Versuche, und statt Ermutigungen kamen zweideutige Bemerkungen, die mich nicht gerade aufgebaut haben. Ich habe mich damals nur gefragt, warum er dies nötig hatte – er, der das schon beherrscht, was ich gerne lernen wollte, demotivierte mich? Irgendwann habe ich gemerkt, dass diese spitzen Bemerkungen reiner Eifersucht entsprangen. Nur wusste ich damals beim besten Willen nicht auf was, denn ich hatte genügend andere Probleme zusätzlich. Von dem Bild des Bauernsohns hat er mich nicht entlassen.

Wenn Sie weiterwollen, werden Sie häufig, wenn auch nicht unbedingt bewusst, von anderen kleingehalten: „Bleibe so und geh ja nicht weiter, sonst erreichst du mal mehr als ich!" Lassen Sie sich daher nicht laufend ein schlechtes Gefühl einreden.

Wenn Sie erwarten, dass Ihr inneres Bewusstsein von sich aus eine positive Entscheidung trifft und Ihnen ein positives Gefühl schickt, dann werden Sie sicher enttäuscht. Es entscheidet und wertet nicht, es führt nur aus. Daher müssen Sie mit Ihrem Willen entscheiden, was Sie glauben möchten, was Sie annehmen und was nicht.

> *Worauf wir unsere Aufmerksamkeit richten, dorthin fließt unsere Lebensenergie.*
> Roy Eugene Davis

Der Geist bzw. der Verstand hat die Kontrollfunktion – wenn Sie zulassen, dass er sie ausübt. Er soll entscheiden, was ins innere Bewusstsein vordringt und was nicht. Die Kontrollinstanz ist immer Ihr Gehirn. Verstand und Gehirn sind Werkzeuge des Verstehens, sie dienen uns, wenn wir sie nutzen, und sind wertlos, wenn sie brach liegen. Daher bin ich ein großer Freund der Gedankendisziplin, der Positiven Grund-Haltung (PGH®). Mit ihr können Sie sehr viel erreichen, ohne sie kommen Sie immer nur so weit, wie es Ihre alten Erfahrungen zulassen.

5. Funktionsgesetz: Ihr inneres Bewusstsein hört Ihnen ständig zu

Gedanken sind Energien, die nie leer zurückkommen, und sie kumulieren sich. Wir haben täglich an die 50.000 Gedanken. Das bedeutet, wenn Sie *einmal* negativ denken, ist das von keiner großen Bedeutung. Wenn Sie häufig hintereinander negative Gedanken haben, so sammeln sie sich an, wie auf einem Konto. In der Schöpfung geschieht nichts von alleine, alles folgt einem Plan mit absoluter Präzision – dem Plan Ihres Denkens. Alle Gedanken laufen auf ein Konto und werden entsprechend gespeichert.

Aussagen haben eine noch größere Wirkung, denn Sie haben zuerst gedacht und formuliert, anschließend ausgesprochen. Alles, was Sie sagen, sind gesprochene Gedanken, verbalisierte Energie. Das kraftvolle, aufbauende Sprechen ist daher genauso wichtig wie das konstruktive, positive Denken.

Betrachten Sie folgende Aussagen:

- „Ich will Erfolg haben!"
- „Ich will gewinnen!"
- „Ich will mehr verdienen!"

Nun hört Ihr inneres Bewusstsein diese Aussagen, und da es nicht wertet, nimmt es sie wörtlich auf. Bei der Aussage „Ich will Erfolg!" sagt es sich: „Prima! Du willst Erfolg haben!" Oder „Ich will gewinnen!" bestätigt es: „Du willst gewinnen!" Ist deswegen gewonnen? Nein, es ist nur der „Wille" zum Gewinnen, nicht das Gewinnen selbst verstanden worden. Wenn Sie sich sagen „ich will", dann sagt es sich, „okay, du willst". Und es ändert sich gar nichts. Es unterstützt und bestätigt, dass Sie wollen. Ihre Absicht, einzig Ihr „Wille" wird bestärkt, sonst nichts. Die Aussage muss also erweitert werden: „Ich werde gewinnen, weil ...“ „Ich werde Erfolg haben, weil ...“.

Es werden häufig innere Proteste seitens Ihres Verstandes kommen, der sagt: „Moment mal, die Situation sieht ja ganz anders aus!“ Ihre Erfahrung widerspricht der Formulierung. Diesen Kreislauf können Sie ganz einfach und sehr wirkungsvoll mit neuen Glaubenssätzen durchbrechen (siehe Kapitel 22: Das Glaubenssystem des PowerThinkers).

Übrigens: Sie werden sich, wenn Sie sich mit positivem Denken beschäftigt und vielleicht ein paar Bücher zum Thema gelesen haben, an der Zukunftsform „werden“ stören. In

---
Ich werde ... ist ein aktiver Prozess.
---

allen Büchern steht, Sie sollen stets Präsens wählen: „Es ist ...“ „Ich bin ...“ usw. Das ist vom Ansatz her richtig, in der Anwendung nicht immer praktikabel. Warum? „Werden“ ist ein aktiver Prozess, der in Ihnen weniger Widerstand hervorrufen wird, als wenn Sie sich sagen „Ich bin ...“ „Es ist ...“. Wenn die Formulierung Zweifel in Ihnen auslöst, erreichen Sie Ihr Ziel nicht, daher empfehle ich den voranschreitenden Prozess, z.B. „Ich werde von Tag zu Tag wohlhabender, weil ich fleißig arbeite, Gelegenheiten nutze und konsequent mein Ziel verfolge!“ Können Sie sich jedoch gänzlich mit dem Zustand, den Sie wünschen, identifizieren, dann ist die optimale Form das Präsens, also „Ich bin ...“ „Es ist ...“.

6. Funktionsgesetz: Jede Anstrengung verhindert den Erfolg

Malen Sie sich aus, wie Sie durch einen Saal schreiten und wissen, Hunderte von Augenpaaren beobachten Sie. Jetzt wollen Sie besonders selbstsicher und natürlich erscheinen. Sie kontrollieren jeden Schritt, jede Bewegung. Wie wird es aussehen? – So verkrampft werden Sie noch nie gegangen sein ...

Willentlich Handeln ist meist mit viel Anstrengung verbunden. „Ich will das schaffen!“ verbunden mit innerem Druck bewirkt genau das Gegenteil dessen, was man beabsichtigt. Wenn Sie keinen Zweifel haben, dann wissen Sie, dass Sie Ihr Ziel erreichen, und können somit in sicherem Glauben handeln. Glaube bedeutet, in der Gewissheit zu handeln, dass es geschieht, ohne krampfhafte Willensanstrengung.

Manche haben sich angewöhnt, nur an das zu glauben, was sie sehen. Was wir sehen ist aber immer nur ein bestimmter Teil, ein Ausschnitt der Wirklichkeit. Vor allem „glauben“ manche Menschen, dass sie sich nicht beeinflussen lassen. Aber trotzdem „glauben" sie, dass die Regierung fähig oder unfähig ist, dass eine Rezession stattfindet usw. Der Glaube an die Fähigkeit einer Regierung kann ein Land erblühen und die Aktienkurse steigen lassen. Aber der Glaube an die Unfähigkeit kann genauso ein wirtschaftliches Chaos auslösen. Der Glaube an eine Führungskraft kann Mitarbeiter zu Höchstleistungen anspornen. Der Glaube an ein Medikament kann eine Krankheit heilen (man denke an die Placebo-Wirkung wirkstoffloser Tabletten). Der Glaube wirkt in allen Bereichen, ohne Grenzen.

Emil Coué formuliert dieses Gesetz: Willentliche Anstrengung bewirkt das Gegenteil. Wenn jemand unbedingt gesund werden will, kann sein, dass er sich so anstrengt, gesund zu leben, gesund zu atmen, gesund zu denken, gesund zu essen, dass jedes Abweichen von seinen Regeln ihm das Gefühl vermittelt, es könne nicht funktionieren, weil er versagt habe. Sein Bemühen ist sehr beklemmend; er strengt sich an, das

> Willentliche Anstrengung bewirkt das Gegenteil.

Richtige zu tun und hat Angst vor dem Falschen. Wer sich seiner Sache sicher ist, braucht hingegen keine verkrampfte Anstrengung: Er handelt, tut das Richtige in der Gewissheit und mit dem Gefühl, dass es gut und richtig ist, und folglich gelingt es auch leicht.

Ein PowerThinker setzt seine Willenskraft für die Entscheidung und das Handeln ein. Er strengt sich nicht an, sondern er tut das Richtige, das Nötige. Er verwechselt „keine Willensanstrengung" nicht mit Vernachlässigen, im Gegenteil: Er handelt und weiß, dass es geschieht.

7. Funktionsgesetz: Das innere Bewusstsein hat die Aufgabe, Leben zu erhalten und zu schützen

Es versucht immer, Schlimmes zu verhindern und sorgt für Sie in jeder Minute. Es ist für Ihren Körper verantwortlich und gibt in jeder Sekunde mit all seinen Möglichkeiten sein Bestes. Tagsüber sorgt es dafür, dass wir in Gefahrensituationen schnell reagieren, unmittelbarer, als wir es bewusst je könnten. Nachts versorgt es den Organismus mit dem Lebensnotwendigen, reguliert alle Körperfunktionen und arbeitet in Träumen das Tagesgeschehen auf. Im inneren Bewusstsein sind sämtliche Überlebensprogramme seit Urzeiten gespeichert.

Ihr „bester Freund"

Nachdem wir nun unser inneres Bewusstsein etwas näher kennen gelernt haben, sollten wir es mit mehr Respekt und Achtung behandeln. Es ist unser Speicher all unserer gesamten Erfahrungen, ohne den wir nicht lebensfähig wären. Sie haben schon so viel hinter sich und brauchen nicht alles zu wiederholen, vorausgesetzt, Sie ziehen die Konsequenzen.

Ihre gesamte Erfahrung ist Ihnen dienlich, Freude, Glücksmomente, aber auch Leid, Ärger – alles, was Sie erlebt haben, kann Ihren Erfolg von nun an vergrößern. All unsere unterschwelligen Einstellungen und Befürchtungen, Wünsche und Neigungen versuchen sich zu verwirklichen. In meinem Buch „Entspannung und mentales Training" finden Sie verschiedene Techniken beschrieben, wie Sie mit Ihrem inneren Bewusstsein in Kontakt kommen können.

Erahnen Sie nun, welche unendlichen Möglichkeiten Ihnen Ihr inneres Bewusstsein eröffnet?

Gehen Sie respektvoll mit Ihrem inneren Bewusstsein um?

Der PowerThinker kennt die Gesetze des inneren Bewusstseins und setzt diese zum Erreichen seiner Ziele ein. Er weiß, dass alles zählt: jeder Gedanke, jede Vorstellung, jede Handlung. Mit der Präzision eines perfekten Computers arbeitet jedes einzelne innere Programm. Die PowerFührungskraft nutzt dies zum eigenen und zum Wohle anderer.

PowerThinker erkennen die großartigen Chancen der inneren Programme. Sie wissen, dass jedes Kind zwei Mikrophone und zwei Kameras besitzt, die präzise alles aufzeichnen und im Original abspeichern. Jede Äußerung, jedes Lob, jeder Tadel, alles wird gespeichert. Diese Stärke des inneren Bewusstseins setzen die PowerEltern gezielt zur Förderung der Kinder ein.

PowerThinker wissen um die kindliche Art des inneren Bewusstseins. Sie wissen, dass es nicht wertet und nur aufnimmt. Jeder PowerWorker weiß, dass er die Ziele innerlich bereits „erreicht haben muss", um sie zu in der Realität erreichen. Er weiß, dass alles dem folgt, was vorausgeht.

20. Ein PowerThinker lebt in der Gegenwart

Betrachten wir die drei Zeitformen Vergangenheit, Gegenwart und Zukunft, so stellen wir fest, dass wir nur in einer leben und nur eine beeinflussen können: die Gegenwart. Sie ist der Augenblick, in dem Sie leben, und das ganze Leben ist eine Aneinanderreihung von Augenblicken. Tatsächlich atmen Sie nur jetzt und wieder nur jetzt. Immer nur jetzt, nicht morgen, nicht gestern. Das Jetzt ist der einzige Augenblick, den Sie beeinflussen können.

Morgen ist heute gestern und heute ist das Morgen von gestern. Nur jetzt sind Sie, nicht morgen und nicht gestern.

Viel zu häufig leben wir nicht im Augenblick, sondern in der Vergangenheit oder der Zukunft. Aktiv leben und genießen können wir nur jetzt. Es ist daher sinnvoll, im Spiel des Lebens das Jetzt zu leben und jeden Augenblick als neu und einmalig zu erleben.

Die Vergangenheit

Die Vergangenheit hat Sie zu dem gemacht, was Sie heute sind. Sie ist Ihr immaterielles Kapital. Jede Erfahrung haben Sie schon bezahlt, mit Geld, mit Gefühlen, mit Freuden, mit Schmerzen, mit Enttäuschungen. Ihre Vergangenheit ist Ihr Kapital, wenn Sie sie als Erfahrungspotenzial zu Hilfe nehmen, und sie ist eine Belastung, wenn Sie immer noch an ihr leiden. Ich meine bewusst „an ihr leiden", nicht „unter" ihr, denn sie ist ja schon vorbei. Es gibt sie nicht mehr, sie existiert nur noch in Ihrer Vorstellung. Dieses Kapital können Sie neu investieren in eine erfolgreiche Zukunft, denn die Zukunft wird aus den ehemaligen „Heute" bestimmt.

Der Philosoph Georg Santayana sagt: „Jene, die sich nicht an die Vergangenheit erinnern können, sind dazu verdammt, die Geschichte zu wiederholen." In der Vergangenheit haben Sie Erfahrungen gesammelt, die Sie nicht zu wiederholen brauchen. Diese prägen Ihr Verhalten, wir können sie auch Muster oder Paradigmen nennen. Von

> *Jene, die sich nicht an die Vergangenheit erinnern können, sind dazu verdammt, die Geschichte zu wiederholen.*
>
> Georg Satayana

ihnen werden Sie gefördert oder behindert. Waren die Erfahrungen hauptsächlich positiv, so werden Sie sich bis ins letzte Glied der Assoziationskette ein positives Bild davon machen, waren sie negativ, gilt Entsprechendes.

Eine Erfahrung ist ein Erlebnis, das wir gespeichert haben – zu einer bestimmten Zeit, an einem bestimmten Ort, in einer bestimmten Lebenssituation. Jede Erfahrung ist einmalig. Sind Sie heute noch dieselbe Person wie damals? Haben Sie andere, neue Erfahrungen dazugewonnen und verfügen Sie heute vielleicht über mehr Wissen und Urteilskraft als damals? Haben Sie heute andere, neue Kontakte, andere Chancen, neue Möglichkeiten?

> *Das Gestern ist nur ein Traum, das Morgen nur eine Vision. Aber das Heute, richtig gelebt, macht jedes Gestern zu einem Traum vom Glück und jedes Morgen zu einer Vision der Hoffnung. Kümmere dich also richtig um den heutigen Tag.*
>
> Aus dem Sanskrit

Natürlich sind Sie nicht nur älter, sondern auch reifer geworden. Das ist der Prozess des Lebens. Warum also sollten wir die alten Erfahrungen immer wieder als Maßstab für jetziges Verhalten hervorziehen? Ihr Essen bereiten Sie ja auch immer frisch zu, und wenn es beim letzten Male nicht geschmeckt hat, werden Sie die Zubereitung ändern, Sie werden aber nicht auf das Essen verzichten. Genauso verhält es sich mit unserem Schicksal oder Erfolg. Wenn es bis heute nicht geklappt hat, wie Sie es sich vorgestellt haben, dann sollten Sie sich fragen, was Sie ändern können.

Statt sich als Versager zu sehen, sollten Sie die alten Hindernisse und Erfahrungen neu bewerten, zeigen sie doch, dass der bisher eingeschlagene Weg nicht optimal war. Dies zu erkennen und entsprechend zu handeln ist die Chance des PowerThinkers.

Vielleicht sind Sie nun etwas verwirrt: Einerseits sollen wir sie vergessen, die alten Hindernisse und negativen Erfahrungen, andererseits eben nicht, sogar noch nutzen! Und genau hier setzt der PowerThinker ein. Sie sollen die Vergangenheit natürlich nicht vergessen. Sie sollten sich sehr wohl daran erinnern, warum Sie damals gescheitert sind oder was Sie damals zum Erfolg geführt hat. Wenn Sie analysieren, was einen Streit, ein Scheitern verursacht oder einen Unfall herbeigeführt hat, können Sie in Zukunft diese

> *Bei allen Mysterien, die uns umgeben, ist nichts sicherer, als dass wir in der Gegenwart einer unendlichen und ewigen Energie leben, von der alle Dinge ausgehen.*
>
> Herbert Spencer

Faktoren ausschalten. Sie sollten sich weder verurteilen, noch darunter leiden, denn das hindert Sie am Weiterkommen.

Ihr Schlüssel lautet „Neutralität"

Vergangenheit ist belastend, wenn Sie manche Situationen laufend durchleben oder sich mit Vorwürfen quälen. Sie ist eine Bereicherung, wenn Sie daraus lernen und Ihre Strategie ändern. Die Vergangenheit ist vorbei, die Zukunft noch nicht da, es bestimmt also nur die Gegenwart. Wie Sie sich fühlen, sich verhalten und was Sie tun, entscheidet über das, was morgen kommt.

Sie sollten sich an die Vergangenheit erinnern ohne Emotionen, einfach als Erinnerung, wie an einen Fernsehfilm, den Sie vor Jahren gesehen haben. Sie werden sich zwar daran erinnern, aber nicht immer heulen oder Herzrasen bekommen, wenn sie daran denken. Anders ist es, wenn Sie den Film von neuem sehen, dann können sehr wohl erneut Tränen aufsteigen, weil Sie wieder in die Emotionen abgleiten.

Reflektieren Sie Ihre Vergangenheit und überprüfen Sie sie neutral. Allein dadurch können Sie jetzt Ihr Verhalten anders steuern. Wenn Sie aber vorwiegend auf der Gefühlsebene sind, sich Vorwürfe machen, sich ärgern, warum Sie so gehandelt haben, dann sind Sie gefangen und lenken Ihre Lebensenergie hierauf. Die Folge ist, dass dieses längst vergangene Ereignis mit Energie versorgt wird – Sie können darauf warten, bis es zur Bestätigung wieder passiert. Es wird wieder und wieder das verursacht und belebt, was Sie nicht wollen.

Denken Sie daran: Die Vergangenheit hat immer nur den Wert, den Sie ihr im Moment einräumen.

Wer die Vergangenheit im Geiste trägt, macht diese zur Gegenwart, und das innere Bewusstsein orientiert sich an den heutigen Gedanken und Gefühlen, um das Schicksal von morgen zu schaffen. Was Sie heute denken und fühlen, werden Sie in Zukunft erleben. Wenn Sie an vergangene Misserfolge denken und diese noch nicht verarbeitet haben, werden Sie auch in Zukunft Misserfolge haben, denn Ihr inneres Bewusstsein macht sich ein perfektes Bild, eine Matrix von Ihren Befürchtungen. Die Ursachen setzen Sie somit selbst. Das erklärt auch, warum sich manche „vom Pech und vom Schicksal verfolgt" fühlen.

> *Die Zeit ist das kostbarste Gut: Man kann sie für Geld nicht kaufen.*
> Jüdisches Sprichwort

Die Vergangenheit ist eine wichtige Erfahrung, damit wir heute die alten Fehler nicht wiederholen, aber wir dürfen nicht an ihr festhalten. Tun wir das, verhindern wir unsere Entwicklung.

Sind Sie dort, wo Ihr Körper ist?

Nur wenn Sie im Augenblick leben, haben Sie die Möglichkeit bewusst zu leben, sich zu erfreuen und zu genießen. Manche Menschen verstehen es immer wieder mit den Gedanken nicht dort zu sein, wo der Körper ist. Sind sie zu Hause, bei der Familie, dann meinen sie, sie müssten in dieser Zeit wichtige Dinge für den Job durchdenken. Sind sie am Arbeitsplatz, machen sie sich Vorwürfe, dass sie so wenig Zeit für die Familie haben – immer am falschen Platz.

Am besten ist, Sie lernen im Augenblick zu leben und tun das, was Sie tun, ganz und mit Hingabe. Das ist der sicherste Weg zum Glück. Es hat alles seine Zeit. Dazu ein wunderschönes Zitat aus Irland:

> Nimm Dir Zeit, um zu arbeiten, es ist der Preis des Erfolges.
> Nimm Dir Zeit, um nachzudenken, es ist die Quelle der Kraft.
> Nimm Dir Zeit, um zu spielen, es ist das Geheimnis der Jugend.
> Nimm Dir Zeit, um zu lesen, es ist die Grundlage des Wissens.
> Nimm Dir Zeit, um freundlich zu sein, es ist das Tor zum Glücklichsein.
> Nimm Dir Zeit, um zu träumen, es ist der Weg zu den Sternen.
> Nimm Dir Zeit, um zu lieben, es ist die wahre Lebensfreude.
> Nimm Dir Zeit, um froh zu sein, es ist die Musik der Seele.

Die Gegenwart

Der Augenblick, in dem Sie leben, ist das Jetzt. Die Gegenwart ist der Moment, in dem Sie handeln können. Weder die Vergangenheit noch die Zukunft bietet Ihnen diese Möglichkeit. Die Gegenwart ist ewig, sie vergeht nicht. Können Sie sich vorstellen, dass es kein Ende und keine Endlichkeit gibt, wenn Sie an einem romantischen Abend den Himmel beobachten, die Sterne und den Mond sehen? Eigentlich unvorstellbar, und trotzdem ist es so. Die Wissenschaftler können schon Millionen Lichtjahre weit sehen und haben noch kein Ende entdeckt. Es heißt also nicht, dass es etwas nicht gibt, nur weil wir es uns nicht vorstellen können.

Die Gegenwart ist der Augenblick, und das ganze Leben ist eine Kette von Augenblicken. Ein PowerThinker lernt Schritt für Schritt im Jetzt zu leben und im Jetzt zu handeln: Jetzt atmen Sie, jetzt können Sie entscheiden, nicht morgen, nicht gestern. Je mehr Sie es schaffen bewusst im Jetzt zu leben und gute Gefühle zu erzeugen, wissend, dass Sie voranschreiten und dass Sie an Ihren Zielen arbeiten, desto mehr können Sie Ihr Leben genießen. Ein PowerThinker handelt heute. Er plant seine Zukunft mit System und lebt aktiv im Augenblick, denn er weiß, dass er nur mit dem Jetzt seine Zukunft gestaltet. Wenn Sie also heute das Richtige tun, wird die Zukunft richtig gestaltet. Nicht auf morgen verschieben, nur heute, wie Og Mandino, ein großartiger amerikanischer Autor in seinem Buch „Das Geheimnis des Erfolgs" schreibt:

> Heute beginne ich ein neues Leben.
> Ich begrüße diesen Tag aus einem Herzen voller Liebe.
> Ich werde beharren, bis mir der Sieg zuteil wird.
> Ich bin das große Wunder des Lebens.
> Ich will diesen Tag leben, als sei es mein letzter.
> Heute werde ich Meister sein meiner Empfindungen.
> Ich will lachen über die Welt.
> Heute will ich meinen Wert um ein Hundertfaches steigern.
> Ich werde jetzt handeln.

Nur heute leben wir und nur jetzt können wir handeln. Dies ist aber in keinem Fall mit „planlos sein" gleichzusetzen, ganz im Gegenteil. Erst mit einer guten Planung können Sie sich auf das Heute konzentrieren. Ohne Planung irren Sie umher. Wenn Sie nicht wissen, was Sie wollen, können Sie kein Jetzt genießen, dann ist jeder Tag eine neue Gefahr. Es ist ein großes Geschenk, im Augenblick zu sein und gleichzeitig zielgerichtet zu handeln. Sie beherrschen es jetzt schon, es ist nur die Frage, wie Sie Ihre Energie lenken.

Die Zukunft

Wo ist die Zukunft, wo ist das Morgen? „Morgen werde ich ...", „In Zukunft werde ich ..." – was ändert das? Nichts, da es bloße Absichten sind und noch keine Handlungen. Der PowerThinker weiß, dass ihm die Zukunft das bringt, was er in der Vergangenheit verursacht hat, und er übernimmt die Verantwortung dafür. Leben Sie jetzt zufrieden, dann können Sie getrost die Zukunft kommen lassen, wir können sie sowieso nicht verhindern.

Wirklich frei ist, wer Frieden mit seiner Vergangenheit geschlossen hat, wer bewusst in der Gegenwart lebt und wer positiv in die Zukunft blickt. So zu leben heißt frei zu leben, bewusst zu leben und würdevoll zu leben.

Wo leben Sie?

Der PowerThinker lebt im Augenblick, entscheidet im Augenblick und führt im Augenblick. Gestern ist vorbei, morgen noch nicht da, das einzige, was zählt, ist das Jetzt. Die PowerFührungskraft setzt alles daran, im Jetzt neu zu erkennen, nicht am Alten festzuhalten und somit neue größere und bessere Erfolge zu erzielen.

PowerThinker erkennen die Gegenwart als den wichtigsten Moment der Beeinflussung. Sie freuen sich jetzt am Wachstum ihrer Kinder, sie loben jetzt, sie kritisieren und fördern jetzt. Immer im Jetzt, denn es ist die einzige und beste Gelegenheit zu handeln.

PowerThinker freuen sich, dass das Gestern nur noch in Gedanken existiert. Jeder Tag ist eine neue Chance, eine neue Herausforderung – der PowerWorker nutzt diese bewusst. Er entdeckt den Kollegen immer wieder neu, er entdeckt sich selbst neu, er erfreut sich an seinem Tun immer wieder aufs Neue – jetzt handeln, jetzt entscheiden, jetzt aufbauen, jetzt leben!

21. Die Werte des Lebens selbst bestimmen

Jeder von uns trägt Werte in sich, die der Maßstab für sein inneres Handeln sind. Betrachten wir die Kräfte in uns, so kommen wir zu dem einfachen Schluss, dass jede Kraft – geistige, seelische und körperliche – ihre internen Werte haben und entsprechend handeln, bewusst oder unbewusst. Letzteres ist ein unglücklicher Ausdruck, es soll bedeuten, dass etwas unserer bewussten, logischen Wahrnehmung entzogen ist: Man könnte sagen, es hat sich nach innen zurückgezogen, automatisiert. Tatsächlich geschieht nichts unbewusst, denn alles wird durch uns entschieden. Wenn dies allerdings automatisch abläuft, ist der Vorgang unserer Aufmerksamkeit entzogen und man kann von einer unbewussten Handlung sprechen.

> *Unvergängliche Werte unterliegen keinen Kursschwankungen. Sie werden nicht notiert.*
>
> Stanislaw Jercy Lec

„Wertvorstellung" ist ein großartiges Thema, es leitet sich so viel daraus ab. Wert-vorstell-ung! Ich stelle mir etwas vor, und dem gebe ich entsprechenden Wert. Was ist daran so besonders? Die Vorstellungskraft sitzt im Gehirn; die Vorstellungen werden in Form von Bildern Ihrem inneren Bewusstsein weitergeleitet. Alles Weitere läuft dann automatisch ab, daher sollten Sie schnellstmöglich Ihre Wertvorstellungen klären.

Vor zwanzig Jahren habe ich das Buch von Dr. Joseph Murphy „Die Macht Ihres Unterbewusstseins" gelesen, ich habe es verschlungen und dachte:

„Ab sofort habe ich die Welt im Griff!" Ich bildete mir ein, es sei doch ziemlich einfach, denke nur positiv und alles läuft von alleine! Ich kann dann die schönsten Frauen, Reichtum in Hülle und Fülle, eine große Firma haben und von allen bewundert werden!

Die Ernüchterung war groß, als ich entdeckte, dass im Grunde alles schwieriger geworden war, dass ich mehr kämpfen musste als vorher, dass sich gar kein Reichtum eingestellt hatte, im Gegenteil. Es hat lange gedauert, bis ich entdeckte, warum es nicht klappen konnte.

In meiner früheren Tätigkeit als Seminarorganisator hatte ich interessante Referenten. Immer wieder wurde behauptet, wie einfach Erfolg und Selbstbewusstsein zu erreichen seien. „Stelle Dir vor, was Du haben willst, glaube daran – und alles steht Dir zur Verfügung!" lautete die Botschaft. Bei mir war das eben nicht so.

> Meiner Ansicht nach gibt es kein anderes Schicksal der Menschheit, als dasjenige, das sie sich durch ihre Gesinnung selber bereitet.
>
> Albert Schweizer

Es war ein Kampf, der immer intensiver wurde, und ich sah keine Lösung. Und wieder war ich mit den Behauptungen der Trainer konfrontiert, dass es ganz einfach sei, man brauche nur ...

Es war alles andere als einfach. Ich wusste, was ich wollte: Reichtum. Ich stamme aus einer Bauernfamilie, lebte als Kind nicht im Überfluss, daher war immer Reichtum mein Ziel. Rückblickend stelle ich fest, dass es gut war, dass ich damals nicht dazu kam, ich hätte mich dann zu einem „Möchtegern Reichen" entwickelt und bestimmt versucht, mit Geld meine Minderwertigkeitskomplexe zu überdecken. Diese Argumentation hätte ich damals allerdings nicht verstanden. Warum es „Gott sei Dank" nicht klappen konnte, wurde mir glasklar, als ich eines Tages meine Wertvorstellungen niedergeschrieben hatte und diese mit meinen Zielen verglich.

Vielleicht ist es auch für Sie ein so entscheidender Schritt wie für mich damals. Ich lade Sie ein, nun mitzumachen. Nehmen Sie sich einen Stift und ergänzen Sie für sich schnell folgende Frage, notieren Sie mindestens 5- 7 spontane Ergänzungen.

In meinem Leben ist mir Folgendes am wichtigsten:

Allein mit der Beantwortung dieser Frage können Sie Wunderbares entdecken. Schauen Sie sich die Rangfolge an, das ist wichtig, denn nach dieser richten sich Ihr inneres Bewusstsein und Ihre Handlungen. Diese Rangfolge ist die derzeit gültige. Sie kann allerdings schon zehn oder zwanzig Jahre andauern. Und genau das war bei mir der Fall. Ich war seit meiner Lehrzeit in meiner Rangfolge der Wertvorstellungen gefangen. Entsprechend verlief mein Leben.

> *Wir werden vom Schicksal hart oder weich geklopft – es kommt auf das Material an.*
>
> Marie von Ebner-Eschenbach

Das Schönste an dieser Feststellung ist, dass Sie, wenn Sie den springenden Punkt einmal erkannt haben, Ihr Leben sofort ändern können. Die nächsten Jahrzehnte stehen dann unter einem ganz neuen Motto. Dies wird genauso funktionieren wie vorher das alte. Ist es nicht beruhigend zu wissen, dass wir unserem Leben eine ganz neue Richtung geben können, wenn wir die Mechanismen einmal erkannt haben? Für mich war diese Erkenntnis eine gigantische Befreiung, ich begann ein neues Leben.

Meine Liste der Wertvorstellungen lautete damals folgendermaßen: In meinem Leben ist mir Folgendes am wichtigsten: Seelenfrieden, Anerkennung, Gemeinschaft, Liebe, Sicherheit, Erfolg, Freude, aufbauen, neue Dinge schaffen, Verbessern.

Wenn ich mein Leben unter diesen Aspekten betrachtete, lief es folgendermaßen ab: Um Seelenfrieden zu bekommen, habe ich versucht, es allen recht zu machen, ich war der Brave, Liebe, der sich bemühte, nirgends anzuecken. Ich habe bei Streit gelitten, da ich doch nur „das Beste" für die anderen wollte. Damit erntete ich häufig Anerkennung: „Der ist in Ordnung, ein netter Kerl! Auf den kann man sich verlassen, der hilft immer." Um mich auf diesem Wege beweisen zu können, brauchte ich natürlich Gemeinschaft wie im Sport, in der Arbeit, denn nur dort konnte ich meinen Vorgaben Rechnung tragen.

Ich wollte Liebe, das war schon schwieriger, weil ich nicht wusste, was ich damit meinte, somit suchte ich die Sicherheit in Menschen, auf die ich mich verlassen konnte. Erfolg hatte ich – relativ betrachtet – immer, denn meine Werte hatten sich scheinbar mehr oder weniger immer erfüllt. Freude hatte ich, da ich viele neue Dinge schaffen konnte. Es war mir nie gut genug, ich musste immer alles verbessern und dadurch bekam ich von anderen Anerkennung. Was, glauben Sie, fehlte denn in dieser Aufstellung meiner Wertvorstellungen? Was war mein Ziel? Reichtum!

Ich hatte zwar immer mehr Umsatz, aber auch immer höhere Kosten. Kaum bekam ich mehr Geld, entdeckte ich wieder ein Projekt, in das ich es stecken konnte – es blieb nichts übrig! Der geschäftliche Bereich wurde immer katastrophaler. Ich verstand die Welt nicht mehr! Das mir, der ich so viel und so fleißig arbeitete!

Ich bin seit dem fünfundzwanzigsten Lebensjahr selbstständig. Meine Ziele hatte ich schon vor Jahren schriftlich niedergelegt:

● Finanzielle Unabhängigkeit, gut gehende Geschäfte,
● Menschen zu helfen, die Welt zu verbessern u.a.m.

Wenn wir nun vergleichen, wie diese Ziele zu den vorhin zitierten Wertvorstellungen passen, sieht es sehr trübe aus. Dazu sollte ich noch sagen, dass meine Probleme (Herausforderungen) sich hauptsächlich auf meinen Beruf, meine Selbstständigkeit bezogen. Daher sind meine Wertvorstellungen hauptsächlich

> *Reich oder arm, das Schicksal findet bei jedem das Fleckl heraus, wo er kitzlich ist.*
> Johann Nestroy

auf meinen Beruf anzuwenden. Wenn Sie meine Liste durchlesen, dann wird Ihnen auffallen, dass Finanzen oder Geld in meiner Liste der Wertvorstellungen gar nicht vorkommen, ich aber das klare Ziel hatte, Geld und Vermögen aufzubauen. Es passte zusammen wie Feuer und Wasser.

Die „Erleuchtung"

Als ich das erkannt hatte, traf es mich wie ein Blitzschlag. Ich hatte begriffen, entdeckte den totalen Widerspruch zwischen meinen Zielen und meinen Wertvorstellungen. Bei mir war der Seelenfrieden im Vordergrund, nicht die finanzielle Freiheit: Somit hatte ich mit Lieferanten nie Preisgespräche geführt. Ich hatte sie nie zur Verantwortung gezogen, wenn sie ihre Zusagen nicht einhielten, ich hatte Verständnis. Bei Verträgen hatte ich meinem Vorteil zu wenig Achtung geschenkt. Ich war zufrieden, wenn der andere mir ein gutes Gefühl gab. Es gefiel mir, als der verständnisvolle, nette Kerl dazustehen. Ich konnte Geschäftsleute, die kalkulierten damals nicht verstehen, ich dachte, alle Menschen müssten nett sein.

Heute verstehe ich sie, denn jemand kann auch pleite gehen, wenn er nett ist. Wohlgemerkt, das eine schließt das andere nicht aus, heute bin ich freundlich und kalkuliere trotzdem. Es ist nur eine Frage des Zieles und der Klarheit. Es konnte einfach nicht funktionieren, meine eigenen vorher nicht definierten Werte haben mich gehindert, das zu erreichen, was ich immer wollte.

Ich änderte noch am selben Tag die Wertvorstellungen, sodass sie zu meinen Zielen passten. Es war eine große Befreiung für mich. Nun galt es noch diese Werte zu festigen, das habe ich mit Glaubenssätzen geschafft. Seitdem lehre ich in meinen Seminaren diese Vorgehensweise und es wird klar, warum Erfolg bei manchen funktioniert und bei anderen nicht. Man kann sagen, je unsicherer ein Mensch ist, desto widersprüchlicher sind in der Regel die Wertvorstellungen im Vergleich zu den Zielen.

Wertvorstellungen decken viele unserer Muster auf, es sind unsere

Sind Sie bereit, ein neues sinnvolles, erfolgreiches Leben zu beginnen?

Lebenslektionen. Wer seine Wertmaßstäbe überprüft, sie neu definiert und keine Ausreden mehr gelten lässt, ist ein Gewinner oder wird unweigerlich zum Gewinner. Dazu hält er sein Leben aktiv im Griff. Fragen Sie sich, ob Sie bereit sind, ein neues sinnvolles, erfolgreiches Leben zu beginnen. Viele große Menschen haben Pleiten erlebt, bevor es zum großen Durchbruch kam. Sie gaben aber nie auf, sondern glaubten an sich und ihr Ziel, wie Winston Churchill sagte: „Gib nie, nie, niemals auf." Sich von den eigenen Wertvorstellungen leiten zu lassen und diese zu erfüllen bedeutet, das Leben bewusst und zielorientiert zu leben, die beste Lebenserwartung zu haben und immer zu wachsen.

Irgendwann werden die Wertvorstellungen beschlossen, meistens in der Kindheit und im Heranwachsen. Sie aktivieren die Vorstellungskraft und diese wirkt auf das innere Bewusstsein. Das Gute ist, dass sich die Wertvorstellungen jederzeit ändern lassen. Wenn wir sie bewusst entscheiden und niederschreiben, können wir sie von Zeit zu Zeit wieder überprüfen.

Was glauben Sie: Macht es für einen Unterschied, ob ein Manager in seinen Wertvorstellungen die Reihenfolge a oder b wählt?

a) 1. Karriere   b) 1. Gesundheit
   2. Familie   2. Familie
   3. Gesundheit   3. Karriere

Bei welcher Version besteht die Gefahr, dass die Familie und die Gesundheit leiden? Wohlgemerkt, es heißt nicht, dass die Karriere vernachlässigt werden soll, im Gegenteil, aber es bedeutet auch nicht, sich gesundheitlich und familiär zu ruinieren. Es gibt Strategien, wie sich alles harmonisch vereinen lässt.

Die Priorität ist von entscheidender Bedeutung, denn danach richtet sich Ihr inneres Bewusstsein aus. Wertvorstellungen sind Werte in Ihrem Leben. Von den vielen Menschen, mit denen ich arbeite, höre ich stets dasselbe: Jeder Mensch möchte glücklich und zufrieden sein. Jeder Mensch möchte ein Umfeld haben, in dem er respektiert und geachtet wird.

Das Wunderbare ist, Sie können es schaffen! Erinnern Sie sich an das Zauberwörtchen „zuerst"? Auch in diesem Zusammenhang ist es wichtig. Zuerst klären Sie, welches Ihre Werte sind, dann nehmen Sie diese als Maßstab und richten danach Ihre Ziele aus. Ihre Werte müssen nicht vor Edelmut strotzen. Sie können ruhig egoistisch sein, jedoch verstehe ich hier unter Egoismus, dass Sie wählen, was Ihnen persönlich und auch anderen gut tut, weil Letztgenanntes sich für Sie wiederum günstig auswirkt.

Berücksichtigen Sie die kosmischen Gesetze. Achten Sie darauf, niemandem zu schaden, nach dem Grundgesetz von Ursache und Wirkung: Was ich von mir gebe, kommt auf mich zurück, was ich säe, werde ich ernten. Ihr Egoismus sollte so gelebt werden, dass Sie jederzeit diesem Gesetz Rechnung tragen können. Es muss so sein, dass Sie egoistisch Ihre Ziele verfolgen und dabei Gutes tun. Löst das einen Widerspruch aus? Meist deswegen, weil Egoismus eine negative Bedeutung zugesprochen wird. Der „Egoist" wird im Duden beschrieben als „selbstsüchtiger Ich-Mensch". Das Wort „ego" bedeutet im lateinischen „ich". Obwohl jeder von uns ichbezogen denkt und handelt, leben wir doch häufig in der scheinheiligen Annahme, dass

> *Schicksalsschläge lassen sich ertragen –*
> *sie kommen von außen, sind zufällig.*
> *Aber durch die eigene Schuld leiden –*
> *das ist der Stachel des Lebens.*
> Oscar Wilde

dies schlecht sei. Egoismus spiegelt sich überall wider, in den Belangen der Länder, der Politik, der Verbände, bis hin zum Einzelnen. Es ist vielen nicht immer präsent, dass wir uns alle gegenseitig brauchen. Ich meine daher, dass wir ruhig egoistisch unsere Ziele verfolgen können, solange sie zum Wohle aller sind.

Großen Persönlichkeiten wurde häufig Egoismus und Besessenheit vorgeworfen: Thomas Edison, Albert Einstein, Lee Iacocca, Michael Gorbatschow – alle wollten bewusst viel erreichen. Mutter Theresa war bekannt für ihren unerbittlichen Egoismus und eisernen Willen,

> Was ich von mir gebe, kommt auf mich zurück, was ich säe, werde ich ernten.

ihrem Wunsch gerecht zu werden und sich für Arme einzusetzen, um deren Dasein menschenwürdig zu machen. Egoismus muss nicht schlecht sein, es kommt nur darauf an, was wir daraus machen.

Beginnen Sie mit positiven Veränderungen bei sich und Ihre Familie. Denn nur, wenn Sie dort Ordnung schaffen, können Sie Ihr Licht weiter strahlen lassen und sich an Verbesserungen in größerem Rahmen wagen. Zuerst beginnen Sie dort, wo es am wichtigsten ist und auch häufig die schnellsten Resultate bringt. Manch einer ist zu fremden Menschen höflicher als zu den Menschen, die er liebt und täglich um sich hat. Fremde Menschen, die ihm nur einmal begegnen, erleben ihn von der besten Seite, alle sind begeistert. Zu Hause zeigt er sein wahres Gesicht, ist launisch und überreizt. Ist das okay?

Behandeln Sie andere so, wie Sie selbst gerne behandelt werden möchten, oder leben Sie nach dem kategorischen Imperativ von Kant:

> In einer Gesellschaft müsse jeder so handeln,
> als ob die Grundsätze seines Verhaltens
> zum allgemeinen Naturgesetz werden sollten.
> Er müsse sich also fragen:
> Wie entwickelt sich die Gesellschaft,
> wenn alle genauso handelten wie ich?

Das war in den letzten Jahren meine Lösung. Ich finde, dass diese Maxime viele Fragen erübrigt, sogar Antwort auf alle Fragen gibt, die Sie sich stellen.

Ergründen und entscheiden Sie Ihre persönlichen Werte und achten Sie immer darauf, welche Folge sie nach sich ziehen. Sie können im Leben alles erreichen, wenn Sie bereit sind, den Preis dafür zu bezahlen. Und der Preis für ein glückliches und harmonisches Leben ist das Geben, das *Zuerst*. Bestimmen Sie nun Ihre Werte neu oder ändern Sie die Reihenfolge:

In meinem Leben ist mir Folgendes am wichtigsten:

1. _____

2. _____

3. _____

4. _____

5. _____

usw. bis 10

Passen diese Wertvorstellungen zu Ihren Zielen, die Sie in Kapitel „Effektivität durch Zielbestimmung" erarbeitet haben oder widersprechen sie sich? Wenn Ihre Werte nicht mit Ihren Zielen übereinstimmen, dann können Sie diese nicht erreichen. Die Wertvorstellungen müssen die Ziele unterstützen, dann ist Ihnen der Erfolg sicher. Was sind Werte? Alles, dem Sie einen Wert geben. Werte können sein:

Anmut	Ausdauer	Begeisterung	Dienen
Einzigartigkeit	Eleganz	Fairness	Freiheit
Fähigkeiten nutzen	Fitness	Gerechtigkeit	Glück
Helfen	Herausforderung	Humor	Kreativität
Liebe	Meisterschaft	Mut	Ordnung
Verlässlichkeit	Vortrefflichkeit	Wahrheit	Weisheit
Würde	Ehrlichkeit	Freude	Harmonie
Lernen	Welt verbessern		

Ich empfehle Ihnen, Werte für alle acht Zielbereiche zu bestimmen. Welche Grundwerte ordnen Sie z. B. Ihrer Gesundheit, Ihrem Beruf, Ihren Beziehungen usw. zu? In dieser Liste finden Sie Anregungen.

Bereich:	Möglich	Ihre persönlichen Wertvorstellungen
1. Gesundheit	Fitness	_____
	Optimale Ernährung	_____
	Entspannung	_____
2. Beruf	Mehr geben als erwartet	_____
	Beste Qualität	_____
	Teamarbeiten	_____
3. Familie	Liebe	_____
	Harmonie	_____
	Achtung	_____
4. Bildung	Interesse	_____
	Weisheit	_____
	Fortschritt	_____
5. Vermögen	Sparsamkeit	_____
	Reichtum	_____
	Sicherheit	_____
6. Soziale Aufgaben	Gemeinschaft	_____
	Helfen	_____
	Verbessern	_____
7. Sinn des Seins	Hingabe	_____
	Selbstverwirklichung	_____
	Freude	_____
8. Religion	Freiheit	_____
	Toleranz	_____
	Ehrlichkeit	_____

Sai Baba, ein indischer Avatar, empfiehlt fünf Grundwerte im Leben anzu-
streben:

- Rechtschaffenheit
- Wahrheit
- Frieden
- Gewaltlosigkeit
- und Liebe

Überdenken Sie Ihre Werte?

Der PowerThinker überprüft die eigenen Werte. Er setzt sie als Maßstab für die
Karriere, die Familie, die persönliche Entwicklung fest. Die Werte der Rechtschaffenheit, die Verantwortung dem Menschen und der Schöpfung gegenüber
sind Eckpfeiler seiner Vorstellungen. Die *Win-Win*-Strategie zeichnet die PowerFührungskraft aus und macht sie zu einem Magneten für Erfolg, in allen
Bereichen.

PowerThinker integrieren in ihrer Werteskala die Gewaltlosigkeit und die Lie-
be, die Grund war für die Zeugung ihrer Kinder. PowerEltern überprüfen ihre
Werte von Zeit zu Zeit, damit ihre Erziehung und das Wachstum ihrer Kinder
Priorität haben.

PowerThinker erkennen, dass ihre Grundwerte und Einstellungen die Motive
für das tägliche Handeln sind. Die Werte der Gemeinsamkeit, des Füreinanders
und des zielorientierten Arbeitens haben einen großen Stellenwert. Sie fördern all diese.

22. Das Glaubenssystem des PowerThinkers

Ihr Glaubenssystem ist direkt mit Ihren Wertvorstellungen verbunden. Sie bilden sozusagen eine Einheit. Wie wir bereits festgestellt haben, denken wir pausenlos, Abschalten ist nur bedingt möglich. In unserem Gehirn findet ständig ein Dialog statt. Das innere Bewusstsein versteht im Rahmen dieses internen Gesprächs nur Bilder, worauf unsere rechte Gehirnhemisphäre ausgerichtet ist. Die linke Hemisphäre analysiert und versteht die Worte; hier ist unser logisches Denken verankert. Wir reflektieren, und die Denkmuster, nach denen dies geschieht, sind aus unseren Glaubenssätzen aufgebaut.

> *Glaube ist Gewissheit ohne Beweis.*
> Henri-Frédéric Amiel

Ein Glaubenssatz ist eine von uns bestimmte Wirklichkeit, die unser inneres Bild und unser Gefühl bestätigt. Ich möchte Sie nicht veranlassen zu bewerten, ob Ihre Glaubenssätze richtig oder falsch sind. Was wir bewerten wollen, ist, ob sie uns dienlich sind, ob sie aufbauend und förderlich sind, oder ob sie uns hindern. Denn hängen hinter Ihren Zielen und Wertvorstellungen hinderliche Glaubenssätze, werden diese Sie vom Erfolg abhalten.

Jeder mehrfach wiederholte Satz kann zu einem Glaubenssatz werden. Ein Glaubens-Satz „setzt Glauben". Alles, was Sie sich ständig soufflieren, womit Sie sich gedanklich beschäftigen, bildet Ihr Glaubenssystem. Ich habe vor 15 Jahren einen meiner Referenten gefragt: „Wie kann ich glauben lernen?" Er meinte: „Entweder man glaubt oder nicht." Ich war mit der Antwort nicht zufrieden, heute weiß ich, wie wir glauben lernen – durch ständige Wiederholung:

- Alles beginnt mit einem Gedanken.
- Der Gedanke wird wiederholt.
- Aus den wiederholten Gedanken (die wir setzen), entstehen Glaubenssätze.
- Die Glaubenssätze bilden das Glaubenssystem.

Je öfter Sie ein Wort, einen Satz oder ein Gefühl wiederholen, desto mehr setzen Sie Glauben. Die Zahl der Wiederholungen bestimmt die

Stärke der Glaubenssätze, diese kumulieren sich zu einem Glaubenssystem. Ihr Selbstbild besteht daraus. Es will sich erfüllen, es zieht nach dem Gesetz der Resonanz das an, was Sie glauben.

Glaubenssätze sind Sätze, die unseren Glauben bestätigen bzw. stärken. Solche sind z.B. „Ich kann nicht" und „Ich kann". Diese wiederholen Sie ständig in Ihren Gedanken und verstärken sie dadurch. Jeder Glaubenssatz prägt die Vorstellungskraft, und wenn er auch noch mit Gefühl belegt ist, wird das innere Bewusstsein ihn schnellstmöglich verwirklichen.

Unserem Denken liegen diese Glaubenssätze zugrunde. Wenn Sie denken „ich kann nicht", ist der Grundsatz in dieser Formulierung „versagen". Wenn Sie denken „ich kann", ist die Aussage „gewinnen". Diese Einstellungen werden von Ihren Glaubenssätzen abgeleitet, diese bestimmen auch unsere Verhaltensweisen.

Ein Glaubenssatz ist etwas, was Sie in Ihrer persönlichen Realität als wahr empfinden. Dabei muss es objektiv überhaupt nicht wahr sein, es ist *Ihre* Wahrheit. Sie haben es sich so lange vorgesagt, bis Sie es selbst glauben – ob es stimmt oder nicht, spielt dabei keine Rolle. Für den Erfolg gibt es eine wichtige Regel: Nicht das, was Sie sind, hindert Sie am Erfolg – sondern das, was Sie glauben, dass Sie nicht sind! Einzig Ihr persönlicher Glaube bestimmt den Fortschritt in allen Bereichen.

> Ein Glaubenssatz ist etwas, was Sie in Ihrer persönlichen Realität als wahr empfinden.

Kennen Sie Glaubenssätze wie:

- „Ich kann mich nicht selbstständig machen, weil ich kein Studium habe."
- „Weil mich meine Eltern nicht haben studieren lassen, bin ich heute nichts."
- „Wenn meine Frau mich unterstützen würde, wäre ich schon viel weiter."
- „Mein Chef erkennt meine Fähigkeiten nicht."
- „Ich darf meine Meinung nicht sagen, weil ich mich damit blamieren könnte."
- „Es ist schwer, den richtigen Partner zu finden."
- „In der heutigen Zeit denkt jeder nur an sich."
- „Immer die falschen Leute haben Erfolg." („Die dümmsten Bauern haben die größten Kartoffeln.")

● „Niemand sieht mich so, wie ich wirklich bin."
● „Ich muss das ganze Leben leiden."
● „Gott hat mich verlassen."
● „Ich bin minderwertig."
● „Niemand versteht mich." („Keiner liebt mich.")
● „Immer ich!"

Solche und ähnliche Glaubenssätze tragen viele mit sich herum. Unser Denken ist so aufgebaut. Ich schlage Ihnen vor, jetzt ein paar Ihrer Glaubenssätze aufzuschreiben. Es gibt hinderliche und förderliche Glaubenssätze. Schreiben Sie in Ihrem Erfolgsjournal Ihre hinderlichen Glaubenssätze zuerst nieder, um sie anschließend umzuformulieren. Sie wissen ja: Gefahr erkannt, Gefahr gebannt. Sollten Sie sich mit dieser Aufgabe schwer tun, dann beantworten Sie zuerst nachfolgende Fragen und schreiben anschließend Ihre eigenen Glaubenssätze auf. Ergänzen Sie bitte spontan:

● Bis jetzt hat mich am meisten folgendes daran gehindert meine Ziele zu erreichen ...
● Ich denke, ich wäre richtig erfolgreich, wenn ich ...
● Als meine größten Schwächen empfinde ich ...
● Als meine größten Stärken empfinde ich ...

Mit dieser Methode des Schreibens skizzieren Sie Ihre Glaubenssysteme schnell und einfach. Ich habe an einem Abend fünf DIN A4-Seiten vollgeschrieben, und es war verblüffend, was für Muster, Ängste und selbst gebaute Hindernisse an den Tag kamen, die es zu hinterfragen galt.
Interessant dabei ist, dass Sie bald auf ganz andere Glaubenssätze stoßen werden als bisher angenommen. Ein Seminarteilnehmer hat auf meine Fragen folgendermaßen geantwortet:

1. Frage: Erfolg bedeutet für mich ...
        Selbstständig sein
        Leben genießen
        Mein eigener Herr sein

2. Frage: Unter Selbstständigsein verstehe ich:
        Aufstehen, wann ich will
        Keine Vorschriften haben
        Selbst entscheiden können

Alleine diese zwei Fragen haben ihn offenbart. Was, glauben Sie, war sein Hauptproblem? Richtig, kein Geld zu haben. Und sein Hauptziel war: reich werden. Finden Sie nicht auch, dass ein kleiner Widerspruch zwischen seinem Glaubenssystem und seinem Ziel existierte? Seine tatsächliche Situation war, dass viele Gläubiger schon hinter ihm her waren, er eine Eintragung in der Schufa und die Androhung zur Leistung eines Offenbarungseides hatte. Er tat genau das Gegenteil dessen, was er erreichen wollte. Und das lief schon seit Jahren so. Als erstes haben wir daher die Werte geordnet und darauf einige Glaubenssätze aufgebaut. Seine neue Bestimmung sah nun so aus:

1. Erfolg bedeutet für mich ...
    Finanzielle Freiheit
    Gesundheit erhalten
    Leben genießen

2. Selbstständigkeit bedeutet für mich ...
    5.000 Euro pro Monat zu verdienen
    Freie Zeiteinteilung
    Zu wachsen und mich zu entwickeln

Seine Ziele waren:
    1. Den Beruf zu finden, der ihm Freude macht.
    2. Sich im Beruf ständig zu verbessern.
    3. Seine Zeit im Beruf optimal einzusetzen.

Er hat sich dann für die Telekommunikation als Tätigkeitsfeld entschieden, und neulich, drei Jahre später, hat er mir Kopien seiner letzten Monatseinnahmen geschickt: 5.216,50 Euro. Er hat sein Ziel erreicht. Was noch wichtiger ist: Seine Beziehung ist wieder in Ordnung und die Arbeit macht ihm richtig Freude. Er steht übrigens mittlerweile morgens gerne auf. Er bekommt jeden Tag neue Anerkennung. In einem Training, das er neulich besucht hat, sagte er, dass er sich früher nie hatte vorstellen können, wie viel Spaß der Beruf machen kann.

Holen Sie alle hinderlichen Glaubenssätze ans Licht!

Wenn Sie systematisch alles aufschreiben, werden Sie sehr schnell den Nutzen erkennen. Sobald Sie Ihre negativen Glaubenssätze zu Papier gebracht haben, wird Ihnen viel wohler sein. Sie werden merken, dass die Energie, die Macht der hinderlichen Glaubenssätze schwindet. Warum? Weil Sie sie schwarz auf weiß vor sich sehen. Sie haben sie erkannt, und das Wichtigste: Sie bekennen sich dazu, wenn Sie bei der Formulierung ganz offen waren, Sie flüchten nicht und haben keine Angst vor der Konfrontation mit Ihrem eigenen Glaubenssystem. Egal, wie oft Sie die Übung machen: Sie werden immer wieder erkennen, dass ein hinderlicher Glaubenssatz oft in keiner Weise der Realität entspricht – und er trotzdem wirkt, besser: gewirkt hat.

Kürzlich hatte ich ein Gespräch mit einem erfolgreichen Autor, der sich im Moment in einer Krise befindet. Er wollte bis zum 60. Lebensjahr ein Haus haben und ohne Arbeit leben können. Jetzt ist er sechzig und muss arbeiten, immer noch Geld verdienen. Er sagte mir: „Schau mal, ich wollte mich mit 60 zur Ruhe

> *Ein Mensch, der sich ernsthaft ein Ziel gesetzt hat, wird es auch erreichen.*
> Benjamin Disraeli

setzen, in meinem eigenen Haus, und was ist jetzt? Ich muss arbeiten." Ich habe ihm geantwortet, dass die Realität anders aussieht: Er hatte sein Ideal schon einige Male erreicht, aber er warf in der Vergangenheit mit dem Geld nur so um sich, verspekulierte sich dazu und machte somit mehrere Millionen Verlust. Von dem Geld hätte er sich viele Häuser kaufen können. Warum war er dann heute nicht soweit? Weil er auf das Ziel nicht hingearbeitet hat, er dachte, irgendwie ginge es so weiter. Nun besann er sich und meinte, er habe versagt. Würde er genau hinsehen, müsste er feststellen: Ich habe mein Haus und meine Unabhängigkeit deswegen nicht, weil ich mein Geld falsch investiert und nicht vorgesorgt habe.

Was glauben Sie, wie sich seine Zukunft gestaltet, wenn er weiterhin seinen alten Glaubenssätzen nachhängt? Im wahrsten Sinne des Wortes *gestaltet sich die Zukunft*, nicht er gestaltet sie. Wenn Sie sich Ihrer hinderlichen Glaubenssätze bewusst geworden sind, folgt der zweite Schritt.

Das positive, aufbauende Umformulieren

Das Schöne daran ist, dass sie an Macht und Einfluss verlieren, wenn Sie die hinderlichen Glaubenssätze umformulieren. Ich meine bewusstes

Umformulieren, nicht einfach Verdrängen, denn das verschlimmert alles nur noch. Sie werden wahrscheinlich auch schon entdeckt haben, dass Sie die Vergangenheit nicht einfach aus dem Gedächtnis löschen können, sie ist trotzdem da. Alte Glaubenssätze werden nicht gelöscht, ihnen wird einfach die Aufmerksamkeit entzogen. Sie beachten sie nicht mehr. Sie wissen, es gibt sie, aber Sie versorgen sie nicht mehr mit Energie, mit Aufmerksamkeit. Diese lenken Sie bewusst auf die neuen, positiven und aufbauenden Glaubenssätze. Nun wirken sie genauso.

> *Kein Ziel ist so hoch, dass es unwürdige Methoden rechtfertigt.*
>
> Albert Einstein

Die Glaubenssätze in uns sind unsere innere Wirklichkeit. Wir können sie jederzeit ändern. Glaubenssätze existieren natürlich auch unabhängig von den Wertvorstellungen, die uns bewusst sind, sie können sich sogar total widersprechen, wie „Man muss für den Frieden kämpfen!", und dabei kommen unschuldige Menschen zu Schaden.

Immer wieder konnte ich bei Seminarteilnehmern beobachten, dass schon ein Teil des Weges geschafft war, wenn sie einen hinderlichen Glaubenssatz in einen neuen, förderlichen umformuliert hatten. Ihre Energie, ihr Zustand hatte sich geändert. Schon nach dem ersten Schreiben hatten sie ein anderes Gefühl für sich und zu ihrem alten Glaubenssatz, sie konnten feststellen, wie vollkommen anders die aufbauende Variante klingt. Viele bezeichneten es wie Musik in ihren Ohren.

Wie wird ein Glaubenssatz umformuliert?

Der neue, förderliche Glaubenssatz muss

- logisch aufgebaut
- klar
- nachvollziehbar
- realistisch sein und
- mit einem positivem Ergebnis abschließen.

Glaubenssysteme sind unsere subjektive Wahrheit. Können diese ungehindert wirken, bleiben wir in unserer Entwicklung stecken, und zwar genau in dem Stadium, in dem wir dieses System geschaffen haben. Da Sie heute auch nicht mehr die Kleidung anziehen, die Sie zu Ihrer Einschulung trugen, ist es äußerst sinnvoll, die inneren Ansichten bewusst zu überprüfen und sie auf Ihrem Lebensweg nicht wie zu enge Schuhe weiterhin unter Schmerzen zu tragen.

Überprüfen Sie doch gleich einmal Ihr Glaubenssystem zum Wort „Geld".

> *Wenn ich das Wort Geld höre, fällt mir ein ...*

Ich hatte damals Folgendes dazu geschrieben:

- „Alles dreht sich um das blöde Geld!"
- „Wer das Geld hat, hat die Macht."
- „Wenn das sch... Geld nicht wäre, würde alles einfacher sein."
- „Muss immer verdient werden."
- „Warum haben alle anderen mehr.
- „Warum soll gerade ich viel verdienen?"
- „Verdirbt den Charakter!"

Wie Sie sehen: ein äußerst negatives Bild. Und trotzdem hatte ich erwartet, reich zu werden. Ja, ich wollte reich werden, ich wollte Geld besitzen, die Frage ist nur „Warum?", wenn ich doch alles Schlechte damit verband? Meine Gefühle zum Thema Geld waren also negativ, und ich hatte positive Ergebnisse erwartet. Ein Schwachsinn. Wenn Sie ein ne-

> *Wenn man kein Geld hat, denkt man immer an Geld. Wenn man Geld hat, denkt man nur noch an Geld.*
> Jean Paul Getty

gatives Bild von Geld haben, vielleicht in dem Maße wie auch ich, so sollten Sie sich in diesem Zusammenhang Ihre Einstellung zu Ihrem Beruf ansehen. Nehmen wir einmal an, Sie üben Ihren Beruf gerne aus, er macht Ihnen Freude und Spaß, das einzige, was fehlt, ist, dass Sie damit viel Geld verdienen. In dieser Situation gibt es einen Wertekonflikt:

- Sie verurteilen Geld als etwas Schlechtes, Unmoralisches und
- Sie lieben Ihren Beruf, haben Freude daran.

Was wird in diesem Wertekonflikt die Folge sein? Sie können nicht mehr Geld verdienen, es passt einfach nicht zusammen. Denn Sie würden für etwas, das Sie gerne machen und das Sie lieben, etwas bekommen, das Sie verurteilen und ablehnen. Daher empfehle ich Ihnen: Ändern Sie die

Einstellung zum Geld, lieben Sie Ihre Arbeit und lieben Sie Geld, dann passt es wieder zusammen. Übrigens, bei jemandem, der die Arbeit hasst, passt „Ablehnung Geld" und „Ablehnung Arbeit" gut zusammen: „Für diese blöde Arbeit steht mir das blöde Geld zu!"

Als gebürtiger Südtiroler und sechster Sohn eines Bauern habe ich ganz spezielle Werte und Glaubensmuster über Reichtum und Geld mitbekommen. Unser Vater sagte: „Wenn jemand reich ist, dann hat er geerbt, ist ein Betrüger oder hat viel gearbeitet." Ich habe nicht geerbt und Betrüger war ich auch keiner, was bleibt in meinem Glaubenssystem noch übrig? – Viel arbeiten!

Unser Vater hat sich sein Geld mit täglicher Arbeit in den Weinbergen verdient. Was habe ich also unter „arbeiten" verstanden? Richtig körperliches Schaffen, geistige Arbeit zählte nicht. Bücher schreiben, Vorträge und Seminare kreieren und halten, Gespräche und Verhandlungen führen, das war für mich keine Arbeit. In meinem Glaubenssystem war Arbeit mit körperlicher Anstrengung verbunden – ein Kreislauf, dem ich es verdankte, dass ich viel Arbeit hatte. Ich verdiente zwar immer mehr, produzierte aber gleichzeitig auch mehr Kosten. Unterm Strich ist somit nichts übrig geblieben, wie konnte es auch, es wäre ja gegen mein eigenes inneres Glaubenssystem gewesen. Bei uns zu Hause hieß es: „Um viel zu verdienen, musst du viel arbeiten!" In Deutschland habe ich dann gelernt: „Wer viel arbeitet, hat keine Zeit Geld zu verdienen!" Wo ist der Ausgang aus diesem System? Als ich ihn erkannte, habe ich rigoros alle hinderlichen Glaubenssätze umformuliert und bewusst neu bewertet.

> *Wer der Meinung ist, dass man für Geld alles haben kann, gerät leicht in den Verdacht, dass er für Geld alles zu tun bereit ist.*
> Benjamin Franklin

- Alt: „Alles dreht sich um das blöde Geld!"
  Neu: „Geld ist wichtig und ständig im Kreislauf."
- Alt: „Wer das Geld hat, hat die Macht."
  Neu: „Auch ich kann Macht haben, zuerst kümmere ich mich ums Geld."
- Alt: „Wenn das sch... Geld nicht wäre, würde alles einfacher sein!"
  Neu: „Geld ist gut, es dient mir und ich kann durch Fleiß und Ehrlichkeit immer mehr verdienen!"
- Alt: „Geld muss immer verdient werden."
  Neu: „Es wird immer verdient, egal von wem."

- Alt: „Warum haben alle anderen mehr?"
  Neu: „Welche Strategie haben diejenigen, die mehr verdienen als ich?"
- Alt: „Warum soll gerade ich gut verdienen?"
  Neu: „Ich kann viel verdienen, weil ich fleißig und ehrlich bin. Ich helfe Menschen."
- Alt: „Geld verdirbt den Charakter."
  Neu: „Stimmt nicht, der Umgang mit dem Geld zeigt den Charakter."

Dazu ein paar neue kurze Glaubenssätze:

- Geld ist ein Tauschmittel.
- Geld ist gut.
- Mit Geld kann ich helfen.
- Meine Arbeit bringt mir Früchte in Form von Geld.
- Geld ist das Ergebnis meiner guten Leistung.
- Genügend Geld befreit.
- Ich liebe Geld.
- Ohne finanzielle Sorgen kann ich Menschen leichter, ehrlicher und besser helfen.

Nehmen Sie sich Ihr Erolgsjournal zur Hand und schreiben Sie alle Glaubensätze auf, die Ihnen einfallen. Zuerst die hinderlichen, die Sie anschließend umformulieren werden.

Hier noch ein Beispiel eines Glaubensatzes: Anfang der neunziger Jahre hatte ich einige Verträge unterschrieben, die mich in den Folgejahren enorm viel Geld und beinah auch die berufliche Existenz gekostet hätten. Als mir die Folgen bewusst waren, bin ich laufend mit mir ins Gericht gegangen und habe mir vorgeworfen: „Warum war ich damals so bescheuert, das zu unterschreiben? Wenn ich das nicht getan hätte, wäre ich heute schon ...!"

Nach monatelangen Selbstvorwürfen ist mir bewusst geworden, dass diese Glaubenssätze: „Hätte ich damals nicht ..." immer nur ein schlechtes Gefühl erzeugten und der Frust immer größer wurde. Ich habe dann begonnen zu prüfen, was denn der Vorteil aus dieser Geschichte sein könnte. Nach einigem Überlegen kam ich drauf und strickte mir dann folgenden Glaubenssatz: „Meine vergangenen Erfahrungen dienen mir für neue großartige, multiplizierbare persönliche und finanzielle Erfolge."

Plötzlich hatte die Vergangenheit einen Wert! Ich habe erkannt, dass genau diese mein immaterielles Vermögen ist, und da ich die Verantwortung für mich übernommen hatte, die Gedankendisziplin konsequent anwandte, konnte ich nun daran gehen, mich aufzubauen.

Wann immer so ein „Warum habe ich ...“-Anflug kam, sagte ich mir „Stopp!" und: „Meine vergangenen Erfahrungen dienen mir zu neuen großartigen, multiplizierbaren persönlichen und finanziellen Erfolgen."

Ich habe somit dem alten Glaubenssatz die Kraft entzogen und dem neuen einen Wert gegeben. Sie können ihn überprüfen – er ist logisch, klar, nachvollziehbar und hat ein positives Ergebnis. Nur denken Sie bitte daran: Manche Glaubenssätze sitzen lange und tief in uns. Meinen hier genannten habe ich mir monatelang immer wieder vorgesagt und er hat seine Wirkung nicht verfehlt.

Tatsächlich ist meine Vergangenheit heute mein Kapital, denn ich kann viele Menschen an meinen fundierten Einschätzungen teilhaben lassen – nicht, weil ich Hellseher bin, sondern weil ich Erfahrung gesammelt habe zum Thema „Wie bringe ich mich mit schöner Regelmäßigkeit zielsicher in die Krise, wie komme ich wieder heraus – und wie lasse ich den Quatsch endgültig sein!" Heute verdiene ich mit Problemlösungen sehr gut, und es macht mir große Freude, Erfolgsstrategien für andere zu entwickeln. Wenn Sie jemanden suchen, der Ihnen helfen kann, aus einer Krise zu kommen und in eine neue Erfolgsstrategie einzusteigen, stellen Sie sich vor einen Spiegel: Sie sehen Ihren besten Coach, sich selbst, in Lebensgröße vor sich.

Was ist der Unterschied zwischen Glaubenssatz und Suggestion?

Wenn Sie viel über positives Denken gelesen haben, werden Sie innerlich rebellieren, wenn Sie in folgender Beschreibung das Wort „nicht" oder eine negative Formulierung am Anfang eines Glaubenssatzes sehen. Es scheint ein Widerspruch zu dem zu sein, was Sie über Ihr inneres Bewusstsein gelesen haben. „Nicht" ist eine Umschreibung einer Form, die wir nicht haben wollen. Und wie bereits erwähnt werden Verneinungen vom inneren Bewusstsein nicht verstanden, da es in Bildern „denkt". Natürlich wird das Wörtchen „nicht" nicht verstanden.

Aus der christlichen Wissenschaft in Amerika stammt nun diese verneinende Form, gegen die ich anfänglich selbst rebelliert hatte. Bei näherer Betrachtung ist es eine geniale Möglichkeit, die linke und die rechte Gehirnhemisphäre, Bewusstsein und inneres Bewusstsein in die gewünschte Richtung zu motivieren. Die Formulierungen werden dafür benutzt, die linke, logische Gehirnhemisphäre zu beschäftigen. Gleichzeitig soll in der rechten ein gedachtes inneres Bild abgerufen werden können, welches für Ihr inneres Bewusstsein bestimmt ist. Die Logik ist die: Sie wollen etwas nicht, das innere Bewusstsein sieht das dahinter stehende Bild und erfährt Ihr Gefühl dazu. Die Verneinung ist also immer für die Logik entworfen und darf sich nicht weiter fortsetzen.

Nun also zu dem Unterschied: Ein Glaubenssatz ist sinnvoll aufgebaut und liefert einen Grund, damit wir das Entsprechende auch glauben können. Eine Suggestion hingegen ist eine Feststellung, die unserem inneren Bewusstsein ein klares, scharfes Bild eines erwünschten Zustandes liefern soll. Haftet diesem Zweifel an oder ein ungutes Gefühl, dann geschieht genau das Gegenteil.

Angenommen Sie suggerieren sich „Ich bin reich, ich bin reich!", und Sie möchten reich werden, jedoch im Moment wissen Sie nicht, wie Sie die nächste Miete zahlen sollen. Was passiert mit Ihrem Gefühl? Wenn Sie blindes Vertrauen haben, werden Sie ein positives Bild und ein gutes aufbauendes Gefühl dazu haben. Sobald Sie aber ein bisschen zweifeln, wird Ihr Gehirn sagen: „Du bist reich? Seit wann denn das? Hab' ich da irgend etwas nicht mitgekriegt? Schau mal dein Bankkonto an, was bildest du dir ein?!" Ihr Gefühl

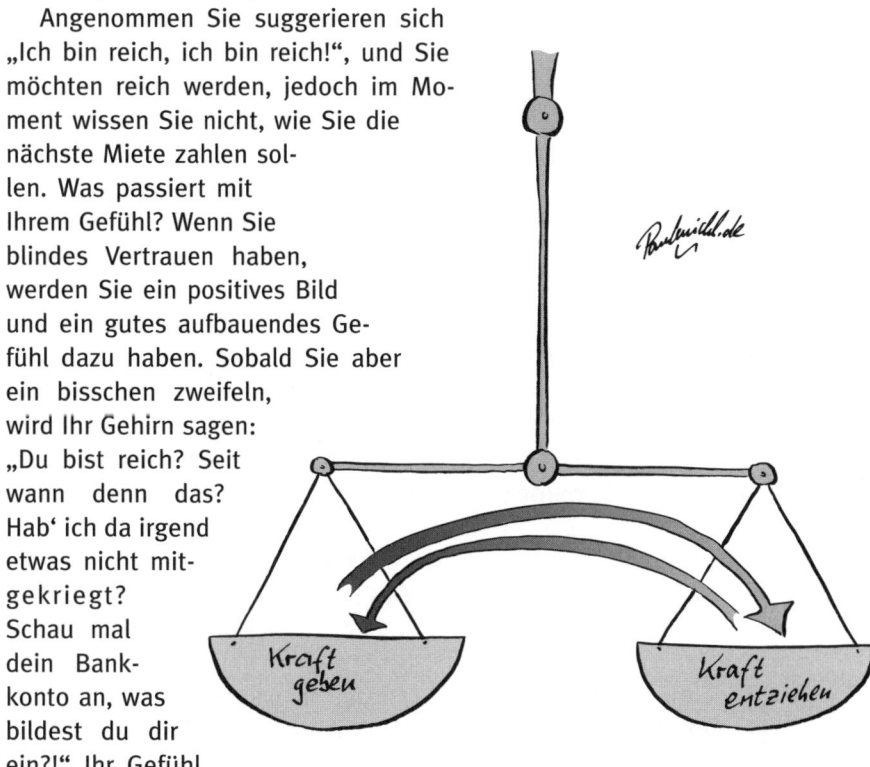

wird dann nicht mehr so gut sein, im Gegenteil. Es werden Angst und Furcht aufsteigen, und Sie werden merken, dass Sie sich belügen. Die Situation wird sich verschlimmern.

Daher funktioniert nur bei wenigen das „Möchtegern-Positiv-Denken". Die Suggestion ist verbunden mit dem Gegenteil, somit kann das Ergebnis nur im Gegenteil liegen. Beim Glaubenssatz sieht es anders aus. Er liefert Ihnen logische Sicherheit und Klarheit, sodass das Ergebnis keine blanke Theorie ist. Im Falle des Reich-Werden-Wollens könnte dieser so lauten:

„Durch meinen Fleiß und die konsequente Umsetzung meiner Ideen werde ich reich und schaffe mir ein Vermögen." Oder:

- „Durch den richtigen Einsatz meiner Fähigkeiten und mit vernünftiger Zeitplanung erreiche ich in meinem Beruf immer mehr und werde dadurch mehr verdienen. Ich werde von Jahr zu Jahr reicher."

Die Suggestion „Ich bin gesund!" kann bei Krankheit ernsthafte Zweifel schüren. Dagegen motiviert der Glaubenssatz: „Ich fördere täglich meine Gesundheit durch richtiges und mäßiges Essen und durch mein tägliches Körpertraining."

Wohlgemerkt, Suggestionen sind richtig und okay, *allerdings vor allem im entspannten Zustand, wenn Sie direkt Ihrem inneren Bewusstsein Eindrücke vermitteln. Suggestionen dürfen nur keine Zweifel hervorrufen.* Ansonsten sind Glaubenssätze hilfreicher.

> *An seine Träume glauben, heißt sein Leben im Schlaf verbringen.*
> Aus China

Haben Sie in Ihr Erfolgsjournal alle Glaubenssätze, die Ihnen eingefallen sind – negative wie positive – aufgeschrieben? Es macht richtig Spaß, die negativen umzuformulieren und Sie werden erfahren, welche Freiheit in Ihr Bewusstsein tritt.

Ich bin bezüglich der Anfangsphase dieser Umformulierungsarbeit ein Freund von langen Glaubenssätzen. Was Sie bisher an Beispielen gelesen haben, ist ein positiver Gegensatz zum negativen Glaubenssatz. Manchmal mag das ausreichen, allerdings bevorzuge ich gelegentlich in sich logische, richtiggehende „Glaubens*aufsätze.*" In unserem Training „Strategisches Selbstmanagement" verwenden wir nach der Problemlösung und der Zielformulierung viel Zeit dafür.

Hier einige Beispiele:

- Alt: „Ich kann nicht nein sagen!"
  Neu: „Von nun an sage ich „ja", wenn ich „ja" meine, und „nein",
  wenn ich „nein" meine. Ich weiß, dass jedes ungewollte Ja zu etwas
  führt, was ich nicht will, und ein Nein zu mir selbst bedeutet. Bevor ich
  spontan „ja" sage, hole ich tief Luft und kläre dann in Ruhe, ob ich will
  oder nicht. Ein Nein erkläre ich liebevoll und bleibe dabei. Ich weiß,
  dass ich dies kann, und ich handle ab sofort danach."
- Alt: „Meine Gefühle haben mich im Griff!"
  Neu: „Gefühle sind erlernt. Von nun an prüfe ich, ob ein Gefühl hilfreich oder hinderlich ist. Ich weiß: Ich *habe* ein Gefühl, ich *bin nicht*
  mein Gefühl. Ich kann jederzeit Gefühle neu erzeugen, wenn ich wirklich will. Meine Vergangenheit hat nur den Wert, den ich ihr im Moment beimesse. Ich entscheide mich jeden Augenblick für positive und
  aufbauende Gefühle. Negative nehme ich zur Kenntnis und ändere sie
  jedesmal von neuem. Ich weiß, dass ich es kann, und ich tue es. Ich be-
  stimme meine Gefühle."
- Alt: „Ich muss viel arbeiten und alles selbst machen!"
  Neu: „Durch vieles Arbeiten alleine ist noch nie viel geschaffen worden. Ab sofort erledige ich alles Wichtige sofort, delegiere, was ich de-
  legieren kann, und kümmere mich um das Wesentliche. Ich erlaube
  mir, mit weniger Arbeit, dafür mit mehr Denken und Planen in kürzerer
  Zeit mehr zu erreichen. Ich bin auf dem besten Weg, mehr in kürzerer
  Zeit zu schaffen."
- Alt: „Ich muss alles perfekt machen und daher mache ich manchmal
  gar nichts."
  Neu: „Perfektion ist ein Muster. Ab sofort erlaube ich mir, Dinge und
  Vorgänge einfach gut zu erledigen und lasse jeglichen Perfektions-
  drang los. Perfektion hindert und hält mich ab, rechtzeitig aufzuhören
  und Energie zu sparen. Perfektion ist kein Ziel und daher arbeite ich an
  alten Vorgängen, so weit ich arbeiten kann und ich die nötigen Informationen habe. Ich arbeite ökonomisch, zielorientiert und vernünftig.
  Dadurch erreiche ich meine Ziele leichter und schneller."
- Alt: „Ich fühle mich nicht wert, viel Geld zu verdienen."
  Neu: „Geld ist Energie und Energie soll fließen. Ab sofort erlaube ich
  mir, Geld anzunehmen, Geld meine Achtung zu geben, Geld willkommen
  zu heißen, ja es zu lieben. Ich bin es wert, viel zu verdienen, weil ich
  fleißig bin, weil ich ehrlich bin, weil ich den Menschen helfe. Ich setze

Schritt für Schritt meine Strategie um und gehe dem Geld entgegen. Ich bin gut, Geld ist gut, wir passen gut zusammen. Je mehr Geld ich verdiene, umso bescheidener werde ich, umso klarer, umso menschlicher."

● Alt: „Ich habe vor dem Nein beim Verkauf Angst."
Neu: „Ein Nein im Verkauf ist normal. Jeder Kunde braucht genügend Informationen, um selbst zu einem Ja zu kommen. Nein bedeutet für mich, er weiß noch nicht genug und fordert mich heraus, mein verkäuferisches Talent intensiv einzusetzen. „Neins" gehören zum Gesetz der Serie dazu, um „Jas" zu bekommen. Ich hole mir täglich viele Nein-Antworten, um viele Ja-Antworten zu bekommen. Das ist das Geheimnis eines erfolgreichen Verkäufers."

Ich empfehle auch Ihnen, Ihre Glaubenssätze am Anfang ruhig länger zu formulieren, und wenn Sie diesen verinnerlicht haben, eine Kurzfassung zu kreieren.

Wenn Sie dieses Kapitel durchgearbeitet haben, beginnt ein ganz neues Abenteuer. Egal, wie viel oder in welcher Form Sie schon an sich gearbeitet haben: Das Glaubenssystem zu überprüfen ist immer eine lebensbejahende Bereicherung. Ihr Glaubenssystem sorgt dafür, dass sich das einstellt, was vorherrscht.

Wie glauben Sie?

Der PowerThinker schafft sich Glaubenssätze, die ihn seinen Zielen näherbringen. Er weiß, dass jeder mehrfach gedachte Gedanke automatisch ins Glaubenssystem aufgenommen wird. Die PowerFührungskraft fördert das Glaubenssystem ihrer Mitarbeiter, hilft und baut auf – jeden Tag neu und immer individuell.

PowerThinker nutzen Glaubenssätze, um den Kindern Selbstbewusstsein, Selbstreflektion und Sicherheit zu geben. Sie bauen das Selbstbild der Kinder zu dem eines sozialen Gewinners auf. Sie fördern die menschlichen Werte, denn sie wissen, dass ihre Kinder die Gesellschaft von morgen repräsentieren. Die Investition von heute kommt morgen hundertfach zurück.

PowerThinker erledigen alle Aufgaben mit Selbstbewusstsein. In ihrem Glaubenssystem haben Hass, Neid, Missgunst und Intoleranz keinen Platz. Im Glaubenssystem des PowerWorkers haben die Grundwerte der Gemeinsamkeit, der Freude an der Arbeit, des täglichen Wachstums und der gegenseitigen Achtung Vorrang.

23. Ganzheitlich Sinn-voll leben

Der Mensch ist sowohl Geist als auch Seele und Körper. Viele Zeitgenossen leben sehr einseitig, sind mehr Schein als Sein und vernachlässigen ihre Geistes- und Seelenkraft. Manche z.B. arbeiten so viel, dass irgendwann der Herzinfarkt droht, sie rauchen oder essen so viel, dass sie ihrem Körper nachhaltig Schaden zufügen. Manch einer vergisst, dass irgendwann alles vorbei ist. Das einzige, was dann zählt, ist, wie weit jemand in seinen menschlichen Werten gekommen ist, wie weit sich jemand in Großherzigkeit und Liebe entwickelt hat. Alles Hab und Gut lassen wir zurück.

Wir haben drei Kräfte in uns, die erst in der gleichrangigen Beachtung und Anwendung zur vollen Entfaltung kommen. Einzeln angewandt wird das Leben nie ein ganzheitlicher Erfolg. Es ist wie mit dem Geld: Manche Menschen haben viel Geld und sind trotzdem vollkommen unglücklich und voller Sorgen. Andere sind berühmt und reich und bringen sich eines Tages um. Warum? – Weil sie keinen Sinn mehr in ihrem Dasein gefunden haben.

Wir sollten üben, die Ganzheitlichkeit zu leben, alle drei Kräfte bewusst einzusetzen und in die von uns gewünschte Richtung zu lenken. Kooperation zwischen diesen Kräften ist gefragt, nicht Konfrontation.

Geist	Seele	Körper
Bildung	Empfinden	Erleben
Wissen	Vergleichen	Umsetzen
Denken	Fühlen	Tun
Planung	Erleben	Ausführen
Entscheiden	Glaube	Handeln
Wille	Identifikation	Tat

Ihr Geist

Mit der Geisteskraft ist es uns Menschen möglich zu entscheiden. Der Geist hat den Verstand als Werkzeug, um zu begreifen. Er hat richtungsweisende Funktionen. Mit dem Verstand denken und entscheiden wir. Seine Kapazität ist unendlich groß. Die Geisteskraft wird von den meisten Menschen nur zu ca. 15 % genutzt.

Das Gehirn ist das Speicherorgan unseres Verstandes. Der Geist führt die Kontrolle über beide aus. Wer dem Verstand die alleinige Kontrolle zuordnet, wird „kopflastig" und zu rational. Wir haben zwei Gehirnhemisphären, die linke rationale und die rechte emotionale. Jahrelang wurde in Erziehung und Schule nur eine Seite trainiert – die logische Funktion, und alles andere wurde außer Acht gelassen, bis man gemerkt hat, dass man mit Logik alleine nicht das Leben meistern kann.

> *Der Geist ist wie der Magen: Man soll ihm nur Dinge zuführen, die er verdauen kann.*
>
> Henri Troyat

Im Einzelnen ordnen die Wissenschaftler unseren Gehirnhälften folgende Eigenschaften zu:

links	rechts
Worte	Bilder
Denken	Gefühle
Logik	Ganzheitlichkeit
Rational	Kreativ
Detail	Ganzheit
Fakten – Daten	Einheit
Analysen – Statistiken	Künstlerische Fähigkeiten
Namen	Gesichter
Seriell	Parallel
Zensor, wertet	Nichtwertend
Individuum/trennt	Ganzheit/verbindet
Ich	Wir
Körperbewusstsein	Allbewusstsein
Polarität	das Ganze

In unserer Welt der Dualität gibt es immer zwei Pole. Richten wir uns nur einseitig aus und vernachlässigen den anderen Pol, wird dies zwangsläufig zu Krisen führen. Unser Schulsystem ist in der Wissensvermittlung auf eine logische, klare, sachliche Vorgehensweise ausgerichtet. Die Folge ist, dass Kreativität, ganzheitliches und vor allem auch sinnliches Lernen fast nicht stattfindet. Viele beginnen erst ganzheitlich zu lernen, wenn sie die Schule verlassen haben.

Häufig wollen wir unser Leben klar, strukturiert und sachlich meistern, ohne Gefühle, denn da könnten wir ja verletzt werden. Speziell im Berufsleben ist Sachlichkeit an der Tagesordnung, obwohl wir nicht mit dem Kopf, sondern mit unseren Gefühlen entscheiden.

Der Verstand, der der logischen Hemisphäre zugeordnet wird, ist ein guter Diener, aber ein schlechter Herrscher. Die Herrschaft sollte Ihr Geist, dem die Willenskraft unterliegt, übernehmen. Der römische Philosoph Seneca schrieb: „Weise Lebensführung gelingt keinem Menschen durch Zufall. Man muss, solange man lebt, lernen, wie man leben soll."

> *Weise Lebensführung gelingt keinem Menschen durch Zufall. Man muss, solange man lebt, lernen, wie man leben soll.*
>
> Seneca

Ich habe auch viele Menschen kennen gelernt, die wiederum dem Verstand überhaupt keine Macht geben, die die Willenskraft verurteilen und nur noch auf ihr Gefühl hören wollen, auf „ihren Bauch". Speziell in esoterischen Kreisen ist diese Haltung häufig anzutreffen. Beide Einstellungen sind aus der ganzheitlichen Perspektive betrachtet extrem.

Die Geisteskraft hat die Werkzeuge Verstand zum Verstehen und Vorstellungskraft, damit wir uns etwas vor-stellen können. Beides wird gebraucht, nichts ist wichtiger oder unwichtiger. Alles wiederum, was Sie sich vorstellen können, können Sie auch in die Tat umsetzen. Dem Verstand sind Grenzen gesetzt, der Vorstellungskraft nicht.

Verstand → verstehen, bewerten, unterscheiden, ob sinnvoll oder nicht

Vorstellung → Neues schaffen, etwas was noch nicht existiert

Verstehen werden wir in der Regel das, was wir schon einmal erlebt oder gesehen haben. Vorstellen können wir uns auch Dinge, die wir noch nie gesehen haben. Und meist ist dies auch nötig, wenn Sie sich mehr Erfolg, Gesundheit oder andere Dinge wünschen.

Verstandesmäßig Denken ist menschlich Denken, mit der Kraft der Vorstellung Denken ist visionäres, *schöpferisches* Denken. Wenn Sie sich Gesundheit nicht vorstellen können, dann wird es schwierig sein, diese zu bekommen oder zu erhalten (oder festzustellen, wann der Zustand eingetreten ist). Wenn Sie sich ein anderes Leben nicht vorstellen können, werden Sie immer dasselbe (er)leben. Erfolg hängt in der Hauptsache von der Vorstellungskraft ab. Diese Vorstellungskraft aktiviert die zweite große Kraft in Ihnen, die Seele.

Ihre Seelenkraft – die Kraft des Glaubens

Die Seele wird als Sitz des inneren Bewusstseins angenommen und ist auch der Gefühlsspeicher. Das innere Bewusstsein ist für diesen einen, für Ihren Körper geschaffen worden. Es ist ein Diener, ein Ausführender. Es ist ein unendlicher Speicher aller vergangenen Erfahrungen und Erlebnisse, der nur dazu da ist, uns zu dienen. Wir müssen aber wissen, wie wir uns seine Dienste zunutze machen können. Alle Gewohnheiten sind in unserem inneren Bewusstsein gespeichert.

Die Seele wird im Duden als „körperloser Teil des Menschen" definiert. In religiöser Vorstellung gilt die Seele als unsterblich. Die Kraft der Seele befähigt uns zu intensivem Empfinden. Der Geist nimmt auf, die Seele empfindet. Wir Menschen als höchstentwickelte Seelenwesen können diese Empfindungskraft in verschiedensten Formen einsetzen.

Glaube nennt man die Angewöhnung geistiger Grundsätze ohne Gründe.
Friedrich Wilhelm Nietzsche

Die Seelenkraft empfindet und ist auf Entwicklung ausgerichtet. Wenn wir manchmal einfach genug haben und meinen, es müsste mit den Problemen und Herausforderungen vorbei sein, dann ist Ihre Seele meist anderer Meinung. Sie hat diesen Körper zur Entwicklung. Vor der Entwicklung kommt meist die Verwicklung. Wer sich verwickelt, muss sich entwickeln. Daher sind Probleme, – ich verwickle mich in Umstände, die es zu lösen gilt –, Entwicklungshelfer. Ich reife, ich entwickle mich, indem ich dieses Problem löse.

Die Glaubenskraft ist im Bereich der Seele angesiedelt. Der Glaube ist die Kraft, die Ihrem Gehirn und Ihrer Vorstellung die nötige Power gibt.

Auch an unsere Seele müssen wir glauben, wir sehen sie nicht und doch wissen wir, dass etwas in uns ist.

Im inneren Bewusstsein wird assoziiert und verglichen. Stellen Sie sich Ihr inneres Bewusstsein wie eine riesige Datenbank vor. Eine Datenbank, die nahtlos jedes Gefühl, jeden Eindruck, jedes Erleben gespeichert hat. Nichts geht diesem Datenspeicher verloren, er ist unendlich groß.

Ihr Körper

Das Gefäß Körper ist der sichtbare Ausdruck der Seele, unserer Gedanken, unserer Gefühle und unserer Emotionen. Der Körper ist ein wunderbares Werkzeug, um unser Inneres widerzuspiegeln. Ihr Körper ist die Projektionsfläche

> Ihr Körper ist die Projektionsfläche Ihrer Entwicklung und Entfaltung.

Ihrer Entwicklung und Entfaltung. Alle Empfindungen können am ganzen Körper und hauptsächlich im Gesicht abgelesen werden. Es verrät uns immer, denn es drückt unsere innere Haltung aus: Freude, Angst, Begierde, Lust und Feigheit. Professor Kurt Tepperwein sagt. „Über vierzig ist jeder für sein Gesicht selbst verantwortlich."

Der Körper hat die dichteste Schwingung der drei Kräfte und ist ihnen somit untergeordnet. Alle Ausdrucksformen, z.B. Krankheit oder Gesundheit, die auf der körperlichen Ebene stattfinden, wurden vorher im Geist und in der Seele ausgelöst. Die Identifikation mit dem Körper sei unser eigentliches Hindernis, sagen alle Weisen. Weil wir an ihn glauben, glauben wir an Krankheit, Altern, Tod. Im körperlichen Ausdruck nimmt Ihre Umwelt Sie wahr. Sie offenbaren sich mit Ihrem Sprechen, mit Gestik und Mimik, mit Ihrer Körpersprache.

Nicht umsonst heißt es: Der Körper lügt nicht. Er drückt Stimmungen aus. Wollen Sie feststellen, wie sich ein Mensch fühlt, so nehmen Sie dessen Haltung ein. Jede Bewegung spiegelt uns ein Gefühl wider. Wenn Sie die Körpersprache lernen möchten, machen Sie die Gestik des anderen nach und spüren Sie in sich hinein. Sie können nachvollziehen, wie sich der andere fühlt.

Weil das so ist, haben wir auch die großartige Möglichkeit, über den Körper das Gehirn und das innere Bewusstsein zu beeinflussen. Genau hier setzt ein PowerThinker an. Er steuert auch über seinen Körper seine Gefühle. Es versteht es, sich in einen guten, aufbauenden Zustand zu bringen.

Sind Ihre drei Kräfte eins?

Der PowerThinker weiß, dass beruflicher Erfolg allein noch keine gute Führungskraft ausmacht. Seine Aufgaben im Beruf zu leben, seine Aufgaben in der persönlichen Entwicklung zu leben, seine Aufgaben seiner Familie gegenüber, sie sind ihm alle wichtig. Ganzheitlicher Erfolg ist menschlicher Erfolg. Oder wie ein amerikanischer Millionär bemerkte: „Es hat wenig Sinn so hart für den Lebensabend zu arbeiten, dass man ihn nicht mehr erreicht."

PowerThinker lehren ihren Kindern ganzheitlichen Erfolg. Erfolg im Zwischenmenschlichen, finanzieller Erfolg, persönlicher Erfolg, all das macht einen modernen Menschen aus. Erfolg nicht als Selbstzweck, sondern als Ergebnis richtigen Denkens, Fühlens und Handelns. Erfolg erweist sich weniger daran, was jemand erreicht hat, als vielmehr wie viele Hindernisse er bis dahin überwunden hat.

PowerThinker sehen jeden Kollegen als ein Individuum. Zum Erfolg gehören hier Gemeinsamkeit und Menschlichkeit sowie die Möglichkeit, seine Fähigkeiten voll in den Dienst seiner Mitmenschen zu stellen, sich dabei zu erfreuen, gerne zu helfen und gerne zu verdienen. als Folge richtigen Handelns mehr Freude zu empfinden ist das Ziel eines jeden PowerWorkers.

24. Der optimale Gefühlszustand als Grundlage des Erfolgs

Was geschieht, wenn Sie einmal nicht so gut drauf sind? Alles läuft schief, egal, was Sie beginnen – Sie könnten ausrasten! Kennen Sie den Zustand? Und was machen nun die meisten? Sie ärgern sich und alles wird noch schlimmer. Oder sie fühlen sich niedergeschlagen und werden depressiv.

Welche Strategie verfolgen Sie?

Die moderne Lehre des NLP (Neurolinguistisches Programmieren) basiert darauf, dass alle Gefühle sich im Körper ausdrücken. Jede Gestik, jede Bewegung kann ein bestimmtes Muster widerspiegeln. Ausgebildete Therapeuten lesen aus Ihrem Verhalten Ihre „persönliche Strategie" ab. Ist diese bekannt, schreiten Sie an die Änderung. Wir alle haben eine persönliche Verhaltensstrategie, genauso haben wir eine persönliche Glaubensstrategie, und wir haben eine ganz individuelle Umsetzungsstrategie. Alle Strategien haben eines gemeinsam: Sie selbst steuern sie, und Sie alleine können diese beeinflussen.

> *Die Fertigkeit, Gefühle auszudrücken, ist gesellschaftlich wichtiger als die Fähigkeit, Gefühle zu empfinden.*
> Hans Krailsheimer

Einen guten Gefühlszustand zu erzeugen ist eine Sache der Entscheidung. Sie ent-scheiden sich gut oder schlecht gelaunt zu sein. Wenn Sie sich an die Motivation erinnern, da hieß es „Motivation ohne Mobilisation ist gleich Frustration". Für den Gefühlszustand trifft dies im Besonderen zu.

Sie können Ihren Gefühlszustand ändern, indem Sie Ihre Körperhaltung ändern

Ihr Gehirn wird die Signale sofort erkennen und in Gefühlsbotschaften umsetzen. Probieren Sie das gleich mal aus: Legen Sie das Buch zur Seite, springen Sie auf und seien Sie einen Augenblick total begeistert. Wenn Sie möchten, stoßen Sie einen Freudenschrei aus. Tun Sie es jetzt!

Was geschieht? Sie werden bemerkt haben, dass es funktioniert und Ihr Gefühl sich sofort verändert hat. Ihr Gehirn wird vielleicht irritiert gewesen sein! Ja, es könnte sogar der Gedanke kommen: „Spinne ich jetzt? Das macht man doch nicht, ohne Grund aufspringen, sich freuen und sogar schreien!" Auch wenn die Reihenfolge ungewohnt war: Gefühle können erzeugt werden, und sie werden erzeugt durch ganz bestimmte Vorstellungen und natürlich durch gezielte Handlungen. Allein die Vorstellung genügt schon: Denken Sie an eine wunderbare Frau, einen wunderbaren Mann, denken Sie an Ihre erste Liebe, an bestimmte Situationen wie Führerscheinprüfung, ein Vorstellungsgespräch bei Ihrem Wunscharbeitgeber ... Welche Gefühle stellen sich ein?

Ein Mensch mit Depressionen hat die Vorstellung, dass es ihm schlecht geht, und er nimmt unbewusst die Körperhaltung dazu ein, die diesen Zustand widerspiegelt und verstärkt. Dr. Stephan von Stepski-Doliwa, ein hervorragender Familientherapeut, sagt: „Ein Depressiver muss sich nur entscheiden nicht in die Depression einzusteigen; und schon hat sie keine Macht mehr über ihn." Da kommt der Einwand, dass dies nicht so einfach sei. Möglich, aber welche Wahl haben wir? Zu leiden oder ins Leid nicht einzusteigen. Beides ist eine Wahl und kein unabänderlicher Zustand.

Depression oder Motivation ist eine Entscheidung.

Will jemand diesen Kreislauf durchbrechen, dann ist es von zwei Ansätzen aus möglich:

● indem das interne Programm mittels Mentaltraining geändert wird oder
● indem das externe Verhalten, die Haltung geändert wird.

Was, glauben Sie, ist einfacher: zu fühlen, als ob Sie sich gut fühlen, oder zu handeln, als ob Sie sich gut fühlen? Auf diese Frage antworten 90 % der Teilnehmer in meinen Vorträgen: zu fühlen. „So", sage ich an der Stelle, „dann bitte ich alle, sich sofort super motiviert zu fühlen!" Was kommt: ein Lächeln und nicht mehr. Es passiert auch mal, dass jemand aufspringt und jubelt, aber dann wurde es nicht gefühlt, sondern das Gefühl wurde erzeugt durch die Aktivität. Derjenige hat nicht gewartet, bis er sich so fühlte, er hat einfach gehandelt. Viele warten, bis ein gutes Gefühl von alleine kommt. Sie warten, bis sie das Gefühl haben motiviert zu sein. Und manch einer wartet sein Leben lang, denn es kommt nicht von alleine.

Wenn Sie immer darauf warten, bis Sie Lust haben, morgens aufzustehen – würden Sie häufig viel zu lange im Bett bleiben. Oder wenn Sie immer warten, bis Sie ein gutes Gefühl haben Sport zu treiben, wird es selten dazu kommen. Wenn Sie auf ein selbstbewusstes Gefühl warten, wird sich Ihr Zustand nicht ändern.

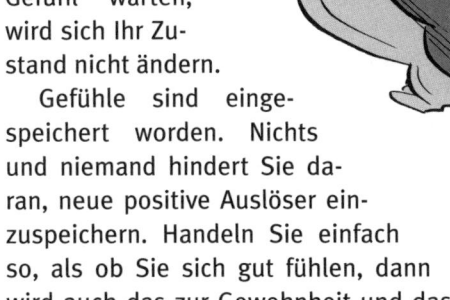

Gefühle sind eingespeichert worden. Nichts und niemand hindert Sie daran, neue positive Auslöser einzuspeichern. Handeln Sie einfach so, als ob Sie sich gut fühlen, dann wird auch das zur Gewohnheit und das Gefühl zieht automatisch nach. Sie beeinflussen die Gefühlsmuster, wenn Sie genau das Gegenteil dessen machen, was Sie immer gemacht haben.

- Machen Sie einen Spaziergang, auch wenn Sie keine Lust haben.
- Joggen Sie, auch wenn Ihnen nicht danach ist.
- Freuen Sie sich, auch wenn es Ihnen mal nicht so gut geht.
- Loben Sie, auch wenn es Ihnen schwer fällt.
- Gehen Sie aufrecht, wenn Sie sich innerlich schlecht fühlen.
- Heulen Sie, auch vor Freude.
- Lachen Sie, wenn Sie wütend sind.

Muster zu durchbrechen ist ein Geheimnis zur Gestaltung eines positiven und glücklichen Lebens. Ihre Körperhaltung entscheidet über Ihr Wohlbefinden. Und es steht in Ihrer Macht genau hier zu beginnen. Beobach-

ten Sie Ihren Gang: Ist er aufrecht und selbstbewusst? Wie ist Ihre Haltung anderen Menschen gegenüber in Gesprächen – gebückt, also unterwürfig, oder gerade, selbstbewusst? Ihre Haltung entscheidet über Ihr
Gefühl.

Dr. John Diamond hat in seinem hervorragenden Buch „Der Körper lügt
nicht" vorgeführt, wie Gedanken auf den Körper wirken. Die Wissenschaft
über die behaviorale Kinesiologie
hat erstaunliche Ergebnisse zutage
gebracht und wird mittlerweile von
professionellen Kinesiologen weltweit angewandt. Mittels einer einfachen Methode kann festgestellt werden, ob Gedanken, Ihr Essen, die Musik, die Sie hören, oder alles, was Sie sonst möchten, Ihrem Körper förderlich oder hinderlich ist. Der Körper verfügt über eine Intelligenz, die
weiß, was uns schadet und was uns gut tut. Im täglichen Leben haben wir
verlernt, auf unsere Körpersignale zu hören. So essen wir heute nicht
mehr, bis wir satt sind, sondern bis der Teller leer ist. Wir nehmen das Gefühl des Sattseins nicht rechtzeitig wahr. Das können wir wieder lernen.

> Verhalten gestattet Verhältnisse.

Da wir im Zeitalter der Information und Kommunikation einer immer
größer werdenden Flut von Nachrichten, Daten und Signalen gerecht werden müssen, ist es sehr sinnvoll, diese interne Intelligenz für Selektions-
vorgänge zu nutzen. Viele gehen von der Annahme aus, dass der Körper
keine eigene Intelligenz hat, einfach vor sich hinaltert und sich abnutzt.
Dazu kommt, dass wir verlernt haben die feinen Signale zu erkennen –
was uns gut tut und was uns schadet.

Die Aborigines, Ureinwohner Australiens, werden als die wahren Na-
turmenschen bezeichnet. Sie haben dem Körper gegenüber eine andere
Haltung. In dem wunderbaren Buch „Der Traumfänger" von Dr. Marlo
Morgan beschreibt sie ihre Erfahrungen mit diesen Menschen. Sie bedanken sich bei den Füßen, dass sie sie tragen. Sie feiern nicht Geburts-
tag, also den Tag des Älterwerdens, sondern feiern, wenn etwas dazuge-
lernt wurde, wenn wirkliche Entwicklung und nicht nur Alterung stattgefunden hat.

Natürlich glauben wir, dass das, was wir nicht sehen, auch nicht wirkt.
Doch überzeugen Sie sich eines Besseren: Sie können folgenden Test
durchführen, für den Sie allerdings eine zweite Person brauchen. Suchen
Sie sich einen Partner und seien Sie als Erstes die Hilfsperson.

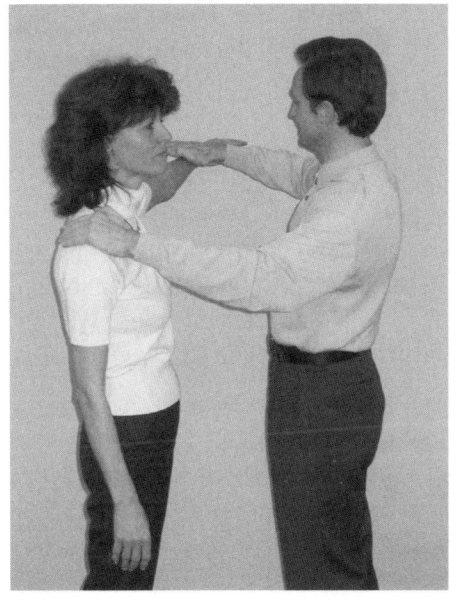

Die Testperson stellt sich aufrecht hin, Füße in Schulterbreite, Arme locker hängend. Nun hebt sie ihren dominanten Arm (bei Rechtshändern rechts) 90 Grad nach außen (siehe Abbildung). Um den Widerstand zu testen, hält Ihre linke Hand die linke Schulter fest, damit nur die Stärke des Armmuskels (Deltamuskels) und nicht der ganze Körper getestet wird. Sie drücken nun diesen Arm nach unten und die Testperson hält den Arm so fest sie kann in der geraden Haltung. Sie drücken also kräftig nach unten und die Testperson hält mit aller Kraft dagegen. Üben Sie dies zwei-, dreimal, bis Sie ein Gefühl für die Stärke des Gegendrucks haben. Das ist der Grundtest. Nun wissen Sie, wie stark die Person testet.

Nach diesem Vortest zeigen Sie der Testperson das Bild 1, sie soll das Bild einfach ansehen und den Arm wieder ausstrecken. Sie sagen ihr „halten", und während der Blick auf diesem Bild verweilt, drücken Sie genauso stark wie vorher.

Bild 1

Was haben Sie gefühlt? Konnten Sie fühlen, dass der Widerstand genauso groß war wie beim ersten Drücken? Sicher nicht. Die Energie wurde abgezogen, denn dieser Negativsmiley testet immer schlecht.

Natürlich kommt Ihnen sofort der Gedanke, der Partner habe stärker gedrückt. Testen Sie einfach noch einmal. Die Testperson muss den Blick allerdings tatsächlich auf das Bild richten, sonst funktioniert es nicht.

Und nun machen Sie mal als Gegentest, mittels des hier abgebildeten Smileys. Lassen Sie dieses Bild betrachten und führen Sie die Übung wie gehabt durch. Sie werden den entscheidenden Unterschied feststellen. Der Arm ist wieder so stark wie beim ersten Mal. Wenn Sie diese Wissenschaft weiter interessiert, holen Sie sich das Buch von Dr. Diamond „Der Körper lügt nicht".

Bild 2

Dieser Test ist eine wunderbare und einfache Methode die Kraft, der Gedanken auf den Körper sichtbar zu machen, die sogar eiserne Rationalisten überzeugt, die gerne behaupten, alles sei nur Einbildung. In meinen Seminaren gehe ich damit auf diese Gruppe besonders gerne ein.

> Worte können Sie schwächen oder stärken. Achten Sie daher auf das, was Sie denken und sagen.

Meistens hole ich mir noch grundsätzlich dem Seminar gegenüber skeptisch eingestellte Teilnehmer auf die Bühne. Es ist sehr spannend die Verblüffung darüber festzustellen, dass es funktioniert.

Ich habe den Test in einem Vortrag in Regensburg mit einem Bodybilder durchgeführt. Seine Kraft im Arm war so stark, dass ich mich daran aufhängen konnte. Er bewegte sich nicht. Nach dem Grundtest habe ich das Wort „eigentlich" getestet und ihn gebeten folgendes zu sagen: „Eigentlich bin ich erfolgreich!" Der Arm ging wie Butter nach unten, er wusste nicht, wie ihm geschah. Darauf habe ich den Gegentest gemacht und ihn gebeten zu sagen: „Ich bin erfolgreich!" Und siehe da: Die Energie kam zurück, stark und positiv. Ich lasse in meinen Seminaren häufig die bereits erwähnten hinderlichen Wörter wie „eigentlich", „aber", „un-

heimlich" usw. testen. So können Sie auch einen Glaubenssatz dahinge-
hend prüfen, ob er Sie stärkt oder nicht. Der Körper lügt nicht.

Ein weiterer Selbsttest ist folgender: Ziehen Sie die Mundwinkel nach
unten und achten Sie dabei auf Ihr Gefühl.

Ändert sich Ihr Gefühl? Sicher, und nicht zum Positiven. Nun drücken Sie
die Mundwinkel nach oben. Nehmen Sie bewusst wahr, was Sie empfinden.

Wir erkennen daraus, dass die Gedanken auf den Körper wirken, aber
auch, dass der Körper auf die Gedanken wirkt. Somit können wir von
außen nach innen oder von innen nach außen verändern.

Das Zusammenspiel von Körper, Gedanken und Gefühlen ist vielfältig
und wunderbar zu beobachten. Das Schöne daran ist, dass Sie, wenn Sie
die Sprache einmal verstanden haben, diese bewusst einsetzen können.

Sind Sie Herr Ihrer Gefühle?

Der PowerThinker wartet nicht auf Gefühle, er sorgt dafür, dass sich das Gefühl einstellt, das hilfreich ist, das angestrebte Ziel zu erreichen. Gefühle sind
Kräfte, die die PowerFührungkraft zielgerichtet steuert und einsetzt. Sie hat
die Fähigkeit sich jederzeit in einen guten Gefühlszustand zu bringen, und das
ist die Basis zu weiterhin motivierenden, großen Leistungen.

PowerThinker bringen ihre Kinder immer wieder in einen guten Zustand. Sie
lehren sie, positive Zustände zu erzeugen und zu halten. Die kindliche Seele
lernt schnell und klar und erfreut sich an guten natürlichen positiven Gefühlen, welche sowieso ihr Grundnaturell sind. PowerThinker achten darauf,
dass die Kinder ihre Natürlichkeit behalten.

PowerWorker beweisen jeden Tag, dass die positive Beeinflussung hin zu einem guten Zustand möglich ist. Bei jeder Reklamation, bei jeder Herausforderung. Sie erlauben sich Freude und Positivismus auch in Kleinigkeiten. Ihr
gutes Befinden ist ansteckend für Kunden und Kollegen, und sie genießen das
positive Feedback.

25. Die eigene Persönlichkeit und der eigene Charakter

Im inneren Bewusstsein ist alles gespeichert, was wir ab der Zeugung erlebt haben. Jeder Erfolg, jeder Versuch und jeder Irrtum, jedes Versagen, jedes Verzagen, einfach alles ist in uns gespeichert. All dieses, jede noch so kleine Erfahrung hat unser Selbstbild geprägt. Und das Selbstbild wird von diesem erfahrenen Glaubenssystem gesteuert. Dieses gilt es als erstes zu überprüfen.

Die Erziehung hat uns zu dem gemacht, was wir sind. Glaubenssysteme, sprich unsere Verhaltens-Muster, sind wichtig; wie bereits beschrieben, gilt es zu unterscheiden, ob sie hinderlich oder förderlich sind.

> Wir werden geprägt durch unsere Gewohnheiten.

Ohne Muster wären wir nicht lebensfähig. Sie werden geprägt durch Gewohnheiten. Wir sind nicht in der Lage, unsere Muster alle auf einmal abzulegen, dann hätten wir nichts, an dem wir uns orientieren könnten. Stellen Sie sich vor, Sie müssten jedes Mal neu lernen, wie Sie richtig Zähne putzen – ohne Muster wäre dies der Fall. Unser Charakter besteht aus einzelnen Mustern, die wir hauptsächlich in der Kindheit übermittelt bekommen und aufgenommen haben.

Die Erziehungswissenschaftler sprechen davon, dass wir sämtliche Muster unserer Eltern bewusst oder unbewusst bis zum 12., maximal 14. Lebensjahr übernommen haben. Wir sprechen ja auch von Er-Ziehung, es zieht jemand in eine Richtung. Oder man sagt, der ist ver-zogen, wenn jemand eigenwillig ist. Die Erziehung ist das geistige Erbgut unserer Eltern. Es gehört zu Ihrer Persönlichkeit, dass Sie gerade diese Eltern – oder andere Erziehungsberechtigte – haben und genau dieses Schicksal da ist. Nun ist das prinzipiell weder gut noch schlecht, es ist einfach so.

Beinahe alle Eltern sind bemüht, ihren Kindern das Beste zu geben; was „das Beste" allerdings sein soll, unterliegt ihrem Urteil, ihrer Sicht, die natürlicherweise begrenzt ist. Das Wort „Eltern" lässt uns „altern" assoziieren, doch wenn jemand altert, sagt das noch lange nicht, dass er deswegen weise sein muss und alles richtig macht, bei manchen ist sogar das Gegenteil der Fall: Sie werden verbohrt, eigensinnig und stur, müssen scheinbar auf ihren Ansichten und Gewohnheiten beharren, um sich selbst und ihr bisheriges Leben zu bestätigen, zu rechtfertigen. Wir können aber auch reifen und Lebensweisheit erlangen, es ist jedermanns eigene Entscheidung.

Die drei Phasen der Prägung in der Kindheit

Die unbewusste Nachahmung

Sie geschieht, solange das Kind noch nicht bewusst entscheidet und sich noch nicht mit seinem Körper identifiziert. Es sieht Verhaltensweisen der Eltern, beobachtet, was sie tun, spürt, was sie sagen und erlebt Emotionen in allen Formen mit. In dieser Phase wird wahrgenommen und übernommen. So registriert ein Kind in dieser Phase Angst oder Wut der Eltern, es erfährt bedingungslose Liebe genauso wie überfürsorglichen Schutz, lernt die Atmosphäre, das menschliche Verhalten in schwierigen Situationen kennen, und auch, was „glückliche Umstände" bedeuten können. Es nimmt Gefühle war und kann sich nicht dagegen wehren.

> Die ersten Jahre eines Kindes sind entscheidend.

Diese unbewusste Wahrnehmung prägt entscheidend das Selbstwertgefühl des Kindes. Neueste Forschungen sagen, dass die ersten drei Jahre die wichtigsten Jahre für das Leben eines Kindes sind. In dieser Phase wird entschieden, wie lebensfähig es ist, welchen Selbstwert es einmal haben wird, wie selbstbewusst es später auftreten wird.

Die bewusste Nachahmung

Anfänglich hat das Kind noch keine Identifikation mit einem „Selbst" und dem eigenen Körper. Es spricht von sich in der dritten Person, als wenn es von irgendjemand, aber nicht von sich selbst sprechen würde. Das ändert sich, sobald das Ego erwacht. Es beginnt die „Ich"-Phase: „Ich will!", „Das gefällt mir!", „Das mache ich!" und natürlich auch „Ich mag nicht!"

> Vorbild sein ist eine hervorragende Investition.

usw. Mit dieser Phase tritt die bewusste Nachahmung ein. Das Kind sieht und wertet, was Mami und Papi machen. Es sieht, was dabei herauskommt, wenn jemand wütend wird oder weint. Es nimmt zur Kenntnis, wie liebevoll oder wie distanziert die Eltern oder andere nahe stehende Personen miteinander umgehen. Es übernimmt Muster und wird sie später leben. Es sammelt täglich neue Erfahrungen der Erwachsenen. Der PowerThinker achtet deshalb darauf, dass er seinen Kindern Werte vorlebt. Er hat die Größe sich zu entschuldigen und Fehler einzusehen. Er liebt sein Kind nicht nur, wenn es brav ist, sondern immer. Der PowerThinker führt das Kind zu dem, was es fähig ist zu sein, zwingt es nicht in das, was er selbst will, dass und wie es sein soll. Er weiß, dass ein gesundes Selbstwertgefühl das beste Erbe ist, das er seinem Kind mitgeben kann.

Die Rebellion

Diese Form tritt in und nach der pubertären Phase auf. Der Jugendliche sieht, wie die Eltern leben, ob sie sich streiten oder wie sie sich lieben, ob sie konservativ oder spießig sind, ob sie ehrlich sind oder tricksen und entscheidet dann: So nie! Ich werde einmal ganz anders sein. Ich

> Emotionale Verneinung ist innerliche Bejahung.

will nie werden wie meine Mutter oder mein Vater – das kann eine Entscheidung sein, die im Jugendalter getroffen wurde und vom Erwachsenen richtig gepflegt wird. In diesem Fall bekämpft jemand im Erwachsenenalter das Bild dessen, was er nicht haben will, und was passiert? Er wird so werden, wie das, was er ablehnt, meistens sogar noch schlimmer. Warum? Weil das innere Bewusstsein nicht unterscheidet. Sie erinnern sich: „Worauf ich meine Aufmerksamkeit richte, dorthin fließt meine Lebenskraft." Ablehnung bewirkt, dass das, was abgelehnt wird, verstärkt wird. Natürlich können Sie sagen: „Ich will nie werden wie mein Vater!", als Feststellung, als Entscheidung. Wenn diese Feststellung allerdings emotional beladen ist, dann sind Sie darin gefangen, und es tritt genau das ein, was Sie ablehnen. Sie sind ein Leben lang unfrei, weil Sie sich ständig bemühen müssen, das Gegenteil dessen zu machen, was die Eltern lebten, in einer ewigen Trotzhaltung anstatt in einem bewusst gestalteten Leben – nach der Abwägung: Was will ich für mich und was nicht? Was war gut an dem, was ich bisher erfahren habe und kann weiter von mir kultiviert werden, und was möchte ich verwerfen?

Übernehmen Sie die Verantwortung

Das Problem dieser Lernphasen ist, dass alle drei Arten immer nur übernommene Muster sind. Dazu kommen noch unsere eigenen antrainierten Muster und wir entscheiden somit nicht aus freien Stücken, sondern „werden" entschieden. Ob Sie unbewusst, bewusst oder rebellierend handeln, Sie sind nicht Sie selbst, sondern eine Marionette Ihrer vergangenen Erfahrungen.

Ich denke, es sollte jedem von uns daran gelegen sein, mehr und mehr seine eigene Persönlichkeit zu leben und nicht einfach eine Marionette der Erziehung oder der eigenen Muster zu sein. Wenn Sie sich entwickeln mit den Fähigkeiten, die Sie haben, und überprüfen, dass die alten Erfahrungen Ihnen helfen und Sie nicht behindern, dann erst können Sie Ihr eigenes selbst gewähltes Leben leben.

Nun ist die Frage: Kann man bei einer weniger gut verlaufenen Erziehung den Eltern „Schuld" zusprechen? Nein – es heißt: „Die Eltern sind schuldig, aber nicht zu verurteilen." Warum? Weil die Eltern sicher ihr Bestes gegeben haben und ihr Verhalten auch erlernt war, wiederum unter Umständen, die sich vielleicht nicht sehr glücklich fügten.

> *Die große Schuld des Menschen ist, dass er in jedem Augenblick die Umkehr tun kann und nicht tut.*
>
> Martin Buber

So können Sie Generationen zurückgehen und werden feststellen: „Alle sind schuldig, aber nicht zu verurteilen!" Wenn Sie Kinder haben, werden auch Sie das Beste geben nach dem, was Sie wissen, fühlen, wünschen, hoffen. Reicht das nicht aus, bedeutet es, dass Sie in dem Moment zu mehr oder anderem nicht fähig waren. In der Bibel steht: „Die Sünden eurer Väter werden bis ins fünfte Glied weitergegeben." Unter Sünden sind hier „Muster" oder Probleme gemeint. Es stand also schon fest, als Sie geboren wurden, dass Sie diese und jene Erfahrungen und Muster mitbekommen.

Natürlich gibt es auf viele Fragen keine Antwort, wenn wir das Leben als linear sehen: geboren werden, leben und irgendwann sterben. Ich persönlich glaube an die Reinkarnation, dass wir eine ewig lebende Seele sind, hier auf der Erde lernen und anschließend diese Schule des Lebens wieder verlassen. Wenn Sie in der Frage der Reinkarnation Zweifel haben, so betrachten Sie dies vom Standpunkt der Erbfolge aus. Im Allgemeinen ist uns klar, dass wir von unseren Eltern und von unseren Großeltern erben. Es gibt, das hat die Wissenschaft nachgewiesen, erblich bedingte Krankheiten. Genauso spricht man von einem „vererbten" Charakter. Ich kenne Menschen hohen Alters, die immer noch den Eltern den Vorwurf machen, was sie alles an ihnen falsch gemacht haben:

- „Wenn mich meine Eltern auf eine höhere Schule geschickt hätten ..."
- „Wenn sie nicht so streng zu mir gewesen wären ..."
- „Wenn sie mir mehr Liebe gegeben hätten ..."
- „Wenn sie damals nicht ..."
- „Wenn sie mir das nicht verboten hätten ..."

Glauben Sie, dass so ein Glaubenssatz förderlich oder hinderlich ist? Es ist ein Verteilen von Schuld und ein Abwenden der eigenen Verantwortung. Die Eltern haben vielleicht Fehler gemacht, ja, aber wie lange? Wie lange waren Sie unter dem direkten Einflussbereich Ihrer Eltern? Wie lange haben Sie den indirekten Einfluss in Form ihrer Glaubenssätze weitergelebt?

Ein Mann beklagte sich bei mir darüber, dass seine Eltern ihn damals am Studieren gehindert hatten, er sollte arbeiten und nicht auf die Schule gehen. Ich fragte, wann er denn von zu Hause ausgezogen war. „Mit achtzehn!", antwortete er. „Was haben Sie dann mit den restlichen 42 Jahren gemacht?", fragte ich weiter. Er schaute verdutzt. Sein Alter: 60 Jahre, er hatte also mehr als doppelt so viel Zeit gehabt, das nachzuholen, was er vorher nicht durfte, aber er ist über das Stadium, sich selbst Leid zu tun, nicht hinausgewachsen.

Sobald jemand aus dem Einflussbereich der Eltern tritt, hat er selbst die Verantwortung und kann sein Leben so gestalten, wie er es will. Wir stehen nur für einen begrenzten Zeitraum unter dem Einfluss unserer Eltern, außer wir machen uns von ihnen abhängig. Die weitaus größere Lebensspanne führen wir in eigener Regie. Anderen Vorwürfe über die Vergangenheit zu machen ist eine Bankrotterklärung für die eigene Zukunft.

Ändern Sie sich

Es stellt sich die Frage, wie wir diesem Kreislauf entrinnen können. Nun, die einzige Möglichkeit ist: das Leben, die Gefühle und Gedanken und somit die Taten in den *eigenen* Griff zu bekommen. Wenn Sie sich beherrschen, können Sie die Ver-Antwortung übernehmen, dann sind Sie automatisch auf dem richtigen Weg.

Sie haben zwei Möglichkeiten: Entweder ein Leben lang jammern und sich beklagen, dass Sie so schlechte Voraussetzungen hatten, die Eltern und die Umwelt an allem Schuld sind, oder Sie können den tieferen Sinn in dem suchen, was Sie erlebt haben und heute erleben, und sich positiv

> *Der Preis der Größe heißt Verantwortung.*
> Winston Churchill

entwickeln. Sollten Sie die erste Variante wählen, dann sind Sie auch nicht anders als die Menschen, die Sie dafür zur Verantwortung ziehen, mit einem Unterschied: Sie haben mit dem jetzigen Wissen die Möglichkeit etwas zu ändern, diese Chance hatten Ihre Eltern vielleicht nicht.

Ich erlebe immer wieder Menschen, die von ihren Eltern erwarten, dass sie sich ändern. „Sie müssen endlich anerkennen, dass ich es alleine schaffe!" oder „Sie müssen mich so akzeptieren wie ich bin!" Wer so denkt, sollte sich mal fragen: „Schaffe ich es wirklich alleine?"

Wie beweisen Sie denn, dass Sie es alleine schaffen, wenn Sie immer noch die Bestätigung von den Eltern brauchen und es nicht einmal schaffen, die Eltern selbst so zu lassen wie sie sind?!

Wie sollen Sie akzeptiert werden, wenn Sie ihre Eltern nicht so akzeptieren wie sie sind? Häufig verlangen wir von den anderen das, was wir selbst nicht schaffen. Sie haben heute durch dieses oder andere Bücher die Chance, Ihr Bewusstsein zu schärfen. Sie haben mehr Wissen. Sie sollten es auch nutzen.

> *Verurteile niemand, bevor du nicht in seiner Lage warst.*
> Talmud

Aber Wissen alleine genügt nicht, das haben wir schon festgestellt. Am besten ist, Sie verurteilen gar nicht, dann brauchen Sie auch nichts ändern. Gehen Sie einfach davon aus, dass alles, was geschieht, mit Ihnen persönlich zu tun hat, und ziehen Sie mit dieser Erkenntnis die Konsequenzen aus allen Situationen, die Ihnen begegnen. Es gibt Dinge, die wir nicht ändern können, das sind z. B. unser Geschlecht, unser Alter, unsere Herkunft, unser Aussehen und unsere Vergangenheit. Vom Verhalten, von den Gefühlen und von der Einstellung gibt es aber nichts, was wir nicht ändern können, wenn wir es wirklich wollen.

Wenn das Leben so läuft wie Sie es wünschen, dann ist es ja hervorragend – falls es aber nicht so ist, sollten Sie sich ein paar entscheidende Fragen stellen. Diese könnten sein:

- „Was soll ich aus diesem Umstand lernen?"
- „Was soll ich erkennen?"
- „Wo werde ich hingedrängt?"
- „Was will mir diese Botschaft, dieses Ereignis sagen?"

Wenn wir lernen unsere Muster und Programme zu betrachten, dann können wir daran gehen, sie zu ändern. Dabei sollten Sie achtgeben, dass Sie im Erkennen der Muster nicht mit deren (und folglich der eigenen) Verurteilung beginnen. Verurteilen bedeutet: Sie machen sich ein Urteil darüber, ob etwas gut oder schlecht ist. Sobald Sie verurteilen und sich emotional damit beschäftigen, verstärken Sie das, was Sie eigentlich gar nicht haben wollen. Schauen Sie einfach hin. Erkennen Sie und nehmen Sie wahr. Betrachten Sie ein Muster als etwas Änderbares, betrachten Sie Ihr Verhalten als korrigierbar und geben Sie Ihren Gefühlen nicht die Vorherrschaft.

> *Wer seinen Nächsten verurteilt, der kann irren. Wer ihm verzeit, der irrt nie.*
> Karl Heinrich Waggerl

Wir sind so, wie wir sind, damit wir wachsen und reifen. Wir sind „nach dem Ebenbild Gottes" erschaffen, wir sind Schöpfer. In allem, was wir tun – wir haben es vorher gedacht, wir haben eine gedankliche Botschaft an das Universum gesandt und eine bestimmte Vorstellung darüber gehabt. Es wäre doch schön, wenn wir es schaffen, uns ein neues Selbstbild zu erarbeiten. Sie können es!

Beantworten Sie wieder folgende Frage nach der bekannten Methode:

An meinem Charakter möchte ich Folgendes anders haben:

Ich möchte ...

_____

_____

_____

_____

_____

Integrieren Sie Schritt für Schritt all die Verhaltensweisen in Ihren Charakter, die Sie zur Ihren Zielen bringen. Mit PGH®, mit Glaubenssätzen und mit positiven Handlungen sind Sie auf dem besten Weg dahin und denken Sie daran – die Zeit schreitet so oder so voran, also nutzen Sie sie!

Erkennen Sie Ihre charakterlichen Grundlagen?

Der PowerThinker weiß, dass der Charakter nicht angeboren, sondern erlernt ist. Es gibt keinen angeborenen schlechten Charakter, sondern schlecht erzogene Charaktere. Die PowerFührungskraft lebt in ihrer Tätigkeit voll ihre Persönlichkeit, sie ist davon erfüllt, immer das Beste zu geben.

PowerThinker erziehen den Charakter ihrer Kinder. Die PowerEltern machen aus ihren Kindern wertvolle, selbstbewusste Persönlichkeiten so gut sie können. Sie prägen den Charakter und übernehmen Verantwortung durch Vorbildfunktion. Sie wissen, dass sie in der Erziehung nicht alles erreichen können und erkennen die eigene Entwicklung der Kinder bewusst an. Sie orientieren sich an hohen Werten und fördern diese, soweit es ihnen möglich ist.

PowerThinker leben ihren Charakter in der Erfüllung ihrer täglichen Aufgaben. Der PowerWorker entscheidet sich bewusst, seine Persönlichkeit voll einzusetzen, auch mit dem Risiko der Enttäuschung. Er weiß, dass das ganze Leben ein einziges Risiko ist, und setzt alles auf eine Karte, sich selbst zu leben, seinen Charakter so zu prägen als wäre dies der Maßstab für die ganze Gesellschaft.

26. Immer wieder ein Prüfstein: das eigene Selbstbild

Wie schon erwähnt, entscheidet unser Selbstbild, wie wir uns in bestimmten Situationen verhalten. Haben Sie schon einmal überprüft, was Sie von sich halten?

- Wie oft kritisieren Sie sich?
- Haben Sie oft Selbstzweifel?
- Denken Sie, dass Sie okay sind?
- Messen Sie sich immer mit anderen?
- Erkennen Sie Ihre Leistungen an?
- Loben Sie sich auch?
- Sind Sie mit sich zufrieden?

Wenn Ihr Selbstbild von Selbstzweifel, Unfähigkeit, Minderwertigkeit, Zorn oder anderen zerstörerischen Energien erfüllt ist, dann kann ich Ihnen prophezeien, dass es in Ihrem Leben immer Schwierigkeiten geben wird. Sie werden alles anziehen, was dazu dient, dieses Bild zu bestätigen. Menschen werden Ihnen das Gefühl der Minderwertigkeit geben. Man wird Ihnen immer wieder Unfähigkeit vorhalten, kurzum, es werden sich regelmäßig Situationen ergeben, die Ihnen das bestätigen, was Sie so sehr ablehnen. Es könnte natürlich auch sein, dass Sie ständig gegen dieses Bild rebellieren und so im Leben viel anstellen, um sich immer wieder zu beweisen. Sie werden dann auffallen, allerdings nicht im Positiven.

Das Leben ist eine sich selbst erfüllende Prophezeiung

Beschreiben Sie nun Ihr Selbstbild. Wer sind Sie? Lassen Sie dabei Alter, Geschlecht und „Personalien" dieser Art weg. Beschreiben Sie, wer Sie wirklich sind. „Wer bin ich?" ist eine interessante Frage, ebenso die Antwort: Sie sind ein Mensch mit emotionalen Erfahrungen, Sie sind eine Seele und Sie haben einen Körper. Notieren Sie, womit Sie sich identifizieren.

Ich bin _____

_____

So also sehen Sie sich. Nun können Sie einige Freunde fragen, wie sie Sie sehen, und diese Bilder vergleichen. Nicht selten wird es ziemlich konträr sein. Wer hat recht? Wer also sind Sie wirklich?

Erfinden Sie sich neu und entscheiden Sie, welche Eigenschaften Sie in sich verankern möchten. Wie möchten Sie sein und warum? Wenn Sie das „Was" entscheiden, können Sie das „Wie" bestimmen, wie? Beschreiben Sie ein neues Bild von sich. Spielen Sie! Damit Ihnen der Einstieg leichter fällt, stelle ich Ihnen einige Fragen, deren Inhalt Sie anschließend in Ihr neues Selbstbild einbauen können.

- Andere schätzen an mir _____

- Ich denke von mir, dass ich _____

- Ich habe folgende Qualitäten _____

- Am meisten stört mich _____

- Wenn ich könnte, würde ich _____

Was Sie hier geschrieben haben, entscheidet über Ihr Leben. Denken Sie einmal darüber nach, denn das ist das, was im Leben wirkt. Die ersten drei Punkte sagen schon viel Positives über Sie aus, vielleicht können Sie das gleich übernehmen oder sogar noch verbessern. Punkt vier sagt Ihnen, was Sie nicht möchten, formulieren Sie als Ziel einfach das Gegenteil. Punkt fünf stellt ebenfalls ein Ziel dar, überlegen Sie sich, was Sie daran hindert, es zu erreichen!

Mein neues Selbstbild. Ich möchte ab sofort und in Zukunft: _____

_____

_____

_____

Ihr Selbstbild bestimmt, wie Sie sich in welchen Situationen entscheiden, wie Sie sich verhalten und wie Sie sich fühlen. Ändern Sie Ihr Verhalten, ändert sich Ihr Gefühl. Denken Sie immer daran, dass Sie die Entscheidung haben, wie Sie reagieren. Ihre Muster wollen erfüllt werden, doch Sie sind der Macher, der Schöpfer, derjenige, der entscheidet, was in Ihrem Kopf abläuft. Und alles, was Sie im Kopf geschehen lassen, wird Ihr Verhalten beeinflussen.

Sie können arbeiten, wie viel Sie wollen, Sie können Erfolg haben, so viel Sie wollen, innerlich werden Sie ausgebrannt, wenn Sie Ihr Selbstbild nicht in Einklang mit Ihrem äußeren Verhalten bringen. Das bedeutet: Solange Sie in alten Verhaltensmustern verharren, werden Sie nichts Neues erleben. Solange Sie die alten Gewohnheiten pflegen, können Sie keine neuen testen und kultivieren. Und solange Sie so bleiben, wie sie sind, hindern Sie sich an Ihrer eigentlichen Entwicklung. Ihr Bild, Ihr inneres Bild bestimmt über Ihren Erfolg oder Misserfolg. Es entscheidet, ob eine Ehe gut geht, ob ein Geschäft gutgeht, ob Sie allerorten und chronisch ein Kämpfer bleiben müssen oder ob Sie in den Fluss Ihrer Möglichkeiten kommen.

> Nichts ist so machtvoll wie Ihre Gedanken um Ihr Selbstbild

Keine objektive Welt, nicht die Umstände, nein, Ihre persönliche, einzigartige Einstellung ist IHRE Welt. Diese Welt gilt es zu überprüfen, diese Welt gilt es zu verbessern, *diese Welt ist die einzige Welt, die Sie beeinflussen können.* Tun Sie es nicht, tun es die anderen. Wer sich nicht selbst beeinflusst, wird unkontrolliert beeinflusst.

> *Die Menschen werden nicht durch die Dinge, die passieren, beunruhigt, sondern durch die Gedanken darüber.*
> Epiktet

Die Umstände kreieren wir selbst. Wir sind die Verursacher von allem, was geschieht, auch wenn wir manches noch nicht verstehen. In jeder Sekunde werden von uns Entscheidungen getroffen. Halten wir uns hier etwas auf:

- Haben Sie die Entscheidung getroffen geboren zu werden? Sicher werden Sie nein sagen.
- Haben Sie die Entscheidung getroffen erzogen zu werden? Auch nein.

- Haben Sie die Entscheidung der Berufsausbildung getroffen? Hier wird sich schon ein zartes oder bestimmtes Ja einstellen.
- Haben Sie entschieden, ob Sie Spaß oder Frust am Beruf haben?
- Haben Sie Ihre Ziele angestrebt oder sich leiten lassen?
- Haben Sie den Partner, das Geschäft, die derzeitige Stellung gewählt?
- Treffen Sie täglich die Entscheidung, wie Sie sich fühlen wollen?
- Entscheiden Sie, welche Richtung Ihr Leben ab heute einschlägt?

Ein klares Ja in den fünf letztgenannten Punkten besagt: Sie haben entschieden!

Schuldig oder nicht schuldig?

Wen also wollen wir verurteilen: die anderen, die uns ausnutzen? Die Kollegen, wenn sie nicht so nett sind wie wir wollen, oder den Chef, der sich um seinen Job oder die Firma kümmert? Wir haben ja die Wahl, den Chef und die Kollegen zu ändern, indem wir die Stelle wechseln. Wir

> *Seid gerecht. Sucht nicht Schuldige sondern Ursachen.*
> Werner Mitsch

können uns einmal bewusst fragen, warum sich die Umstände so entwickelt haben. Warum haben Sie diese Frau, diesen Mann, diesen Beruf, diesen Chef, diese Umstände gewählt?

Sie können eine Menge neuer Erkenntnisse systematisch in Ihr neues Selbstbild einbauen, wenn Sie hinterfragen:

- Was sollte ich davon lernen?
- Was war es, was ich gesucht habe?
- Von welchen Motiven wurde ich geleitet?
- Waren die Motive selbstsüchtig?
- Was habe ich mir als Ergebnis erwartet?
- Was war ich bereit zu geben?
- Habe ich heute immer noch dieselben Motive?

Sie werden bestimmte Erfahrungen so lange wiederholen, bis Sie Ihre Schmerzgrenze erreicht haben. Entweder können Sie die Schmerzen dann eines Tages nicht mehr ertragen und bleiben beim Klagen und Jammern, was allerdings nichts ändert. Oder Sie werden Ihre Einstellung kor-

rigieren und Ihr Selbstbild und Ihr Verhalten ändern. Gerade diese Änderung fällt uns häufig so schwer. Sie kennen den Spruch: Wer nicht wagt,
kann nicht gewinnen. Es ist möglich Schritt für Schritt Änderungen vorzu-
nehmen, die nicht mit unverkraftbar großen Risiken behaftet sind.

Warum tun wir uns so schwer damit? Weil das Leben darauf aus ist,
Schmerz zu vermeiden und Freude zu gewinnen, wie Anthony Robbins
schreibt: Das Ergebnis der alten Einstellung kennen wir schon. Wir kennen den Schmerz, die Trauer, den Leidensweg, die Umstände. Wir wissen
genau, wie es sich anfühlt. Ein neu-
es Ergebnis kennen wir noch nicht,
wir können es nicht einschätzen,
wissen nicht, was auf uns zukommt, und da wir hauptsächlich Schmerz
vermeiden wollen, wagen wir keine neuen Schritte. Neue Schritte erfor-
dern neue Wege, und diese könnten Unbekanntes bringen, das bringt
wiederum Unsicherheit. Das Alte ist uns schon bekannt, das Neue fremd.
So gehen wir mit jeder Änderung ein Risiko ein. Wir wollen uns schützen
und hindern uns dadurch, in unsere wahre Größe zu kommen.

Neue Schritte erfordern neue Wege

Wie stehen Sie zu sich selbst?

Der PowerThinker hat es nicht nötig, von oben herab zu führen. Er fördert
sein Selbstbild aufgrund der heutigen Erfahrungen, nicht der früheren Verletzungen. Er weiß, dass er andere nur nach dem Bild, das sie selbst von sich
haben, führen kann. Niemand kann gegen sein Selbstbild handeln. Die
PowerFührungskraft überprüft ihr Selbstbild ständig und fördert es zum
Wohle aller.

PowerThinker „infizieren" ihre Kinder mit einem positiven Selbstbild. Sie lassen nicht zu, dass irgendetwas dieses Bild beeinträchtigt, denn sie wissen, dass
alle Handlungen von diesem Bild besteuert werden. Sie schicken ihre Kinder
mit einem wertvollen Selbstbild in die Welt der Herausforderungen.

PowerThinker kritisieren nicht andere, sondern überprüfen zuerst sich selbst.
Sie arbeiten an sich, weil sie erkennen, dass ihr Selbstbild sie zu bestimmten
Handlungen treibt. Ein PowerWorker baut sich täglich auf und hilft den ande-
ren ebenfalls diese Größe zu erreichen.

27. Ein PowerThinker modelliert – er kopiert nicht

Die Frage, warum bestimmte Menschen scheinbar immer Erfolg haben und andere nicht, zielt auf eine wichtige Tatsache: Erfolgreiche Menschen haben nicht einfach nebenbei Erfolg. Sie planen Erfolg und unternehmen ganz bestimmte Schritte in diese Richtung. Wenn Ihnen eine Speise geschmeckt hat, können Sie die Gastgeber nach dem Rezept fragen. Sie werden erfahren, wie viel Sie von welcher Zutat brauchen, man wird Ihnen sagen, in welcher Reihenfolge Sie die Zutaten wie vorbereiten müssen und wie Sie den Geschmack so abrunden können, dass diese leckere Speise entsteht. Man wird Ihnen auch die Koch- und Garzeit mitteilen. Mit genauen Anweisungen können auch Sie das Gericht zu Hause zubereiten.

Auf dem Weg zum Erfolg ist auch dann ein Rezept wichtig, wenn Sie die Zutaten bereits kennen: Fleiß, Ausdauer, Einsatz, Ehrlichkeit, Zielgerichtetheit, Konsequenz, positives Denken, Selbstmotivation, Strategie und Menschenführung gehören dazu. Jetzt kommt es noch auf die entsprechende Mischung daraus an.

Wenn Sie dasselbe wie der Erfolgreiche tun, wenn auch Sie diesen Weg gehen, genau so denken, handeln und fühlen, so können Sie die gleichen Ergebnisse erzielen. So lauten die Aussagen der NLP-Therapeuten. Sie nennen es nicht kopieren, sondern modellieren. In den meisten Fällen stimme ich überein, allerdings müssen wir die angeborene Persönlichkeitsstruktur eines jeden Menschen beachten. Eines meiner Trainings ist das

„ESR®-Biogramm". Seit 1985 führe ich dieses Training mit großer Freude durch. Dort ermitteln wir die Stärken der Persönlichkeitsstruktur und den sich daraus ergebenden natürlichen Erfolgsweg. Ich konnte schon Tausende von Menschen bei der Analyse unterstützen und sah stets so viele Unterschiede, wie es Menschen gibt. Zur Persönlichkeitsstruktur kommen dann noch die erlernten Muster und das persönliche Glaubenssystem hinzu. Diese beiden Komponenten ergeben die Eigenart der Persönlichkeit.

Beim Modellieren wird häufig dieser Aspekt außer Acht gelassen: Entscheidend ist, auf die individuelle Persönlichkeitsstruktur zu achten. Modelliert ein rational betonter Mensch das Verhalten eines überwiegend emotionalen Menschen, kann es manche Schwierigkeiten geben.

Der eine überlegt, der andere handelt. Modellieren heißt eben nicht kopieren, da ist Vorsicht geboten! Modelliert ein sensitiver Mensch, dessen Stärken im Fühlen, Empfinden, Wahrnehmen und in der Menschlichkeit liegen, einen emotionalen Powertypen, der wenig Grenzen kennt, immer Vollgas gibt und dauernd unter Druck stehen muss – dann ist der Frust schon vorprogrammiert.

> Sie können alles erreichen, was Sie sich vorstellen können, allerdings muss es zu Ihrer natürlichen Persönlichkeit passen.

Sie können auch nicht aus einem sensiblen introvertierten Menschen, dem das Seelenheil und die Gemeinschaft am wichtigsten sind, einen radikalen Chef machen, der nur rationale, nüchterne Entscheidungen trifft.

Sie können sich als Powertyp, der große Dinge angehen muss, damit er überhaupt motiviert ist, auch nicht zum kleinen rationalen Erbsenzähler machen, der tagelang grübelt, bevor er eine Entscheidung trifft.

Sie sehen, es ist sehr wohl zu unterscheiden, da es Grenzen innerhalb unserer individuellen Persönlichkeit gibt. Wir können einen Esel nicht wie ein Rennpferd trainieren, wohl aber können wir den Esel zu einem guten Lastenträger erziehen und das Rennpferd können wir trainieren, damit es noch einige Sekunden schneller ist.

Jeder, ich betone, *jeder*, und damit auch Sie, hat alles in sich, um die Wünsche und die Ziele zu erreichen, die er vielleicht schon lange mit sich herumträgt. Sie sind zum Erfolg geboren und Sie haben Ihren eigenen Erfolgsweg schon seit der Geburt in sich. Nur die wenigsten Menschen nutzen die Individualität ihrer Persönlichkeit in vollen Zügen; viele zögern, zweifeln und gebrauchen daher nur einen Bruchteil ihrer Stärken. Es gibt schier unendliche Ressourcen – Sie wissen, Ihre emotionalen Intelligenzen werden nicht in dem Maße gelebt, wie es möglich wäre. Im Rahmen einer Persönlichkeitsanalyse, dem ESR®-Biogramm, gehen vielen Teilnehmern nicht nur Lichter, sondern richtige Kronleuchter auf.

Andere Wege für neue Ergebnisse

Eines ist sicher: Wenn Sie so weitermachen wie bisher, werden Sie keine neuen, sondern nur dieselben Ergebnisse erzielen. Wenn Sie z.b. schwer krank sind und gesund werden wollen, dann sollten Sie Menschen studieren, die es geschafft haben. Sie sollten sich fragen:

- Wie dachten diese Menschen?
- Wie haben sie sich ernährt?
- Wie haben sie sich verhalten?
- Was genau haben sie getan, um wieder vollkommen gesund zu werden?

Sie sollten die Abweichungen zu Ihrem Verhalten feststellen. Anschließend klären Sie für sich, ob Ihnen Ihre Gesundheit diesen Aufwand und diese Mühe wert ist. Welche Strategie wendet ein PowerThinker an, um Gesundheit zu erlangen?

- Er klärt, ob er gesund denkt.
- Er eliminiert Grübeln und Nörgeln.
- Er schafft eine klare Vorstellung von Gesundheit.
- Er übt Entspannung und Meditation.
- Er sieht sich im Geiste schon vollkommen gesund.
- Er baut ein positives Gefühl zur Gesundheit auf.
- Er fühlt sich schon gesund.
- Er formuliert positive Glaubenssätze.
- Er kommt ins Handeln.
- Er trainiert seinen Körper.
- Er ernährt sich gesund.
- Er gönnt seinem Körper Ruhe.
- Er verwöhnt seinen Körper.
- Er achtet ihn als wertvollstes Werkzeug seiner Entwicklung.

Der PowerThinker weiß, dass er die Verantwortung für seine Gesundheit hat, und er ruht sich nicht auf dem Status quo aus, sondern er schafft sich seine Grundlagen selbst.

Ist Ihr Ziel mehr Erfolg, dann analysieren Sie die Strategie der Menschen, die Sie bewundern, die es Ihrer Meinung nach geschafft haben. Gehen Sie genau so vor:

- Wie denken diese Menschen?
- Wie verhalten sich diese Menschen?
- Welche Glaubenssätze haben die Erfolgreichen?
- Nach welcher Strategie gehen sie vor?
- Was genau machen sie anders als Sie bisher?
- Wie lange sind sie schon auf dem Weg?
- Was strahlen sie aus?
- Wie gehen sie mit Menschen um?
- Welche Persönlichkeitsstruktur haben sie?

Dann überprüfen Sie, ob die erkannte Strategie zu Ihnen passt, und wenn ja, so klären Sie für sich, ob Sie bereit sind, den „Preis" dafür zu bezahlen. Das ist das Wichtigste: Sind Sie nicht bereit den Preis zu bezahlen, dann wird es nicht gelingen.

Erstaunlicherweise wollen viele Menschen ein neues Leben anfangen, aber nichts vom alten aufgeben. Es erscheint logisch, dass dies nicht funktioniert, und trotzdem glauben viele den Erfolg überlisten zu können. Zum Erfolg gibt es keine Abkürzung, jeder muss *seinen* Weg beschreiten. Es gibt Helfer und Multiplikatoren, ja, aber denken Sie immer daran: Ihre Seele will Entwicklung, und andere Wege zu gehen ist nichts anderes als Entwicklung.

> *Der Grund, warum manche auf der Leiter des Erfolges nicht so recht vorankommen, ist darin zu suchen, dass sie glauben, sie stünden auf einer Rolltreppe.*
>
> George Bernhard Shaw

Modellieren heißt also etwas abschauen, es formen und es anpassen. Es ist etwas grundsätzlich anderes als kopieren. Eine Kopie ist nie so gut wie das Original. Und wer will schon eine schlechte Kopie sein? Wie Sie aus einem Klumpen Lehm ein Tongefäß modellieren, so können wir auch verschiedene Lebensformen modellieren, also gestalten.

Wir müssen das Rad nicht immer neu erfinden. Glauben Sie ja nicht, dass Modellieren immer so einfach ist, es erfordert große Konsequenz, Durchhaltevermögen und Disziplin, aber es macht auch richtig Spaß. Sie merken, wie Sie täglich wachsen und reifen. Es gibt Ihnen innere Sicherheit. Und wenn Sie das Modellieren noch mit Ihrem persönlichen Wissen vereinen, dann werden Sie in Zukunft großartige Fortschritte machen und Ihr Leben wird Ihnen immer mehr Freude bereiten.

Integrieren Sie die Erfahrungen anderer?

Die Power-Führungskraft erfindet das Rad nicht neu. Alles war schon einmal da, alles wurde schon einmal erreicht. Sie modelliert Verhalten, sie lernt auch durch Beobachtung und aus der Erfahrung anderer. Sie braucht dazu nicht gedrängt zu werden, sondern lernt freiwillig durch die Fragestellung: „Was macht diese Person anders als ich?" Sie erkennt, lernt und integriert.

PowerThinker wissen, dass ihre Kinder sie ständig als Vorbild sehen und sie diese somit modellieren. Daher verstehen sie ihre Rolle als Vorbilder als Chance auch zum eigenen Wachsen. PowerEltern modellieren Verständnis und Liebe, Freude und Achtung vor allen Menschen, die einen Schritt voraus sind.

PowerThinker modellieren und erreichen dadurch mehr Erfolg und schneller ihre Ziele. Der PowerWorker schaut und lernt mit Enthusiasmus, wenn er etwas lernen kann. Er nimmt auf, integriert und verbessert und erreicht dadurch für sich und die Gemeinschaft mehr.

28. Intuition – die wunderbare innere Stimme

Kennen Sie die Behauptung „Ich gehe nach meinem Gefühl"? Viele Menschen sprechen so. Ich stelle dann häufig die Gegenfrage, wie sie das meinen und lasse es mir erklären: „Ich gehe nach meinem Bauch!", kommt als Definition. Einverstanden: Im Bauch zeigt sich ihr „Gefühl", aber wenn ich frage, woher dieses Bauchgefühl denn käme, ist die Antwort: „Weiß ich nicht!"

Gemeint ist nämlich die Intuition, sie ist ein inneres Wissen, dessen Herkunft wir nicht kennen, von manchen auch sechster Sinn genannt. Sie ist Ihre innere Stimme. Der Begriff leitet sich ab vom lateinischen „intuitio", was „unmittelbare Anschauung" bedeutet. Eine Intuition

> *Intuition ist Intelligenz mit erhöhter Geschwindigkeit.*
> „Il Tempo"

ist eine „Ist-Erfahrung", Sie wissen etwas, aber Sie wissen nicht woher. Im Augenblick der Intuition existiert noch kein Gefühl zu dieser Eingebung. Haben auch Sie die Erfahrung gemacht, dass Sie in der Vergangenheit oft wussten, was Sie tun oder lassen sollten, haben dann trotzdem, wider Ihrem inneren Empfinden einen Plan durchgezogen – und es ging schief?

Sicher kennen Sie Ihre innere Stimme, die uns vor etwas warnt, doch wir hören nicht auf sie, und siehe, es passiert etwas Unerfreuliches. Oder Sie haben plötzlich aus heiterem Himmel den Einfall, jemanden anzurufen, tun es nicht gleich, doch kurze Zeit später klingelt das Telefon, und genau die Person ist dran.

Wenn Sie auf Ihre Intuition achten, können Sie sich viele Umwege sparen. Menschen haben den Impuls bestimmte Geschäftspartner zu kontaktieren, ohne diese zu kennen, sie tun dies und es entwickelt sich zum Gewinn für beide Seiten. Investoren arbeiten viel mit ihrer Intuition, Heiler nutzen sie, um zu helfen und Schriftsteller, um zu schreiben. Thomas Edison meldete über 1.000 Patente an, er hat seine intuitive Intelligenz intensiv genutzt.

> *Intuition ist der eigenartige Instinkt, der einer Frau sagt, dass sie Recht hat, geichgültig, ob das stimmt oder nicht.*
> Oscar Wilde

Diese feine, innere Stimme, die stets die richtige Antwort weiß, spricht ständig zu Ihnen. Meist hören Sie nicht drauf, weil zu viele Gedanken kommen. Und oft trauen

Sie Ihrer inneren Stimme einfach nicht, Sie zweifeln. Warum? Weil sich nach der Intuition das Gefühl dazumischt, die Emotion. Sie erinnern sich, Gefühle wurden irgendwann erlernt, es sind Referenzdaten, die aus Erfahrungen stammen.

Haben Sie plötzlich einen guten Einfall, so aus dem Nichts, dann könnte passieren, dass Sie anfangen darüber nachzudenken und Ihre Gefühle sich dazu mischen. Im Moment der Wahrnehmung ist die Intuition klar und rein. Ein PowerThinker nimmt seine Intuition ernst und schreibt als erstes die Idee auf. Anschließend kann er damit arbeiten. Viele großartige Ideen sind so entstanden. „Normalerweise spüren die Leute ohnehin, welche Entscheidung die richtige ist, lassen aber oft unbewusst zu, dass falsche Logik oder auch Angst diesen Instinkt überlagert", schreibt Richard M. Contino in seinem Buch „Intuitive Intelligenz".

Notieren Sie in Zukunft all Ihre Ideen, ob realistisch oder nicht. Wichtig ist, dass sie festgehalten sind. Tun Sie dies nicht, sind gute Ideen schnell wieder weg und kommen selten wieder. Ich habe häufig gute Ideen beim Joggen. Ich speichere diese mental mit einer Mnemotechnik ab und schreibe sie zu Hause sofort auf. Früher dachte ich immer, die Idee ginge mir schon nicht verloren, und habe sie nicht notiert; natürlich war sie dann weg. Da mir dies mehr als einmal passiert ist, habe ich daraus gelernt.

Als PowerThinker wissen Sie, es mag im Moment für diese Idee die Zeit vielleicht noch nicht reif sein, allerdings werden Sie immer wieder darauf stoßen, wenn Sie sie aufgeschrieben haben, und irgendwann kommt der richtige Zeitpunkt. Ein weiterer Vorteil ist: Wenn Sie Ihre innere Stimme ernst nehmen, werden Sie immer mehr Impulse erhalten. Es sollte Ihr Ziel sein, die Intuition zu schulen, d.h. zu lernen, Ihre innere Stimme zu hören. Sie ist in uns allen vorhanden, aber leider verschütten wir sie mit unseren Mustern, so dass sie oftmals keine Chance hat, ins Bewusstsein zu kommen.

Wann haben Sie die besten Ideen – wenn Sie im Stress sind oder wenn Sie einmal abschalten? Natürlich beim Abschalten, habe ich Recht? Beim Joggen, Saunen, Spazierengehen, beim Seele-Baumeln-Lassen … Nur: Wie häufig gönnen Sie sich das?

Die beste Methode, die Intuition zu schulen, ist tatsächlich mittels Ruhe und Entspannung. Farbentspannung, wie ich sie in meinem Buch „Entspannung und mentales Training" beschrieben habe, ist sehr hilfreich, Autogenes Training, Meditation, ruhige Musik hören, Tagträumen oder Golfspielen – alles, was Sie entspannt und den Geist nicht fordert. Napoleon Hill schreibt in seinem Weltklassiker „Denke nach und werde reich" über Dr. Elmar Gates, der bekannt war als einer, der sich mit „Lösungssitzen" sein Geld verdient hat. Wenn eine Firma ein Problem hatte und z.B. mit einer Konstruktion nicht weiterkam, lieferte sie Dr. Gates alle Fakten, die bisher bekannt waren. Dr. Gates sah sich alles an, studierte die Inhalte und zog sich anschließend in einen dunklen, schalldichten Raum zurück. In diesem Raum gab es einen Lichtschalter. Dann blieb Dr. Gates so lange in seiner Dunkelkammer, bis die Lösung vor seinem geistigen Auge erschien. Daraufhin machte er das Licht an und schrieb diese Lösung auf.

Dr. Milan Ryzl, bekannt für seine Forschung in außersinnlicher Wahrnehmung, hat in sehr vielen Experimenten nachgewiesen, wozu ein Mensch fähig sein kann. Alle Lösungen existieren schon. Der Intuitive holt sich diese Lösung aus dem kosmischen Bewusstsein und transportiert sie in die reale Welt.

Sie können Ihre Intuition im Kleinen schulen. Wenn Sie einen Anruf bekommen, konzentrieren Sie sich auf das Telefon und versuchen Sie zu erfühlen, wer dran ist. Wenn Sie auf der Autobahn fahren, erfühlen Sie, wel-

> *Um viel und klar denken zu können, muss der Mensch regelmäßig Perioden der Abgeschiedenheit erleben, in denen er sich konzentrieren und seine Phantasie ohne Ablenkung spielen lassen kann.*
>
> Thomas A. Edison

ches Auto Sie gleich überholen wird, oder welche Farbe das nächste Auto hat, welches Ihnen entgegenkommt. Intuition entwickelt sich automatisch, wenn wir im Hier und Jetzt leben. Lernen Sie darauf zu hören.

Üben Sie Entspannung und gehen Sie in die Ruhe, damit fördern Sie Ihre natürliche Intuition. Üben Sie mit der PGH-Karte im Augenblick zu leben, und Sie werden automatisch Ihre Intuition fördern. Je mehr Sie auf Ihr inneres Bewusstsein hören, je mehr Sie im Moment sind, umso häufiger hat Ihre Intuition die Chance, dass sie von Ihnen gehört wird.

Hören Sie auf Ihre innere Stimme?

Die Führungskraft als PowerThinker lebt im Augenblick, führt die Menschen mit intuitiver Kraft und fördert jeden Menschen. Intuitive Ideen ihrer Mitarbeiter prüft sie und dadurch haben alle gemeinsam mehr Erfolg. Sie arbeitet an sich, ist bereit dazuzulernen und mit Freude Menschen zu motivieren und zu begeistern.

Eltern als PowerThinker geben ihren Kindern die beste Grundvoraussetzung fürs Leben. Sie erziehen ihre Kinder nach dem Vorbild eines positiven Selbstwertgefühls und helfen ihnen, ihre Fähigkeiten zu leben und auf ihre innere Stimme zu hören, damit sie diese behalten.

PowerThinker werden als Mitarbeiter die Arbeit als Möglichkeit der Entwicklung sehen und das Beste geben. Sie gehen in ihrem Bereich intuitiven Lösungen nach und bringen dadurch der Firma und sich selbst größeren Gewinn. Der Power-Mitarbeiter weiß, dass mehr Menschen mehr Ideen haben und dass sie in der Gemeinschaft den Erfolg multiplizieren können.

29. Der Luxus, ein Mensch zu sein

Jeder Mensch sehnt sich nach Wärme, Anerkennung und Gemeinschaft. Im Geschäftsleben höre ich immer mehr die Klagen, alles sei so hart geworden. Die Mitarbeiter werden häufig als „Human Resources" gesehen und so behandelt, die Führungskräfte stehen mehr unter Druck denn je. Handwerker werden erpresst und in den Ruin getrieben, ohne mit der Wimper zu zucken. Einkäufer nehmen Waren ins Angebot auf, um anschließend die Firma zu erpressen und die Abhängigkeit auszunutzen. Ist das sinnvoll?

Im Mittelalter gab es Leibeigene. Wollen wir wieder in diese Zeit zurückfallen?

Ich habe durch meine menschliche Art, durch Vertrauen und Mitgefühl mehr Geld verloren als manch ein Mensch in seinem Leben verdient. Ich bin schon ausgenutzt, mit falschen Zusagen gelockt und so häufig enttäuscht worden, dass ich es gar nicht mehr zählen kann. Trotzdem weiß ich: Alles kann man mir nehmen, meine Menschlichkeit nicht.

Ich erlaube mir den Luxus Mensch zu sein und zu bleiben. Die Würde eines Menschen ist unantastbar. Kein Geld, keine Macht, kein Luxus kann Ihnen so viel Frieden und Freude bringen wie innere Zufriedenheit, in dem Wissen, dass Sie immer Ihr Bestes gegeben haben. Beginnen Sie bei Ihren Nächsten und behandeln Sie andere so, wie Sie selbst gerne behandelt werden möchten.

> *Wenn man ständig mit einem Menschen zusammenlebt, sieht man nur noch die Oberfläche, die aus lauter kleinen Reibungsflächen besteht.*
> Brigitte Schwaiger

Das ist das Geheimnis eines wunderbaren Lebens. Sie haben einen unmittelbaren Einfluss in Ihrer Umgebung. Beginnen Sie nach besten Idealen zu leben, fordern Sie sich und fördern Sie Menschen. Helfen Sie mit, die Welt etwas besser zu verlassen, als Sie sie angetroffen haben.

Erlauben auch Sie sich mehr Menschlichkeit, erlauben Sie sich und den anderen Fehler, wir sind doch alle Menschen, und erlauben Sie sich und anderen mehr Freude und mehr Liebe.

Es zeigt sich in Kleinigkeiten, wie Sie sich anderen Menschen gegenüber geben, Menschen, von denen Sie nichts erwarten können:

- Seien Sie höflich, es kostet Sie nichts.
- Seien Sie ehrlich, es bereichert Sie selbst.
- Seien Sie liebevoll, es wird auf Sie zurückkommen.
- Seien Sie hilfreich, und es wird Ihnen geholfen werden.
- Seien Sie freundlich und lächeln Sie, es wird tausendfach zurückkommen.
- Seien Sie großzügig, und das Leben wird Ihnen gegenüber großzügig sein.
- Seien Sie und gedeihen Sie.

Erlauben Sie sich Mensch zu sein?

Sie tragen den Schatz in sich und es bedarf nur eines kleinen Schlüssels, um das Schloss zu öffnen. Der PowerThinker ist bereit, die Truhe zu öffnen und darin Werkzeuge zu suchen, die ihm helfen, all das Schritt für Schritt in die Tat umzusetzen, was er sich vielleicht schon sein ganzes Leben erwünscht hat.

Die PowerFührungskraft verbessert die Kommunikation zwischen ihren Mitarbeitern und stärkt den Zusammenhalt. Sie weiß, dass mehr Leistung durch mehr Menschlichkeit erfolgt. Sie gibt den Menschen Sicherheit und Anerkennung, und sie ist ein Vorbild in allem, was sie tut. Sie erlaubt sich Fehler und lernt daraus.

Die PowerEltern wissen, dass nichts menschliche Wärme und Geborgenheit ersetzen kann. Familiären Zielen geben sie den Vorrang vor materiellen. Sie erziehen zu menschlichen Werten wie Ehrlichkeit und Freude, zu innerem und äußerem Glück. Sie sind ihren Kindern nicht nur die Eltern (Älteren), sondern Freund, Helfer und Coach.

PowerMitarbeiter arbeiten für Menschen und gemeinsame Ziele. Alles, was der Gemeinschaft dient, was die Teamarbeit fördert, wird unternommen. Sie bringen sich persönlich und menschlich ein. Dadurch gewinnen sie Menschen und haben gemeinsam mehr Erfolg.

Nachwort

Uns allen hat es große Freude bereitet, an diesem Buch mitzumachen. Wir haben neue Erfahrungen gewonnen und fühlen uns bereichert. Manches Bekannte wurde intensiviert, indem wir es schriftlich formulierten und zum Darüber-Nachdenken gezwungen waren.

Wir hoffen, dass Sie, liebe Leserin und lieber Leser, in diesem Buch finden, was Sie gesucht haben – einen neuen Zugang zu Ihrem Selbst, eine Erweiterung Ihrer Möglichkeiten, einen Weg zu privatem und beruflichem Erfolg, zu innerem und äußerem Glück. Denken Sie daran: Es kann alles nur besser werden, Sie müssen es nur denken, wollen und danach handeln.

Vielleicht nehmen Sie dieses Buch immer wieder zur Hand, um so manche Information neu zu überdenken. Vielleicht verleihen Sie es an einen Menschen, von dem Sie meinen, es könnte ihm helfen. Vielleicht stellen Sie es in Ihre Bibliothek, damit auch Ihr/e Partner/in und Ihre Kinder darin lesen und sich daran weiterentwickeln können.

Als Schluss möchten wir Ihnen ein Gebet eines Mönchs vergangener Jahrhunderte nahelegen, sprechen Sie es in einem ruhigen, tief empfundenen Moment, selbst wenn Sie bisher noch nie gebetet haben.

> Herr, gib mir die Gelassenheit, Dinge hinzunehmen, die ich nicht ändern kann, den Mut, Dinge zu ändern, die ich ändern kann, und die Weisheit, das eine vom anderen zu unterscheiden.

Literaturverzeichnis

Covey, Stephen R.: *Die 7 Wege zur Effektivität.* Gabal Verlag GmbH, 2005.

Diamond, John: *Der Körper lügt nicht,* VAK Verlags GmbH, 16. Auflage 2001.

Fedrigotti, Antony: *Zum Erfolg geboren.* Axent-Verlag, 5. Auflage, 2003.

Fedrigotti, Antony: *Entspannung und mentales Training.* Axent-Verlag, 5. Auflage, 2003.

Girard, Joe & Robert L. Shook: *Abschlußsicher verkaufen mit Joe Girard,* Gabler GmbH 1998.

Helfrecht, Manfred: *Planen, damit's leichter geht.* Helfrecht-Verlag, 1984.

Hill, Napoleon: *Denke nach und werde reich. Die 13 Gesetze des Erfolgs.* Ariston Verlag, 35. Auflage 2000.

Hull, Raymond: *Alles ist erreichbar. Erfolg kann man lernen.* rororo Verlag, 1996.

Lützner, Dr. med. H.: *Wie neugeboren durch Fasten.* Gräfe und Unzer Verlag, 18. Auflage, 1986

Mandino, Og: *Das Geheimnis des Erfolgs,* Rentrop-Verlag, 1992.

Mayr, Dr. Franz X.: *Darmträgheit.* Verlag Neues Leben, 7. Auflage, 1986.

Robbins, Anthony: *Grenzenlose Energie.* Heyne, 1998.

Robbins, Anthony: *Das Robbins Power Prinzip. Wie Sie Ihre wahren inneren Kräfte sofort einsetzen.* Heyne, 1998.

Seiwert, Lothar J.: *Life-Leadership. Sinnvolles Selbstmanagement für ein Leben in Balance.* Campus, 2001.

Seiwert, Lothar J.: *Mehr Zeit für das Wesentliche. Besseres Zeitmanagement mit der SEIWERT-Methode.* verlag moderne industrie, 19. Auflage 2000 (der Zeitmanagement-Klassiker!), und mvg-verlag, 7. Auflage 2001 (Taschenbuch).

Seiwert, Lothar J.: *Wenn du es eilig hast, gehe langsam. Das neue Zeit-management in einer beschleunigten Welt. Sieben Schritte zur Zeit-souveränität und Effektivität.* Campus, 7. Auflage 2001.

Stepski-Doliwa, Stephan: *Sai Baba spricht zum Westen.* Govinda Sai Ver-lag, 2001.

Scheele, Paul R.: *Photo Reading. Die neue Hochgeschwindigkeits-Lese-methode in der Praxis.* Junfermann, 1995.

Walther, George: *Sag, was du meinst, und du bekommst, was du willst.* Econ, 1995.

Ziglar, Zig: *Ganz oben.* Oesch-Verlag, 1989.

Zimmer, Dieter E.: *So kommt der Mensch zu seiner Sprache.* Heyne, 2001.

Stichwortverzeichnis

ZEIT FÜR
NEUE ERFOLGE

www.fedrigotti.de

Antony Fedrigotti
Das Erfolgscoaching

Zum Erfolg geboren

Antony Fedrigotti stellt dem Leser in der Verknüpfung klarer Planungsstrategie mit theoretischem Gedankengut und positivem Denken das geeignete Mittel zur Verfügung, ein eigenes Erfolgsbewusstsein zu entwickeln. Auf der Basis seines Grundsatzes „Nicht Wissen allein, sondern nur angewandtes Wissen ist Macht!", belässt e der Autor nicht bei theoretischen Belehrungen, sondern gibt genaue praktische Anleitungen, die jeder befolgen kann.
Die Gesetzmäßigkeiten des Erfolges werden durch dieses Buch zu einem „offenen Geheimnis", das jeder tagtäglich anwenden kann.

Stressbewältigung

Stehen Sie unter Stress? Haben Sie das Gefühl, immer unter Druck zu arbeiten? Fehlt Ihnen Gelassenheit, um Ihr Leben - auch bei vielfältigen Anforderungen zu genießen? Stress hat nur, wer ihn auch zulässt. Lesen Sie, wie Sie zu mehr Lebensqualität finden, indem Sie Ihren Stress loslassen.

Entspannung und mentales Training

Die Macht der Suggestionen wird noch immer von viele Menschen unterschätzt oder ignoriert. Gerade im Zeitalter der Schnelllebigkeit von Medien, Kommunikationstechnologien und der Überflutung an Reizen sowie Informationen, gewinnen Entspannung und mentales Trainin eine für viele Menschen existenzielle Bedeutung.

Alle Bücher und Medien erhältlich unter:
www.axent-verlag.de